Truth In Fantasy 68

秘密結社

秦野 啓 著

新紀元社

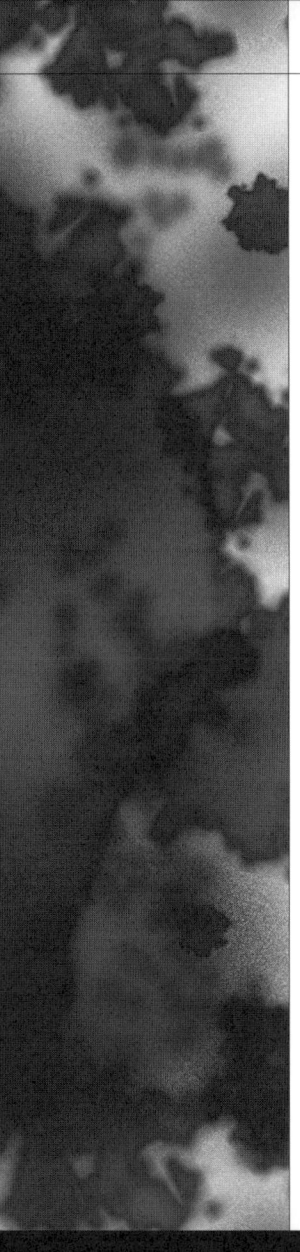

秘密結社幻想

「秘密結社」という言葉にロマンと恐れを抱く人々は多い。

外部に対して非公開的な組織であることが、人々の想像を刺激してきたのだ。

なにかを企んでいるに違いない、陽の下にさらせないような後ろめたいことをしているに決まっているなどなど。情報の欠如から、そのような思い込みに起因する風説が流布することも珍しくはない。

特にオカルト／サブカルチャー方面でなにかとその存在が囁かれるフリーメイソンリーなどは、現在でも言い掛かりにも等しい幻想をもって語られる。ユダヤ人の世界征服計画の一翼を担っている——そのような謀略論を展開する手合いも少なくない。

だが、多くの場合、秘密結社はそのようなご大層な活動をすることはない。たとえ世界征服を始めとする壮大にして遠大な、世の人の妄想をかき立てる大事業の遂行をお題目として掲げていたとしても、である。

子どもの頃、親しい友だちのみでグループを形成し、様々なことをその内輪でおこなった人は多いだろう。名称や規則を作ったグループもあるかもしれない。あるいは、その内輪でのみ通じる変名を使うことを決めたグループもあっただろう。

また一昔前、繁華街で遊ぶ中高生たちがそれぞれに「チーム」と称するグループを作っていたことを記憶している者もいると思う。

少々乱暴な言い方になるが、これまでの歴史上に出現した秘密結社の本質はそうしたものだった。当然、そこに属した人々の多くは、前述のグループに属していた者たちのように「子どもっぽい」性向を持った人々だった。

（いささか単純化しすぎたきらいはあるものの）この説明でわかるように、「謀略工作をおこなう世界的秘密結社」などというものは物語か夢見がちな人々の頭の中にしか存在しない。

しかし、実在の秘密結社に属する人々が歴史のターニングポイントとなる様々な事件に関与し、人類が新たな歴史の1ページを綴る一助となったのは確かなことだ。

　さて、一口に「秘密結社」といっても、そこには様々な性質のものがある。
　学問的には、秘密結社は2種に分類されると考えられている。
　1つめは「政治的秘密結社」。
　文字通り政治的目的のために組織された団体で、その活動及び構成員の氏名、組織実態は隠蔽されている。多くの場合、反政府的な思想を持ち、その打倒を政治的目的としている。イタリアやフランスのカルボナリ党や、アイルランドのシン・フェイン党などがその代表的存在だ。特にシン・フェイン党は後のIRA（アイルランド解放戦線／アイルランド共和国軍）につながる武闘派組織として重要視される。そう、この種の秘密結社には、テロリズムに走る危険性をはらむものが多いのだ。
　2つめは「入社式秘密結社」と呼ばれる。
　こちらは存在を秘匿することは少ない。団体の規約や規模、集会場、会員の氏名に至るまで隠しだてしないのである。ただ組織が執り行う儀式・儀礼が秘密とされ、その場に部外者が立ち入ることはできない。また、会員と非会員とを識別する秘密の符牒や記号などが取り決められていることも特徴として挙げられる。先にも挙げたフリーメイソンリーが、その代表的な組織だ。入社式秘密結社の活動の本質は互助会や社交サロンとさほど変わりがない。単に閉鎖的で（といっても会員制クラブと同程度の閉鎖性だ）、儀式などを趣味的に執り行っている点があるというだけだ。
　これら2種類の他、宗教的秘密結社とでもいうべき「密儀」がある。
　厳密には入社式秘密結社に分類されるものだが、より古い形式であり、また本質的な部分に差異があるため、敢えて分けて説明する。

Introduction

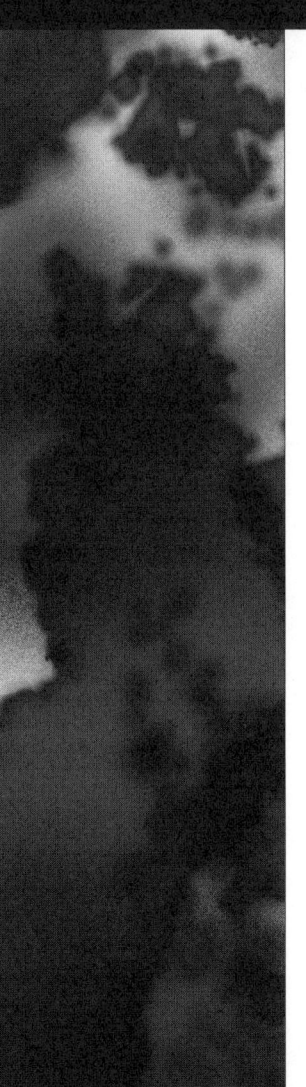

　密儀とは「秘密儀礼」の略称である。その言葉の響きから想像できるように、これは宗教的な秘密結社である。密儀の多くは神話エピソードの模倣による「死と再生」を通じて、神的存在からの加護、来世での幸福、転生、魂の不滅など、そして神人合一（しんごういつ）という究極の愉悦／法悦を獲得していった。密儀の多くは死と深く結びついている。それは人間の……そして生物の根源に結びついた不安、恐怖だからであろう。これらの代表的なものは、古代ギリシアのディオニソス密儀やオルフェウス密儀である。密儀は時代を経るにしたがって神秘主義思想の団体へと変化してゆき、入社式秘密結社の形式的基礎となっていったのである。

　これら3種の秘密結社的組織は多分に不可分なものである。多数の人間が集まって成立する組織である以上、そこに人間的な要素が混入してしまう。それが世俗的な政治要求であったり、宗教的な色彩であったりする。特異な儀礼や符牒による部外者との差別化というのも、その1つだろう。

　本書は、そのような様々な秘密結社のうち、代表的なものを個別に紹介してゆくことを目的としている。

　これが読者諸氏の「秘密結社」に対する知識の地平を広げる一助となれば、幸いである。

本書は以下のような構成をとっている。

第1章「政治的秘密結社」
──────── 世俗的色彩の強い各種の秘密結社の紹介。

第2章「隠秘学的秘密結社」
─── 近代に勃興した魔術／オカルト的秘密結社の紹介。

第3章「密儀／異端」
──────────── 古代密儀や異端派宗教の解説。

秘密結社／目次

●まえがき 3

第1章　政治的秘密結社 9
フリーメイソンリー 12
　── コラム：日本のフリーメイソンリー 37
イルミナティ 39
ヘルファイア・クラブ 46
カルボナリ党 53
　── コラム：シン・フェイン党とIRA 60
クー・クラックス・クラン 62
香港黒社会 67
　── コラム：イタリアのマフィア 72

第2章　隠秘学的秘密結社 75
〈薔薇十字友愛団〉 80
〈黄金の夜明け〉団 93
　── コラム：〈英国薔薇十字協会〉 103
〈A∴O∴〉 104
　── コラム：〈聖黄金の夜明け〉団 110
〈暁の星〉団 111
　── コラム：〈スフィア〉 114
〈銀の星〉 115
　── コラム：〈テレマ僧院〉 123
〈東方聖堂騎士団〉 124
〈神智学協会〉 136
　── コラム：オルコットと日本 144

ゲルマン騎士団	146
── コラム：ヴリル協会	151
〈立方石〉団	152

第3章　密儀／異端 157

白蓮教	161
── コラム：弥勒教	167
太平道	168
── コラム：五斗米道	172
拝上帝会	174
真言立川流	179
── コラム：玄旨帰命壇	192
ヴードゥー秘密結社	194
── コラム：ハイチ以外のヴードゥー	211
オルフェウス密儀	212
── コラム：ディオニソス密儀	222
クムラン宗団	224
── コラム：ユダヤ戦争と離散（ディアスポラ）	231
グノーシス主義	233
── コラム：マニ教	242
テンプル騎士団	244
── コラム：テンプル騎士団の伝説	261

●用語集	262
●参考文献	272
●索引	277

第1章
政治的秘密結社

Chapter 1
Political secret society

第1章 政治的秘密結社

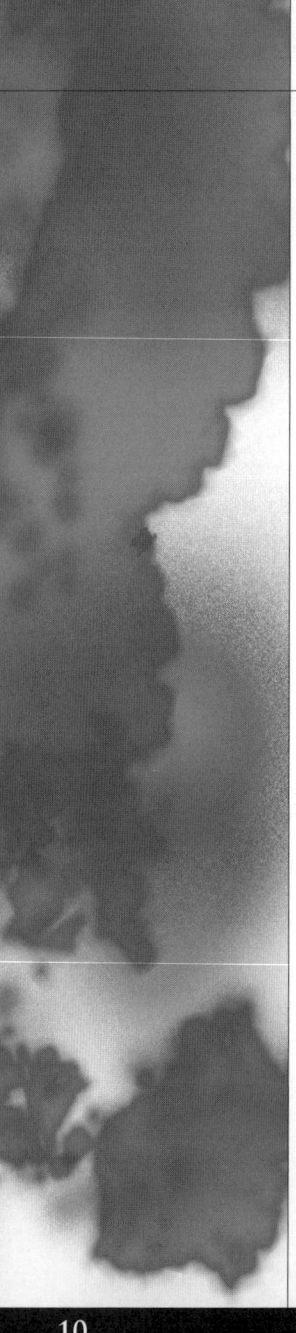

世俗的な秘密結社

「秘密結社」という単語を聞いた際、多くの人々が連想するのが政治的な目的を持って設立された秘密結社だろう。

秘密結社は社会の裏側で、あるいは社会の上層部で深遠なる計画を組み立てて、陽の下、月の影にてそれを実行し、社会を動かしてきた……というロマンあふれる幻想に浸りたいのが人の常である。そしてその「社会を動かし」というのが、いわゆる「政治」に相当する部分だ。

事実の有無はともかくとして、人々がそのような幻想／夢想／妄想を抱くに至った理由がないわけではない。

18世紀中期、イギリスに「ヘルファイア・クラブ」なる秘密結社が出現した。詳しくは該当項目へ譲るが、本質的には「会員制社交サロン」だったこの秘密結社が、数々の伝説的悪評を打ち立てたのだ。それだけならば「はた迷惑な変人の集まり」や「鼻つまみの集団」で終わっただろうが、主要な会員は貴族や政財界の未来を担うべき若手たちだった。それが「秘密結社と権力との間に胡散臭い結びつきがある」という偏見と幻想を生み出すに至った可能性は否定できない。

もっとも、それは欧米でのことであり、ヘルファイア・クラブの悪行の数々があまり知られていない日本では、その影響は少ないと見るべきだろう。

また、フランス革命で大きな役割を果たしたジャコバン・クラブ（正式には「憲法友の会」）やコルドリエ・クラブなど、政治活動家たちの結社が革命運動において大きな役割を果たし、さらにはその会員たちが後の共和政府で少なからぬ議席を占めるに至った……というのも、秘密結社と政治とを連想させる一因となったのではなかろうか。

今日の日本で「政治的な色彩を有した秘密結社」の代表的存在としてその筋で認識されている「フリーメイソンリー」が、特に日本で陰謀組織呼ばわりされている理由は、単純にいえば「政治的理由」によるものである。その風説の発信源は第2次世界大戦中のナチ党だ。彼らが秘密結社狩りをおこなった際、そ

Political secret society

れを正当化するために「フリーメイソンリー＝ユダヤの謀略機関」というプロパガンダを流したのである。

フリーメイソンリーの実態はといえば、今も昔もその本質は有閑階級の社交サロン以上のものではない。少なくとも現代のフリーメイソンリーはイギリスにおけるステイタスの1つであり、秘密結社とは言い難いものとなっている。なにしろ2005年現在の英国フリーメイソンリーのグランド・マスターは、エリザベス2世女王の従兄弟たるケント公マイケル（マイケル公）なのだ。英国王族というパブリックの極みにあり、分刻みで公務をこなさなければならない人物に、謀略史観に傾倒している人々が夢想するような、世界征服などという陰謀に耽る暇などない。

さて、日本での秘密結社観は……というと、日本の場合、「秘密結社」なる言葉が一般に浸透するきっかけになったのが石森正太郎原作の漫画／特撮ヒーロードラマ『仮面ライダー』であったことが、日本人の多くが抱くイメージに大きな影響を与えている。日本における「秘密結社」という言葉に与えられたイメージは、その概念を箇条書きにするのであれば、欧米でのそれとさして変わらない。2つの言葉により成っている。「陰謀」と「世界征服」だ。だが、その色彩は異なっており、欧米でイメージされる秘密結社の実力行使の手段が「サロンを通じた権力への働きかけ」であるのに対し、日本では多分にマンガ的なテロリズムに直結している。

日本で「秘密結社」という言葉に、定冠詞の如く「悪の」という枕詞が付くことからも、『仮面ライダー』の影響力の大きさがわかるだろう。

欧米、日本と並ぶ文化圏として中国がある。

中国における秘密結社──幇（バン）は、その多くが清朝時代から中華民国時代に出現した。その発生過程は、混乱する世相に対応するための自衛的相互扶助組織としてのそれであり、また多分に地縁に由来する互助組織的なものであった。

そこからもわかるように、彼らにとって幇とは比較的身近な存在である。日本人的な感覚からすれば、地回りのヤクザのようなものをイメージすればよいだろう。やはり、それらの犯罪性のある地元組織と同様、幇の大多数は犯罪と関わりを持っている。

第1章　政治的秘密結社　**11**

フリーメイソンリー
Freemasonry

秘密結社幻想の代名詞

"フリーメイソンリー"
この名を聞いたことのある者は多いと思う。

そして付随して語られる数々のエピソードも。その多くは彼(か)の組織、そしてそこに属する彼らフリーメイソンをいかがわしいもの、反社会的、反道徳的な存在であるとするものだ。

だが、彼らの実態は、一言でいえば「経済的に余裕のある層の親睦団体」である。この事実は世界に広く知られており、なんら隠しだてするものではない。先進諸国では、フリーメイソンリーは慈善法人やそれに類する団体として認知されている。

実のところ、フリーメイソンリーを「陰謀」という言葉を使って語るのは、先進国・自由主義国では日本だけなのだ。

ここでは、そのフリーメイソンリーの成り立ちから現代までを、可能な限り簡潔に触れることとする。それにより、日本ではなぜフリーメイソンリーが陰謀と結びついたのかを理解する一助となれば幸いである。

なお、ここでは英語での名詞に準じ、団体としてのフリーメイソンを「フリーメイソンリー」、その会員自体は「フリーメイソン」と呼称する。

石工ギルドと近代フリーメイソンリー以前

様々な陰謀幻想と関連付けられて語られるフリーメイソンリーの始まり、その正確なところは不明である。

人類発祥のその瞬間(アダムとイヴの生誕)から出現していたと主張する者もいれば、ピュタゴラスの学派に起源を求める者、あるいはテンプル騎士団や〈薔薇十字団〉(〈薔薇十字友愛団〉)こそが源流であると断言する者など、フリーメイソンリ

一の始まりに関しては様々な説や憶測、珍説、妄想が流布している。

フリーメイソンリー側が公式な始祖としているのは、『旧約聖書』に登場するソロモン神殿建設者ヒラム[※1]である。ここから発想を飛躍させて「フリーメイソンリー＝ユダヤ系組織」、さらに大胆に「ユダヤ人の謀略組織」と主張する者もいないではないが、ヨーロッパで長い歴史を持つ組織の大半は、その始まりを『旧約聖書』に関連付けているものであり、ユダヤ人がなんらかの影響を持っていたわけではない[※2]。

そもそもフリーメイソンリーとは、「自営<free>の石工組合<masonry>」である。つまりは、石工たちのギルドだ。中世の石工ギルドもまた、フリーメイソンリーと同様、ソロモン神殿建設者であるツロのヒラムを職業的始祖としていた。

ヨーロッパにおける建築物の多くは石造である。一般家屋ではレンガや木造が多いが、城壁や護岸、橋といった大荷重に耐えなければならない建築物には、材質的に強固な石材が用いられてきた。いわば、公共事業的な工事に用いられてきたのが石材なのである。

実務上におけるギルドが果たした役割は多い。一定の技量に達した者にお墨付きを与えて公認し、管轄する地域での平均的な工賃（賃金）を取り決めた。

石工ギルドではさらに大型工事を請け負い、作業分担とそれに伴う賃金取り分を取り決めた。もともとこうした事務手続きは石工親方（マスターメイソン）たちがおこなってきたのだが、それが代行組織として独立していったのだろう。

大規模工事には城塞や城壁といった都市防備に密接な関係を持つものも多い。そのため、石工親方たちは自らが作り上げた建築物の構造上の秘密を守らなければならなかった。そうした秘密に関わる部分を話し合うために集会場が作られ、秘密を共有していることを示すための符牒（サイン）が考案された——と考えるのは、さほど間違っていないだろう。

いわば、「時に都市防衛の根幹に関わる工事を請け負うゼネコン」といったところだ。もちろん、ゼネコンであるから、他業種との関わりも深い。

工事をするにしても、材料となる石材がなければ話にならない。採石職人が必要だ。

※1 Hiram。ティルスとも呼ばれるツロ（現レバノンのスール）の王。契約に基づき、神殿建築をするソロモン王に石材や石工技術者を送った。またレバノン杉や象牙細工なども贈っている。神殿建設中に何者かに殺害されるが、彼岸の狭間で鍛冶職人の始祖トゥバル・カインの導きを受けて復活を果たす。

※2 第2章で取り上げる隠秘学的秘密結社の大多数と同様、単に「権威付け」として『旧約聖書』と関連させただけ——というのが正確なところだろう。

城壁や橋を作るなら、都市防衛の観点から軍人の意見も聞きたい。

報酬を受け取るまでの運転資金を借りる銀行屋は必要だ。

人を働かせる以上、飯が必要だからパン屋や一膳飯屋が欲しい。

怪我に備えて薬屋や床屋[※3]に待機していてもらえればありがたい。

大規模工事なら作業者を寝かせる場所がいる。掘っ立てでも宿とその管理人がいる。

労働の疲れ癒すための酒と女も必要——最重要だ。

と、このように、多少でも関わりのある業種の者たちは仕事を得るために石工ギルドと接触を持つようになり、ギルド側も面倒を減らすためか加入者を石工職人に限定しなくなっていった。その結果、そこには多種多様な職業者や地位の者が集まるようになっていった。

フリーメイソンリーという名を採用する以前の時代に、すでに「多様な人々の会合の場」としての機能はできあがっていたわけである。

926年にイングランドのヨークにおいて石工職人たちが集会を開いており、フリーメイソン史家の中には、これこそがフリーメイソンリーの起源であると主張する者もいる。

ともあれ、このようなフリーメイソンは実務的要素が強く、後に設立され、今日（こんにち）まで続く18世紀以降のフリーメイソンリーとの性質の違いを指して「実践的（オペラティブ）フリーメイソン」と呼ぶ。

※3 当時は床屋（＝理容師）と医者は同じギルドに属しており、兼業していた者も少なくなかった。

近代フリーメイソンリーの始まりと分裂

歴史記録上「フリーメイソン」という単語は14世紀には登場している。だが、これはあくまでも、先に挙げた「自営の石工職人ギルド」という意味合いで使われたものであり、現在の——近代フリーメイソンリー的なものを示す言葉ではなかった。

近代フリーメイソンリーの始まりは、1717年のロンドンのことである。その前年、ロンドンのコヴェント・ガーデンにある居酒屋アップル・ツリー・タヴァーンにおいて、グランド・ロッジ設立準備会が組織され、毎年6月24日（「聖ヨハネの日」

に集会を持つことが取り決められたという記録がある。

　この当時、すでにイギリス各地にいくつかの「フリーメイソンリーの集会場(ロッジ)」は出現していた。それも、石工職人たちの会合組織としてではなく、石工という職業実務を離れ、多様な人々が集うサロンという形であった。学術的には、このように実務的要素を失ったフリーメイソンを「思弁的(スペキュラティブ)フリーメイソン」と呼ぶ。

　17世紀中盤以降、ロンドンでは多数のコーヒーハウスやクラブが営業されるようになっていた。これらの店には文化人や知識人が集まり、政治や芸術、哲学を始め、数学や化学に関する意見交換がされていた。時には手製顕微鏡で化学の実験がおこなわれることもあったという。店側に1ペニーを支払えば誰でも、暖炉側に陣取ってタバコを燻(ゆ)らせ、議論の傍聴やその輪に入ることができた[※4]。

　また、クラブの中には、会員の収入の一部を徴収し、病気や災害、事故などによる生活苦に陥った際の救済資金とする基金を設立するものもあった。こうしたクラブを募金徴収箱にちなんでボックス・クラブといい、そこにフリーメイソンリーの相互扶助精神の原形を見ることができる、と主張する者もいる。

　さて、アップル・ツリー・タヴァーンでの会合の翌年6月24日、ロンドンのグース・アンド・グリドアイアン居酒屋でグランド・ロッジ設立を宣言、アンソニー・セイヤーを初代グランド・マスターに、クリストファー・レン[※5]を初代評議長に選出した。これに参加したのはロンドンで活動していた4つのフリーメイソン団体――アップル・ツリー、クラウン、ラマー・アンド・グレイプス、グース・アンド・グリドアイアンである。その名はいずれも居酒屋の名で、当時の彼らはそこを活動の拠点としていた。

　そこからわかるように、この当時はまだフリーメイソンリーといっても、先に挙げたコーヒーハウスやクラブに集まる人々と同様、文化人や知識人、趣味人[※6]、宴会好き、話好きな人々の集まりにすぎなかったのである。グランド・ロッジ設立を画策した当人たちも、せいぜい「仲間は多い方が賑やかになっていい」ぐらいのことしか考えていなかったようだ。

　だが、グランド・ロッジ設立という事件はロンドンを始めとするイギリスのクラブ・シーンに大きな影響を与えたようだ。

※4　こうした知的交流から生まれたものの1つが、イギリスの学術推進機関たる王立協会(ロイヤル・ソサエティ)である。

※5　「見えない大学」の提唱者であり、王立協会初代事務局長。

※6　文化人、知識人、趣味人の3種類の人間は、往々にして重複する。

第1章　政治的秘密結社　15

それまでイギリスとスコットランドをあわせても700人にも満たなかった会員数が増え、宴会や談話だけを目的として活動する会員の他、組織に思想を求める者が現れ始めたのである。

1721年には団体の歴史や細かな会則、団体の目的などの作成に着手することとなった。この仕事を任されたのは、長老派教会（プロテスタントの一派）の牧師ジェームズ・アンダーソンだった。彼は『ゴシック憲章』という古い規則をベースに、新たな規約を作成し、それは若干の手直しの後に『フリーメイソン憲章』として出版された。

初期のグランド・ロッジの活動において大きな役割を果たした人物に、フランス人ジャン・デザギュリエがいる。彼はナントの勅令廃止とともに渡英し、オクスフォード大学のクライスト・チャーチ・カレッジで自然科学を修めた王立協会会員にして、アイザック・ニュートン[※7]の友人という人物である。彼は3代目グランド・マスターとして、活動に飽きて疎遠になっていた会員を呼び戻し、貴族を会員に引き入れるなど、発足間もない近代フリーメイソンリーを軌道に乗せるため奮闘した。

そして、デザギュリエの働きが、後の近代フリーメイソンリーの方向性を決定することとなる。彼の後を継いでモンタギュー卿がグランド・マスターに就任して以降、貴族がその地位を占めるようになったのだ。モンタギュー卿は先のイギリス財務大臣の息子で、彼のグランド・マスター就任はフリーメイソンリーというクラブの格付け・箔付けのためという要素が強かった。これはデザギュリエの画策によるものだったという。

さらに、1737年、デザギュリエはとうとう王族を引っ張り込むことに成功する。ジョージ2世の長男であり皇太子（プリンス・オブ・ウェールズ）のフレデリック・ルーウィスが入会したのである。しかも、その参入儀礼はロンドンのキュー宮殿に臨時ロッジを開設して執りおこなわれた。残念ながら、フレデリックは若くして没し、王位に就くことはなかったが、これ以降、イギリス王家はフリーメイソンリーとの関係を持ち続けることとなる。

1725年にアイルランドに、1736年にはスコットランドとフランスにグランド・ロッジが結成され、活動を開始する[※8]。そしてイギリス王室と関係を築き、順調に発展してゆくかと思われた近代フリーメイソンリーではあったが、大規模化した組織にはありがちな問題を抱えることとなる。

※7 彼もまたフリーメイソンリー会員で、4代目グランド・マスターとなるモンタギュー卿の父は彼の教え子である。

※8 グランド・ロッジ及び組織形式については、後述の「フリーメイソンリーの組織構造」を参照のこと。

会員間の温度差や思想的断裂が発生したのだ。

1730年代以降、ロンドンのグランド・ロッジ（イギリス・グランド・ロッジ）は指導者層が貴族や大商人、知識人などの裕福層で占められるようになり、新規の加入者もそうした階層の人物であることが望まれるようになっていった。

そのため、ロンドンに居住、あるいはロンドンに出稼ぎにきていたアイルランド人[※9]がイギリス・グランド・ロッジ系のメイソンリーに加入しようとしても拒絶されることが多くなっていったのである。

こうしたイギリス在住のアイルランド人たちは、イギリス・グランド・ロッジとは別の道を歩むこととなる。1751年、彼らは独自にエンシェント・グランド・ロッジを設立し、自らを"古代派"と位置づけ、フリーメイソンリーの本質たる「相互扶助」と「博愛」の精神に近いロッジとして、それまでに設立されたグランド・ロッジ[※10]より古い伝統を受け継ぐ団体であると主張したのである。

※9 その多くが低所得者層であった。

※10 これらは"近代派"とされている。

ヨーロッパ進出と密儀的儀礼の導入

フリーメイソンリーを神秘的存在たらしめているものの1つに、外部には非公開となっている各種の儀式、儀礼がある。

フリーメイソンリーというサロン的団体に密儀的儀礼の要素が付加されたのは、フランスに上陸してからのことである。1725年のパリでヨーロッパ大陸最初のメイソン・ロッジが設立され、1736年にはパリで活動していた6つのロッジが合同でグランド・マスターを選出した。翌1737年、アンドルー・マイケル・ラムゼイなる人物が、フリーメイソンリーの源流を石工組合とする通説を否定し、テンプル騎士団説を打ち立てる。

彼は1314年、騎士団総長ジャック・ド・モレーの処刑とともに解体されたテンプル騎士団の残党がスコットランドのヘレドム山[※11]へと逃亡し、そこで迫害から逃れるために作り上げた組織こそがフリーメイソンリーの原形であると主張したのである。

パリのグランド・ロッジで公開したこの説自体には科学的・歴史的裏付けはなかったが好意的に受け入れられ、フリーメイソンリーに神秘主義思想が入り込む余地を作り出した。

※11 スコットランドには、ヘレドム山なる山は実在しない。

ラムゼイがテンプル騎士団説を演説した同年、ドイツにロッジが設立されると、当地に乱立していた〈薔薇十字団〉の係累組織（と名乗る錬金術団体）の会員が加入してくる。これにより、〈薔薇十字団〉的な儀礼がフリーメイソンリー本来の様式に混入することとなった。1738年にブラウンシュヴァイクでプロイセン王ヴィルヘルム・フリードリヒ2世がフリーメイソンリーに入会すると、権益を求める者の入会が相継ぐようになる。そして1744年、フリードリヒ2世は自らグランド・ロッジ「3つの地球」を設立した。しかも、その所在地はベルリン宮殿であり、結果としてプロイセンの宮殿には、錬金術師や魔術師を名乗る山師が出入りするようになった[※12]。

また、フリーメイソンリーの密儀志向は、1770年代のバイエルンで擬似フリーメイソンリー団体イルミナティ[※13]が誕生してからさらに加速する。

これらの団体に加入している人物は往々にして重複しており、表向き組織的つながりがないように見えても、実は同じ人物が重複加入することにより組織間の橋渡しの役割を果たしていることも稀ではなかった。そうしたこともあり、ドイツで本格的に導入された神秘思想がフリーメイソンリー全体に蔓延するには、さほどの時間は必要としなかった。

しかし、こうした非公開儀式が出現し、頻繁に執りおこなわれるようになると、カトリック教会がそれに難色を示すようになる。

旧教会からすれば、教会以外[※14]で聖職者以外がおこなう儀式は例外なく胡散臭いものであり、しかもユダヤ人会員が列席していることも少なくないとなれば、それはもう異端でしかありえない——と判断してしまったのである。さらに、爆発的勢いで世界各地に拡散してゆく[※15]フリーメイソンリーをカトリック教会は脅威と見なすようになっていった。当時世界最大のネットワークを有していたカトリック教会にとっては、競合相手の出現にも等しかったのである。1738年、教皇クレメンス12世が公布した「フリーメイソン破門回勅」は、そのような背景によって下された。

しかし、すでにヨーロッパの半分はルター派を始めとするプロテスタント教徒であり、クレメンス12世の勅令は有名無実なものでしかなかった。カトリック教徒が大多数を占めるフラ

※12 しかし、それもフリードリヒ2世在位の間だけのことで、息子のフリードリヒ3世が即位すると、宮殿から錬金術師を始めとするドイツ・フリーメイソンリーの会員は徹底的に排斥されることとなる。

※13 これについては「イルミナティ」の項目(p.39)を参照のこと。

※14 カトリック教会の本音としては、プロテスタント教会も「胡散臭いもの」に入れたいところであろう。

※15 前述したものの他、1733年にイタリアのフィレンツェ、1734年にはオランダのハーグ、1735年にはポーランドとスウェーデン、1743年にはデンマークのコペンハーゲンにロッジが設立されている。また、本格的に活動を開始するのは18世紀後半に入ってからだが、1731年にロシアにもロッジが設立されていたとされている。

ンスでさえ、すでに国政の舞台に多くのフリーメイソンリー会員が入り込んでいたため、やはり無視される結果となる。

後にフリーメイソンリーが怪しげな秘密結社であるとする論拠の1つとなった「フリーメイソンリーは破門された」というのは事実であるが、このように、その判断には思想的・宗教的な意味合いはまったく介在していなかったのだ。

グラントリアン創設とフランス革命

1756年、グランド・マスター経験者のド・クレルモン伯爵が自分をグランド・マスターとしたグランド・ロッジ——グラン・ロージェ・ナショナルを設立する。クレルモン伯爵が没した1771年、ド・シャルトル公爵がグランド・マスターに就任、フランスにおけるフリーメイソン憲章の改定がおこなわれた。これにより1773年にグランド・ロッジが閉鎖され、同機能を果たすグラントリアン（大東社）が創設された。

グラントリアンの創設は、それ自体が1つの改革であった。このロッジの創設が意味したのは、フランス・フリーメイソンリーのイギリスからの独立と独自路線の確立だったのである。

グラントリアンでは神の存在を始めとする神秘的要素をフリーメイソンリーの儀礼から排除した。これにより、グラントリアンは1877年にアイルランド・グランド・ロッジから、1878年にはイギリス・グランド・ロッジから承認を取り消され、断絶することとなる。

また、居酒屋を集会場とするロッジの開設を禁じ、入会資格を明文化して一定の基準を設けた。前者はフリーメイソンリーの伝統に、後者は平等・博愛主義に手を入れたのである。これにより、グラントリアンの新規会員は貴族や政治家、大商人、知識人といった富裕層に純化されていった。

そして、ド・シャルトル公爵がグランド・マスターを務めたということが、グラントリアンの活動を政治的なものへと変えてゆくこととなる。

ド・シャルトル公爵——彼の最もよく知られている名は、ルイ・フィリップ・ジョゼフ・オルレアン公[※16]である。彼はルイ16世の従兄であり、フランス最大の領主だった。自由主義者であり、奔放かつ放蕩な人物であった彼は民衆に対して私

※16 ルイ16世の従兄で、王位に対する野心を抱いていた人物。フランス革命では革命派に組し、ルイ16世の処刑に賛成票を投じている。革命後は「平等のフィリップ」を自称していたが、元王位継承者だったため、1793年に断頭台の露と消える。自由主義者を気取っていたが、実際には「政治的スタイル」にすぎなかった。

※17 パリ中心近くに位置する。庭園を取り囲む建物はテナントとして商人に貸し出されていた。といっても、店子はカフェ（コーヒーハウス）や娼館などで、「品」という言葉とは程遠い繁華街だった。王族の私有地ゆえに治外法権であり、警察が立ち入ることもできなかったという。1789年にカミーユ・デムーランが「民衆よ、武器を取れ!」との演説をし、パリ市民の蜂起を促した場所として知られている。

※18 この年には、三部会招集、国民議会宣言、テニスコートの誓い、パリ市民による廃兵院及びバスティーユ牢獄の襲撃など、フランス革命の第1段階として位置づけられている出来事が起きている。

邸の庭「パレ・ロワイヤル」[※17]を解放し、オルレアン公の庇護の許、反政府主義者から知識人、商人、貴族など無節操に受け入れ、様々な人間がそこで会合を持つことを許した。ここで会合を持てたことがフランス革命の成功の一因でもあった。

　グラントリアン設立当時、フランスに存在していたメイソンリー・ロッジは大小取り混ぜて106だった。それが1789年[※18]になるとその数はフランス国内、植民地のロッジを合わせて600を超えるまでに増加。その会員は2万とも3万ともいわれており、至るところに会員が入り込んでいた。そのため、革命直後の共和制議会議員の2/3はフリーメイソンリーの会員で占められているという事態になっていた。

　これが「フランス革命はフリーメイソンリーの謀略の一端である」との陰謀説を生む要因となっているのだが、革命政権の指導者ロベスピエールの手により、グランド・マスターであるオルレアン公を始め、多くのフリーメイソンリー会員が断頭台の露と消えている。

　フランス革命にフリーメイソンリーがなんらかの寄与をしたのは間違いないだろうが、これがフリーメイソンリーの陰謀であったというのは謀略史観的すぎるといえるだろう。

　さて、1878年にイギリス・グランド・ロッジと袂を分ったフランスのグラントリアンであるが、1917年、閉鎖されていたフランスのグランド・ロッジ（グラン・ロージェ・ナショナル）と再統合され、改めて同名のグラン・ロージェ・ナショナルを再度設立、イギリス・グランド・ロッジとの間に承認関係が復活、フランスとイギリスのフリーメイソンリーの関係は修復された。

新大陸への伝播とアメリカ独立戦争

　イギリスに生まれたフリーメイソンリーは、当然ながらその代表的植民地であった新大陸アメリカへも伝播していった。

　アメリカへのフリーメイソンリー到来は比較的早い時期で、1720年代後半のことだといわれている。ベンジャミン・フランクリンが発行していた『ペンシルベニア・ガゼット』紙では、1730年12月、2回にわたってフィラデルフィアにおけるフリー

メイソンリーの集会を記事として掲載した。フィラデルフィアでは北米大陸初のメイソンリー・ロッジ、セント・ジョンズ・ロッジが活動していたのである。だが、同ロッジはイギリスのグランド・ロッジの指導下にあり、アメリカ独自の活動をしていたわけではなかった。

1733年、ボストンにファースト・ロッジが設立され、イギリス・グランド・ロッジの承認を受けて、アメリカ・グランド・ロッジとしての活動を開始する。この後、アメリカ各地にロッジが作られ、その数を増やしてゆく。ファースト・ロッジ設立の約30年後の1760年には、アメリカ13州の至るところにフリーメイソンリー・ロッジができていた。

これらのロッジの会員となっていたのは、他の多くのメイソンリー団体と同様、大商人や政治家、軍人、地主、知識人で、中上流階級に属する者たちによる情報交換の場として機能していた。

この当時のアメリカは、ピューリタン的宗教意識が支配的な北部、貿易・商業を中心とする中部、大地主による農業がおこなわれていた南部の3つに分類される。

この3種の新大陸植民地には政治や経済の構造、歴史・文化基盤などに共通点はほとんどなく、あくまで複数国の植民地の寄せ集めにすぎなかった。

ロッジでの集会は、そうした文化も社会も異なる地域間の垣根を超えた交流手段として利用されるようになり、緩やかな「北米大陸の市民意識」を醸成していったのである。

それが表社会に噴出したのが、独立戦争の嚆矢となった1773年の「ボストン茶会事件(ボストン・ティーパーティ)」だ。

1756年、プロイセンとオーストリアの間で勃発した七年戦争は、シュレジエン（現在のポーランド南西部）を巡る両国の戦争であると同時に、イギリスとフランス（及びロシア）の戦争でもあった[※19]。この戦争でプロイセンがオーストリアに勝利を収めたことにより、イギリスは新大陸におけるフランス植民地のうち、ミシシッピ河より東側の大部分とカナダの領有権を獲得する。そしてイギリスは、戦争により抱え込んでしまった債務を回収すべく植民地に新たな課税をおこなう[※20]。これが新大陸植民地での不満を招いた。

そうした中、1773年、東インド会社に大陸における茶の独

※19 イギリスがプロイセンのフリードリヒ2世を、フランス及びロシアがオーストリアのマリア＝テレジアを支援、後ろ盾となった。

※20 1764年に砂糖税法、1765年には印紙税法が議会を通過する。が、パトリック・ヘンリーの「代表なくして課税なし」をスローガンとして設立された印紙税法議会の反発により、印紙税法は翌年に廃案。1767年にイギリスからアメリカへと輸入されるガラス、紙、茶などに対して重関税をかけるタウンゼント諸法が成立する。やはり強い反対により、タウンゼント諸法も1770年には廃案となる。

占販売権を与える茶税法が成立する。これは経営破綻をきたしていた東インド会社の救済のための法律だった。

1773年12月16日、茶税法に対する反抗としてボストン茶会事件が起きる。

この日、ボストンのフリーメイソンリー・ロッジの1つ、セント・アンドリューズ・ロッジ[※21]の会合がおこなわれる予定であったが、出席したのはたったの5人。残る会員は、別の「茶会」へと出かけていた。ボストン港に停泊していたイギリスの貨物船上でおこなわれた「茶会」に出席した彼らは、モホーク・インディアンに変装し、東インド会社の茶342箱、時価およそ15,000ポンドもの茶箱を次々とボストン湾へと投げ捨てていったのである[※22]。

この事件は、「お茶を海水で淹れたらどうなるだろう？」というジョン・ロー[※23]の言葉を発端として起きたとされている。

ボストン茶会事件により、マサチューセッツ州は自治権を剥奪される。そしてこの後に始まる独立戦争において、フリーメイソンリーは大きな役割を果たした。

1775年4月にイギリス軍がコンコードの武器庫を接収する途上、レキシントンでの武力衝突が発生する。この時、セント・アンドリューズ・ロッジ会員ポール・リヴィア[※24]が前日にノース教会[※25]の灯火と早馬を使ってそれをレキシントン民兵(ミニッツメン)に知らせた。これは独立戦争初期で最も有名なエピソードとして知られている。

外科医であり、セント・アンドリューズ・ロッジの指導者であった将軍ジョゼフ・ウォレンが同年6月のバンカー・ヒルの戦いで戦死すると、反英愛国の風潮が最高潮に達した。戦闘後、ウォレンの遺体はバンカー・ヒルからボストンへと搬送されたが、それを担ったのは正装したフリーメイソンリー会員たちであった。

トマス・ペインの『コモン・センス』が刊行されると、植民地軍の抵抗運動が独立運動へと変化してゆくこととなる。そして1776年7月4日、独立宣言が採択される。これはジョン・アダムズやベンジャミン・フランクリンの協力のもと、トマス・ジェファーソンによって起草された。これら3人はいずれもフリーメイソンリーの会員であった。

フランス革命と同様、様々な場所にフリーメイソンリーの会

※21 毎年「聖アンドレ(アンドリュー)の日」＝11月30日にボストンのグリーン・ドラゴン・タヴァーンで会合を持つフリーメイソンリー・ロッジ。だが、茶の荷受け作業で出席できなかった会員が多かったため、12月16日に延期されていた。

※22 この事件は、どちらかというとセント・アンドリューズ・ロッジではなく、サンズ・オブ・リバティという秘密結社的な反英過激派団体が主体となって起こした事件であった。

※23 ボストンで最も裕福だった商人で、ファースト・ロッジ会員。同名の甥(こちらはセント・アンドリューズ・ロッジ会員)とともにフリーメイソンリーの会員であった。

※24 リヴィアは後にマサチューセッツ州のフリーメイソンリー・ロッジでグランド・マスターに就任する。

※25 現オールド・ノース教会。

メイソンの正装姿の
ジョージ・ワシントン

※26 財務長官アレクサンダー・ハミルトン、戦時中の財政を担当したロバート・モリス、最高裁判所長官ジョン・マーシャル、ヘンリー・リー将軍、「米海軍の父」ジョン・ポール・ジョーンズなど。
さらに、独立戦争を支援すべくフランスからアメリカに渡ったラ・ファイエット公爵の名も挙げられる。

※27 この建物は1812年の英米戦争において損傷し、ホーバンによって修復されたが、その修復箇所を隠すために白く塗られ、以降「ホワイトハウス」と俗称されるようになる。その呼び名が正式名となったのは、セオドア・ルーズベルトが1902年に公式採用してからのことである。

員が入り込んでいたため、革命軍の総司令官にして後の初代大統領ジョージ・ワシントンの周囲には多くのメイソンがいた[※26]。ワシントン自身、アメリカン・ユニオン・ロッジの会員であり、1778年12月にフィラデルフィアを奪回した戦勝行進ではフリーメイソンリーの正装に身を包み、その先頭に立っていたといわれている。

1781年、ヨークタウン陥落により革命軍が事実上の勝利を収め、1789年4月にはワシントンが初代大統領に就任する。就任時の宣誓は当時のアメリカの首都ニューヨークのウォール街においておこなわれた。この宣誓で使用された聖書は、セント・ジョンズ・ロッジ・ナンバー1より借り出されたものだった。

また、1792年、後にホワイトハウスと呼ばれることとなる大統領官邸を建築したアイルランド人建築家ジェームズ・ホーバンもフリーメイソンリー会員だった[※27]。

1793年、アメリカの議事堂の礎石を置く儀式がおこなわれたが、それはフリーメイソンリーとの提携の許でおこなわれ、ワシントンは記章とエプロンというフリーメイソンリーの正装でそれに臨んだ。

※28 1ドル紙幣の図案として採用されたのは1935年。

※29 「神は我らの企みに与したまえり」の意。

※30 「新世界秩序」の意。

※31 「多から一へ」の意。

※32 彼は渡米後にフリーメイソンリー団体アメリカン・ユニオン・ロッジに入会している。

※33 実態はどうあれ、フランスではそういう触れ込みで国民からの人気を得ていた。一説には、彼がフランス政府にアメリカの独立支援を働きかけたことが、フランスの財政難を招き、フランス革命の要因となったともいわれている。

　アメリカとフリーメイソンリーの関係を述べる時、決まって持ち出されるのが「アメリカの国璽(こくじ)とフリーメイソンリー的象徴性の関係」である。
　アメリカの国璽は1ドル札の裏面に印刷されている[※28]図案で、1782年に制定された。
　左側には13段のピラミッドとその上に掲げられた13文字から成る標語 "Annuit Coeptis"[※29] と、現在のアメリカの方針にも通じる "Novus Ordo Seclorum"[※30]。そして、ピラミッド上部に独立して浮かぶ、三角形の中の目——「万物を見通す目(オール・シーイング・アイ)」。
　そして右側には、翼を広げた鷲が胸に掲げている13本の線からなる盾と "E Pluribus Unum"[※31] という13文字の標語。鷲の頭上には六芒星形に13の星が輝き、右足で13枚の葉のオリーブを、左足では13本の矢を掴んでいる。
　これらは確かにフリーメイソンリーと関わりがあるように思える要素である。だが、少なくとも最もオカルト的な要素として槍玉に挙げられる「13」という数字に関しては、割り引いて考えるべきだろう。
　「13」の数字は独立戦争勃発直前のアメリカには13州の植民地があったことに由来しており、鷲が掲げる盾のデザインは、ボストン茶会事件に関与した秘密結社的反英団体サンズ・オブ・リバティの旗に酷似しており、そこから採用されたものと考えるのが妥当だろう。
　だが、「万物を見通す目」の図案に関してだけは、フリーメイソンリーとの関わりを否定することはできない。この図案はフランス革命後の「人権宣言」（1789年8月）の扉絵にも記載されている。
　人権宣言の起草には、アメリカ独立戦争に従軍し、フランスにアメリカの独立を支援させた立役者であるラ・ファイエット公爵が関与している[※32]。この人権宣言は、アメリカ独立宣言を参考に——どころではなく、トマス・ジェファーソン本人の助言を受けて起草されたもので、「アメリカ独立戦争の英雄」[※33]であったラ・ファイエットが扉絵の図案にこの印を盛り込んだのだろう。
　フリーメイソンリー自体が「万物を見通す目」の図案を頻繁に使用し始めるのは18世紀末だといわれているが、それは彼

1$紙幣の裏面に描かれるフリーメイソンリーのモチーフ。万物を見通す目(上)と鷲(下)

ら自身の「2つの革命を成し遂げた」という自己顕示欲を満たすために採用した側面もあるが、同時に、「目」と「三角形」という2つの象徴を組み合わせた図案が生み出されたのがこの時期であったことを考えれば当然の話である。

　このように、アメリカ独立戦争は、フランス革命と同様にフリーメイソンリーが関わり、大きな役割を果たしてはいるが、それがすなわちフリーメイソンリーの陰謀であったと飛びつくのは早計だ。
　フリーメイソンリー・ロッジというサロン——つまり「情報の交換・共有の場」で醸成された「アメリカ市民」という意識が、宗主国の横暴に対して反旗を翻し、自立へと向かっていった——そう考えるのが妥当だ。

フリーメイソンリーの歴史と思想

フリーメイソンリーの基本的な思想は、1723年に出版された『フリーメイソン憲章』に記されている。

この憲章は長老派教会牧師ジェイムズ・アンダーソンによって、『ゴシック憲章』という古いメイソンの規則をベースとして作成された。また、作成にあたってはデザギュリエによる助言がなされていたという。

基本的な構成は、第1章において歴史を、第2章では責務と規則を説く、2部構成であった。

フリーメイソン憲章で説かれるフリーメイソンリーの歴史は、なんと『旧約聖書』「創世記」の昔にまで遡る。

フリーメイソン憲章に記された歴史は、天地創造は紀元前4004年の出来事であり、その年をAL元年[※34]とする歴史年代記だ。この歴史の中では、唯一神は「宇宙の建築士」[※35]、イエス・キリストは「教会の建築士」として位置づけられている。

神が自らの姿に似せて作り出された最初の父アダムは、神から幾何学の奥義を授けられたという。幾何学は建築学の基礎であり、石造建築を職能とする石工にとってはなくてはならない学問だ。この学問はアダムの子孫にも伝えられてゆく。

当然、アダム以来の秘儀であるそれはフリーメイソンリーが公式に採用している始祖、ソロモン神殿の建設者ツロのヒラムにも受け継がれた。またローマの建築家ウィトルウィウスにより、最古の建築学書『建築十書』としてまとめられる。ウィトルウィウスはローマの最盛期であるアウグストゥス・カエサル時代に数々の建築をおこない、ヨーロッパ建築の基礎を築いた。

憲章の歴史では、ウィトルウィウスによって確立された古典様式（オーガスタン・スタイル）と呼ばれる様式がルネッサンス期のイギリス建築家イニゴー・ジョーンズへ、そして幾何学が王立協会初代事務局長クリストファー・レンへといかにして受け継がれてゆくかを辿っている。

ついで、憲章の第2章でフリーメイソンリーの思想（あるいは教義と言い換えてもいい）が説かれている。

すべてのフリーメイソンリーの会員には「道徳法」への帰順が求められた。これは「すべての人間が同意することのできる

※34 Anno Lucis。「光の暦」の意。

※35 Great Architect of the Universe。通常、フリーメイソンリーの文書等ではG.A.O.T.U.と略される。

宗教」に従って「真実と善意の人間」になることを要求する規則である。が、「すべての人間が同意することのできる宗教」がどのような宗教なのか、実在するものなのか否かすら規定されていなかった。これは、16世紀初頭のマルティン・ルターによる宗教改革に始まり、17世紀に多数の宗派、分派が出現し、反目し、派閥闘争に明け暮れ、混迷をきわめていた宗教界への反発心からのものだったといわれている。ゆえに「すべての人間が同意することのできる宗教」などという、実現しがたい理想的存在を持ち出したのだろう。

　また、これはフリーメイソンリーの基本理念である「相互扶助」と「平等」「博愛」、それらより生じた「寛容」の精神によるところが大きい。フリーメイソン憲章が作成された当時、ヨーロッパ文明国で認知されていた「宗教」はカトリック、プロテスタント諸派、キリスト教諸派、ユダヤ教、イスラム教である。また、植民地では多くの土着信仰が存在していた。他には、中国やインドの幻想に満ちた異教だ。これらの信徒を無差別に会員とするには、具体的かつ明確な宗教の姿を提示しない方が都合がいい──アンダーソンはそう考えたのかもしれない。

　だが同時に、彼らは「愚かな無神論者にも、非宗教的な自由思想家(リベルタン)にもならない」としている。他者の信仰を否定することなく、寛容心をもってそれを認め、宥和する──それが彼らの理念であった。

　もちろん、アンダーソンを始めとするイギリスのグランド・ロッジのメンバーは、そのほとんどが（カトリックかプロテスタントかは別として）キリスト教徒であった。ゆえに、キリスト教の代表的教義の1つたる「魂の不滅」もまた、フリーメイソン憲章の中で説かれていた。

　前述したが、フリーメイソン憲章においては、神は「宇宙を作り出した偉大なる建築士」と規定される。あらゆる神はこの「宇宙の建築士」の化身ないしは異なる側面として解釈されているのだ。

　だが、フランスで設立されたグラントリアンでは、この両者──「神の実在」と「魂の不滅」を否定した。これはカトリック教会よりの圧力にさらされ続け、さらには宮廷に出入りするカトリックの腐敗した聖職者たちへの反感が、フランスの知識人や裕福層に強く蔓延していたのが原因だとされている。これ

フリーメイソンリーの
代表的なロゴ

により、グラントリアンは無神論的かつ政治的色彩を強めてゆくこととなるわけである。

　フリーメイソンリーを表す象徴記号としてよく知られているのは、2本の柱や「G」の一文字を中心に置く輝き、ディバイダー（コンパス）と直角定規、そして三角形などである。
　数多く存在するフリーメイソンリーの象徴図形のうち、代表的なそれらの意味合いは次のようなものである。
　2本の柱はソロモン神殿の門柱である「ヤッキンとボアズ」を意味している。
　フリーメイソンリー由来の象徴図柄に登場する「G」の文字は、the God（唯一神）のGと短絡されることが多いが、実際には神<God>であると同時に幾何学<Geometry>を意味している。この時、Godには定冠詞<the>が付くことはない。この他にも栄光<Glory>や威厳<Grandeur>であるとの解釈もある。
　ディバイダーと直角定規は、それぞれ「道徳」と「真理」を表し、組み合わせることにより両者の調和を意味する。三角形は最も安定する構造であり、建築の基礎だ。フリーメイソンリーが石工建築職人に由来することの表れといえるだろう。また、古来より三角形は神秘的図形とされており、エジプトではオシリス＝イシス＝ホルス（男性原理＝女性原理＝両者の結合による被造物）を通じて宇宙を意味する図形とされていた。

フリーメイソンリーの組織構造

　フリーメイソンリーという団体に対し、よく「全世界に支部を持つ組織」という主旨の説明がおこなわれる。これにより誤解されやすいのだが、フリーメイソンリーの会員が、世界中に存在するすべてのロッジに出入りできるわけではない。

　イギリス・グランド・ロッジから承認されていないロッジの会員はイギリスはもちろんのこと、スコットランドやアイルランドなどのグランド・ロッジやその傘下ロッジに出入りすることはできない。もちろん、たとえイギリス・グランド・ロッジの会員であっても、フランスのグラントリアン系のメイソン・ロッジへの立ち入りは不可能となる。

　また、ロッジによって採用している儀礼が異なる。代表的なものは、現代アメリカのフリーメイソンリーで主流となっている「スコティッシュ儀礼」と「ヨーク儀礼」の2種類だ[※36]。この採用儀礼の違いによっても、参加できない儀式などが生じてくる。

※36 「スコティッシュ（スコッチ=スコットランド）」と「ヨーク」はともに実在の地名だが、その儀礼の名称と地名との間に深い関係はない。

位階	「スコティッシュ儀礼」	「ヨーク儀礼」
1	徒弟	徒弟
2	職人	職人
3	親方	親方
4	秘密の親方	被選挙者
5	完全な親方	スコッチ
6	内密の秘書	
7	裁判長	
8	建築管理者	
9	選ばれた9人の親方	
10	選ばれた15人の親方	
11	選ばれた最高の騎士	
12	建築の大棟梁	
13	王宮の迫持の騎士または最高の石工	
14	王の神聖な穹窿の被選抜者	
15	東方または剣の騎士	東方の騎士
16	イエルサレムの王子	
17	東西騎士	

18	薔薇十字騎士 ………………………………… 薔薇十字騎士
19	大司教または聖イエルサレムの最高スコットランド人
20	崇高な大棟梁
21	ノアの後裔またはプロシアの騎士
22	王者の斧の騎士またはレバノンの王子
23	幕舎（ヘブライ）の長
24	幕舎の王子
25	青銅蛇の騎士
26	恩寵の王子またはスコットランドの三位一体論者
27	殿堂の大司令官
28	太陽の騎士
29	聖アンドレの大スコットランド人
30	選ばれたカドシュの大騎士
31	大監督審問長官
32	王者の秘密の最高王子
33	独裁最高総監

※「ヨーク儀礼」の第7位階は「スコティッシュ儀礼」の第18位階に相当。

　同じフリーメイソンといっても、その組織は一枚岩などではないのだ。
　そもそも、フリーメイソンリーというのは、単一のグランド・ロッジを頂点とした指揮系統を有する「組織」ではない。まがりなりにも指揮権らしきものを持っているのは、せいぜい国や地方ごとに設立されたグランド・ロッジぐらいであり、傘下にあるロッジ以外にはさしたる影響力を持つことはない。そして、グランド・ロッジ間については、流行廃りや風潮、指導者層の嗜好／志向により他のグランド・ロッジよりの影響を受けることはあっても、基本的に他のグランド・ロッジから強制力を持った「命令」を受けることはない。フリーメイソンリーのグランド・ロッジ間の関係には上下は存在せず、「互いを承認する」ことにより関係性を維持している。これはグランド・ロッジと傘下ロッジの間でも同じで、承認したグランド・ロッジから「指導」されることはあるが、「命令」が下されることはない。
　時にはグランド・ロッジから承認を受けずに活動する「自称フリーメイソン」のロッジが出現することもあるが、これに対

して各グランド・ロッジが実効力を持った制裁活動をおこなうことはできない。というのも、彼らに実行可能な「制裁」は「承認しない」というただ一手段のみであり、小さくまとまった集団のみで活動する──あるいはグラントリアンのように大規模な組織力を持って活動するのであれば、他のグランド・ロッジからの承認／未承認などさしたる意味もないのだ。

そもそも、その承認関係の取り消しについてもいい加減といっていいほど緩やかなもので、フリーメイソンリーが掲げる「神」と「魂の不滅」を否定し、無神論的かつ政治的活動に主眼をおくようになったグラントリアンが実際に承認を取り消されたのは、設立から1世紀近くもすぎてからのことである。

この「緩さ」を見れば、フリーメイソンリーが決して「全世界に支部を持ち、強固な指揮系統の許、特定の思想・政治を行使する一枚岩の組織」などという空想的組織などではないことは明白だといえるだろう。

グランド・ロッジがメイソンリー・ロッジを承認する際に発行されるのが、「認可状（チャーター）」と呼ばれる書類だ。これはすでに活動しているロッジだけでなく、設立予定のロッジに対しても発行される。中には、認可状の発行だけがおこなわれ、実際にロッジが設立されなかったこともあったようだ[※37]。

一口にフリーメイソンリーのロッジといっても、大きく3種類のものがある。

1つは単に「ロッジ」と呼ばれるもの。これまでの説明からも想像できると思うが、基本的には「サークル」や「サロン」のようなものである。18世紀のロッジの多くは、最初のうちは居酒屋やコーヒーハウスなどで、後には貴族の館で集会を開いていた。新規設立は、他のロッジで希望者を募り、グランド・ロッジに承認してもらって──という手順を踏むのが通例であったようだ。

2つめは「グランド・ロッジ」。これは先述したように、国や地方の単位で設立され、幾多のロッジを傘下に持つロッジである。多数のロッジが合同で設立することが多い。

3つめとなるのが、いわゆる「軍事ロッジ」である。軍隊内（部隊内）で設立されるもので、特定の場所を集会場とすることなく、部隊の移動とともにロッジも移動していた。軍事ロッジは

※37　現代ではそうした認可状はアンティーク雑貨として扱われており、安い物では10ポンド（約2,000円）ほどで、由緒正しい18世紀のイギリス・グランド・ロッジが発行したものは数千ポンドで取引されている。

軍務に拘束され、集会に参加できなくなったメイソンたちが作り出したものと思われる。ちなみに、ワシントンが会員となっていたアメリカン・ユニオン・ロッジも軍事ロッジであった。

これらのメイソンリー・ロッジは、常に建物の2階以上に設置されていた[※38]。これは、外部から儀礼などを覗き見ることができないようにするための措置であるが、ヨーロッパで「智は天より下されるもの」とされていることとも無関係ではないだろう。

※38 軍事ロッジの場合、部隊の駐屯地の関係で例外的に1階にロッジを置くこともあったようだ。

さて、フリーメイソンリーの基本理念の1つが「平等」であるとはいえ、その会員には位階による序列が存在している。

フリーメイソンリーの位階システムは1つだけではない。儀礼様式により位階数や位階名に違いがあるが、「徒弟」「職人」「親方」という3つの初期位階だけは共通している。これは実践的フリーメイソンリー時代よりの伝統を示す位階名で、基礎組織として扱われている。

基礎的位階の3位階より上位は儀礼により異なるが、一般的なスコティッシュ儀礼や古式承認儀礼では30位階、ヨーク儀礼では4位階が存在している。フランスのグラントリアン系では3位階に4位階を加えた合計7位階の方式が採用されている。

現代では各位階への昇進は適切な講習を受け、口答試験に合格しさえすれば可能となっている。

スコティッシュ儀礼の実質的最高位階[※39]である第32位階「王者の秘密の最高王子」ですら、たった2日の講習で昇進可能なのだ。

※39 最高位階である第33位階「独裁最高総監」ないしは「最高大総監」は名誉職。

実践的要素が失われた近代フリーメイソンリーでは、これらの位階は「フリーメイソンリー的思想への理解度・知識」が重要視されており、石工職人組合時代のような実務的能力の有無が位階に影響を与えることはないのである。

フリーメイソンリーの文学／芸術への影響

18世紀初頭、イギリスのロンドンにおいてグランド・ロッジが設立されて以来、瞬く間に欧米全域へと広がっていったフリーメイソンリー。

欧米社会の変革期において大きな働きをなしたそれは、当然ながら政治的活動以外の分野にも影響を与えた。その代表的なものが、文学と芸術である。フリーメイソンリーはもともとサロン的機能を有し、そこに多くの知識人や文化人、趣味人が含まれていたのだから、フリーメイソンリー的思想の影響はあって然るべきものといえるだろう。

　メイソンリーと文芸の関係を語る上で欠かすことができないのは、代表的なドイツ文学作家にして、疾風怒涛(シュツルム・ウント・ドラング)運動の旗手として活躍したヨハン・ヴォルフガング・フォン・ゲーテだ。詩人・作家として多数の作品を残した彼もまたフリーメイソンリーの会員であった。

　ゲーテの代表作の1つ『ヴィルヘルム・マイスターの徒弟時代』及び『ヴィルヘルム・マイスターの遍歴時代』は、演劇に情熱を燃やす青年ヴィルヘルムを主人公とし、彼の経験を通じて自己形成の過程（＝人格的成長の過程）を描いた教養小説(ビルドゥングスロマン)である——というよりも、この2作こそが、教養小説という形式を明確な形で世に打ち出した最初の作品であった。

　この小説には〈塔の結社〉(ゲゼルシャフト・デス・ツームス)[※40]という秘密結社が登場する。この秘密結社は会員を使い、遍歴途上のヴィルヘルムを、それと気付かれることなく幾度も指導した。そして最後には修行証書を与え、〈塔の結社〉の一員としてヴィルヘルムを迎え入れるのである。

　〈塔の結社〉の会員には様々な人間がおり、貴族も少なくなかった。にも関わらず、貴族の権益とは真っ向から対立する「行動を通じての社会改革」という理想を掲げていた。その社会改革の理想形は、相互扶助や博愛主義といった思想に基づく市民社会だ。また、会員は至るところに居住ないしは遍歴しており、続編たる『遍歴時代』では会員同士の位置が記された図表を持ち、手紙やそれを超越した通信手段を有するに至っている。中には宇宙と精神的交信をおこなう女性といった超越的能力を持った人物も存在する。

　この〈塔の結社〉がフリーメイソンリーをモデルとするというのが定説となっている。それはもちろん、ゲーテ本人がフリーメイソンであったこともあるが、結社が掲げる理想がフリーメイソン憲章に謳われた理想とほぼ重なることも、それを裏付ける要因とされる。

※40 Gesellschaft des Turms

この他、ロシア文学の雄レーヴ・ニコラエヴィッチ・トルストイの代表作『戦争と平和』には、主人公であるピエール・ベズーホフ伯爵がフリーメイソンリーに参入するという場面がある。この場面では、アルコールランプに照らされた7つの燭台(しょくだい)を載せた机、太陽と月と分銅(ふんどう)と方解石(ほうかいせき)などのメイソンリー的象徴図形を描いた絨毯(じゅうたん)などが描写されており、当時のロシア・フリーメイソンリーの入会儀礼を見てとることができる。
　音楽の分野では、ヴォルフガング・アマデウス・モーツァルトのオペラ『魔笛』が有名だ。このオペラは「邪悪な悪魔」ザラストロに誘拐された「夜の女王」の娘パミーナを、王子タミーノが救出に向かう——という筋である。が、旅の途上でザラストロが悪魔などではなく、神聖な森の3つの神殿〈叡智の神殿〉〈理性の神殿〉〈自然の神殿〉のうち、〈叡智の神殿〉の支配者であることが明かされ、パミーナが母親から引き離されたのは彼女の幸福のためであることが開示される。そして、タミーノはパミーナとともに魔法の笛の力を借りつつ数々の試練を乗り越え、「神々にも等しい者」としてザラストロの主宰するオシリス＝イシス密儀への参入を許される。
　この物語は先に挙げた『ヴィルヘルム・マイスターの徒弟時代』と同様、主人公が経験と試練により成長し、あるべき自己を実現する成長物語である。そして、トルストイの『戦争と平和』と同じく、フリーメイソンリーの秘儀参入儀礼を基にした場面がある。第2幕冒頭において、ザラストロと神殿の僧たちは次のようなやり取りをした。

　　第一の僧「彼は徳性を有していますか？」
　　ザラストロ「徳性を有している」
　　第二の僧「寡黙でもあるのでしょうか？」
　　ザラストロ「寡黙である」
　　第三の僧「善行をなしますか？」
　　ザラストロ「善行をなす」

　この問答はフリーメイソンリーの参入儀礼時におこなわれる儀礼の一部と類似している。フリーメイソンリーに入会するには、すでにメイソンとなっている人物からの紹介が必要であり、参入儀礼では、紹介者は参入者の身元引受人として、これとほ

ぼ同じ問答を役員たちと交わすことになる。

　これらの事例は、フリーメイソンリーが文学や芸術分野へ与えた数多くある影響の一例にすぎない。実際にはさらに多く、エドガー・アラン・ポオの『アモンティラードの酒樽』、ゴットホルト・エフレイム・レッシングの『賢者ナータン』や『エルンストとファルク』、トマス・マンの『魔の山』、さらにはアーサー・コナン・ドイルの『赤毛連盟』などでも直接的・間接的に言及されており、その影響を及ぼしている。

フリーメイソンリーの現在

　第2次世界大戦後以降、現在の地球上でフリーメイソンリーが最も活発に活動しているのはアメリカである。とはいうものの、陰謀論者が吹聴するような「アメリカがフリーメイソンリーによって作られた国だからだ」という夢のある理由ではない。単に大戦後のアメリカの経済的活動が、世界で最も活発だったため――というのが本当のところなのだろう。

　現代アメリカにおけるフリーメイソンリーは、日本人が想像（あるいは空想）する「秘密結社」とは程遠い姿をしている。アメリカのメイソンリー・ロッジの多くは福祉団体や慈善団体として法人化しており、病院や福祉施設へ多額の寄付をおこない、祝日などにフェスタやバザーを開催して地域の親交と振興に寄与している。

　これはフリーメイソンリーが本来持っていた博愛と相互扶助の精神を拡大させていったものであるが、同時に欧米の「高貴なる者の社会的義務(ノブレス・オブリージュ)」という伝統的精神に基づいたものとみることもできる。

　これまで述べてきたように、フリーメイソンリーの活動の基本は「裕福層のサロン」だ。金銭的・社会的に上層部に位置する彼らは、「持てる者に課せられた責務」として福祉事業に対して出資しているのだろう[※41]。

　また、アメリカ社会へのフリーメイソンリーの浸透を表す一例として、1940年代におこなわれた調査の結果が挙げられる。アメリカ本土48州のうち34人の州知事、上院議員96人のうち55人がフリーメイソンリーの会員であった。各州議会を始め、裁判所や警察などの議員・職員にかなりの数のメイソンがいた

※41　もちろん、福祉などに大口寄付をおこなうことにより、税制上の優遇措置が得られることも事実である。

という調査報告も存在する。

　が、これは別にアメリカに限ったことではなく、ヨーロッパにおいても似たような状況である。イギリス王室[※42]を始め、ベルギーやスウェーデンの王族のほとんどがフリーメイソンリーに入会している。そしてそれらの事実は秘密にされることすらなく、公然のものとして扱われているのだ。その事実からも、欧米ではフリーメイソンリーは、何度も述べているように「サロン」的な団体として扱われているのが分かるだろう。

※42　エリザベス2世女王の従兄弟にあたるケント公マイケルは、現在のイギリス・グランド・ロッジのグランド・マスターである。

Column 日本のフリーメイソンリー

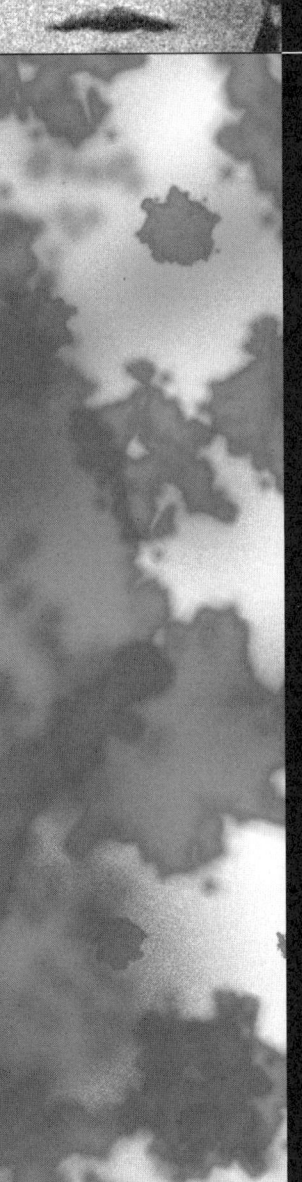

フリーメイソンリーは全世界に拡散している。もちろん、日本にもロッジは存在する。

日本で初めて設立されたフリーメイソンリー・ロッジは、1864年、横浜に上陸したイギリスの第20連隊によって設立された、アイルランド・グランド・ロッジ傘下のスフィンクス・ロッジ・ナンバー263である。が、これは基本的に第20連隊の軍事ロッジであり、日本国内で活動していたのは第20連隊が国内に駐留していた間だけのことであった。

日本国内に固定される形で設立された最初のロッジは、1866年の横浜ロッジ・ナンバー1092である。これは横浜在住の外国人たちによって設立されたロッジであり、イギリス・グランド・ロッジ傘下だった。これ以降、太平洋戦争勃発までの間に、イギリス・グランド・ロッジ傘下に5団体、スコットランド・グランド・ロッジ傘下に3団体が設立されることになる。

明治32年（1899）、国内外国人に対する治外法権が撤廃されると、明治政府は「日本人を会員としないこと」「派手な活動をしないこと」などを条件として、日本国内でのフリーメイソン活動を許可した。

とはいえ、すでに少なくない数の日本人が海外に渡っており、そうした者が海外のロッジに入会することを止めることはできなかった。オランダのライデン大学に留学していた西周や津田真道は元治元年（1864）にライデンのラ・ベルトゥ・ロッジ・ナンバー7に入会している。

この他、明治政府外交官としてイギリスに駐在し、日本代表として日英同盟に調印した林董は、駐在先のイギリスでフリーメイソンリーに入会している。彼は明治36年（1903）にはエンパイアー・ロッジ・ナンバー2108に入会し、翌年には同ロッジの総責任者であるマスターに就任した。おそらくは、彼こそが日本人初のロッジ・マスターだろう。

昭和に入り、軍部が台頭してくると、フリーメイソンリーの日本国内における活動は縮小せざるをえなくなった。というのも、当時ドイツと同盟関係にあった日本では、ナチ党の掲げる

反ユダヤの方針を支持せざるをえなく、同時にナチスが政治的意図をもって流布させた「フリーメイソンリー＝ユダヤ人の謀略組織」という言説の文書が大量に輸入、翻訳され、市場に流通した結果、官憲からの締めつけが厳しくなったためだ。その結果、太平洋戦争が開戦する頃（1941年）には、国内のすべてのロッジが活動を停止しなければならなくなっていた。

そして戦後、国内にあった3つのロッジが活動を再開。その後10年で、占領軍関係者によって新たに16のフィリピン・グランド・ロッジ傘下のロッジが設立される。GHQの司令官であり、マニラ・ロッジ・ナンバー1のマスターだったダグラス・マッカーサーがフリーメイソンリーの活動を支持した結果、日本人の加入が認められるようになった。これにより、昭和25年（1950）に国会議員5人を含む7人が会員となる。

そして昭和32年（1957）、国内で活動していたフィリピン・グランド・ロッジ傘下の15のロッジが合同で日本グランド・ロッジを設立する。

このような経緯のため、日本国内で活動するフリーメイソンリー・ロッジの多くはフィリピン・グランド・ロッジに由来しているが、その他にもイギリス・グランド・ロッジ傘下の1つ、スコットランド・グランド・ロッジ傘下の2つ、フィリピン・グランド・ロッジ傘下の2つのロッジが、日本グランド・ロッジ設立以前より活動している。さらに戦前に上海(シャンハイ)で設立され、戦後に東京で活動を再開したマサチューセッツ・グランド・ロッジ傘下のロッジが1つある。この他、日本グランド・ロッジ設立後、ワシントン州のプリンス・ホール・グランド・ロッジ傘下のロッジがいくつか存在している。

フリーメイソンリーを謀略組織と決めつけたがる陰謀論者の中には、戦後に定められた日本国憲法がフリーメイソンの手によるものと煽りたてる輩(やから)も少なくない。もちろん、マッカーサー指揮下のGHQで憲法の草案が作成された日本国憲法に対し、メイソンが一切手を触れていないとは言い難い。が、フリーメイソンリーの思想自体、ジョン・ロックを源流とする啓蒙思想、それを基盤として18世紀のヨーロッパで育まれた近代民主主義のそれであり、個々人のフリーメイソンは関与していても、フリーメイソンリーの陰謀（そんなものがあるとして、だが）とは一切関係がないと断言できる。

イルミナティ

Illuminati

幻想に彩られた秘密結社

　秘密結社という組織は、時に謀略論的な幻想をもって語られる。

　その代表的存在がフリーメイソンリーであり〈薔薇十字団〉（〈薔薇十字友愛団〉）である。

　秘密結社と謀略論との関係については他項に譲るとして、先に挙げた2つに並んで「一方的に謀略幻想を押しつけられている秘密結社」として知られているのが、イルミナティという団体だ。

イルミナティの出現から消滅まで

　1730年代後半、イギリスに発祥した近代フリーメイソンリーがヨーロッパ大陸へ上陸、フランスを経てドイツへと伝わった。

　この当時、ドイツの各地には〈薔薇十字団〉に由来し、その流れを受け継ぐと自称する錬金術研究団体が多数存在していた。もともと17世紀に始まった〈薔薇十字団〉にまつわる一連の騒動は、ドイツを震源とし、そこを中心として広まっていったものである[※1]。そこに錬金術団体が乱立するのは、いわば当然のことであった。

　そして最新の秘密結社としてフリーメイソンリーが出現する。しかも、同じ年にはフランスのグランド・ロッジにおいてテンプル騎士団との間に関係性があるという演説[※2]がおこなわれ、ロマンティシズムを刺激された錬金術団体の会員たちがこぞってフリーメイソンリーへと入会するようになった。もちろん、そうした情緒的理由からではなく、プロイセン王ヴィルヘルム・フリードリヒ2世がフリーメイソンとなったのを知り、権益を求めて入会した者も少なくはなかった。

　そうした風潮の中、1776年、バヴァリア（今のバイエルン州）

※1　詳しくは〈薔薇十字友愛団〉の項目(p.80)を参照のこと。

※2　詳しくはフリーメイソンリーの「ヨーロッパ進出と密儀的儀礼の導入」(p.17)を参照のこと。

※3 カトリック、または東方正教会の公会議により支持された基準。教会法。聖書や教義の解釈なども含まれる。

のインゴルシュタットにおいて1つの秘密結社が誕生することになる。インゴルシュタット大学でカノン法[※3]を教授していたアダム・ヴァイスハウプト（Adam Weishaupt）によって設立されたその組織こそイルミナート教団――いわゆるイルミナティだ。

　バヴァリア幻想教団や啓明結社などと訳されることもあるこの秘密結社を設立したヴァイスハウプトは、当時28歳という若い哲学者であり、若者の特権ともいうべき性向を有していた。つまり、野心的にして急進的、かつ性急な人物だったのである。

　彼が唱えたイルミナティの活動目的は、私有財産や国家、宗教、法律など、人類が長い歴史の中で培ってきた社会性の基盤となるものを一切廃絶し、それらが生まれる以前の世界――原始の黄金時代の到来を現実のものとしようというものだった。そのための第一歩として、彼はこの世に存在するありとあらゆる国家の君主政治を破壊し、理性に支配された独裁的共和政治体制を敷かねばならない、そう説いたという。

　イルミナティの組織形態はイエズス会のそれを規範として作り上げられていたとされている。すなわち、軍組織に似た指揮系統が確立されており、下位の会員には上位者への絶対の服従が要求され、それに反した者には厳しい罰が与えられていた。

　とはいえ、イルミナティも創設当時は他の多くの秘密結社と同様、もったいぶった儀式をおこなうだけの、趣味人たちの談話サークルにすぎなかった。先に挙げたヴァイスハウプトの過激な持論も「威勢のいい演説」、あるいは「秘密結社感の演出としてのお題目」といったものだったようだ。

　その方向性に大きな変化が訪れたのは、1782年のことである。ドイツの作家でありフリーメイソンであったフォン・クニッゲ男爵がイルミナティへ加入したことにより、フリーメイソンリーからの入会者が急増したのだ。

　この当時、フリーメイソンリーは組織として政治的活動をおこなうことをよしとしておらず、文字通りの意味で文化人や趣味人、その他多くの人々が集まるサロンでしかなかった。フリーメイソンリーからの加入者の多くは、そうした非政治性に物足りなさを感じていた人々だったようだ。

　フリーメイソンリーからの会員流入により、イルミナティは組織的にも儀式的にもフリーメイソン的なものへと変化してゆ

アダム・ヴァイスハウプト

くこととなる。これがイルミナティをして「擬似フリーメイソンリー」と呼ぶ由縁だ。

イルミナティには、後に出現する多くの魔術結社と同様の特徴があった。つまり、会合や秘密結社会員同士の会話、通信などにおいて本名とは別の名を名乗り、呼び合っていたのである。イルミナティにおいては、ヴァイスハウプトやクニッゲ男爵といった指導者層のギリシア・ローマ趣味に影響されてか、それを連想させる変名を用いることが多かったようだ。主幹であるヴァイスハウプトは「スパルタクス」[※4]、それに次ぐ指導者のクニッゲ男爵は「フィロ」[※5]という名を使っていた。また、そのギリシア趣味はそれに留まることはなく、バヴァリアをギリシア、ミュンヘンをアテネなどと呼び変えていたという。

この時期、ヘルダー[※6]やゲーテなどがイルミナティに加入したといわれる。また、貴族階級の中からも、ゴータ公やブラウンシュヴァイク公、ダルベルク侯といった名だたる大貴族が会員となった……というが、明確な証拠となるものはない。

ともあれ、ドイツ・フリーメイソンリーの大物が入会し、さらに様々な意味で「趣味的」な要素が増大したためか、クニッゲ男爵の入会からほどなく会員数が急増を始める。男爵入会の

※4 紀元前73～前71年に発生した、ローマ共和国の剣闘士や奴隷たちによる反乱(スパルタクスの反乱、または第3次奴隷戦争／剣闘士戦争)の主謀者の名。

※5 あるいは「ピロン」。ギリシア語で「友人」の意。

※6 本名はヨハン・ゴットフリード・ヘルダー。ゲーテの師。「言語形成は人間性に由来する」という『言語起源論』を記し、ドイツの文学運動である疾風怒涛の先導者となった。

翌年1783年の時点でバヴァリアだけで600名を数えるほどに成長していた。

　が、ヴァイスハウプトとクニッゲ男爵の蜜月関係は長く続くことはなかった。クニッゲ男爵がイルミナティに持ち込んだフリーメイソンリー的色彩の強い各種儀式に関して、ヴァイスハウプトが段々と拒絶反応を示すようになっていったのだ。ヴァイスハウプトはクニッゲ男爵の流儀を「熱狂的」で「謹厳（きんげん）ぶっている」と批難し、最終的には彼とその一派を除名処分にしてしまう。クニッゲ男爵を追放した後のイルミナティは、急速に政治的色彩を強めてゆくこととなる。先にも述べたように、イルミナティ発展はフリーメイソンリーの非政治色に飽き足らなかった者たちが鞍替（くらが）えしてきたことによるものだ。その旗印的存在であったクニッゲ男爵が離れたとはいえ、多くの者たちはイルミナティに残留していたのである。その結果、発足当初より漂っていた政治活動への指向性が明確化され、加速していったのだろう。

　設立当初のヴァイスハウプトは前述の持論を達成するための方策として「できるだけ暴力的手段には頼らず、平和的手段によることが望ましい」としていたのだが、クニッゲ男爵追放後のイルミナティは、まさに正反対ともいえる方針に転換していた。すなわち、「目的のためならば、あらゆる手段が正当化される」としたのである。

　このような思想を掲げて活動する、しかも急速に会員数を増やした団体が、為政者の目に止まらないわけはない。バヴァリア選挙侯[※7]カルル・テオドルはイルミナティの革命志向を危険視するようになり、弾圧するようになる。

　1785年、バヴァリアのイルミナティは解散を命じられ、主幹ヴァイスハウプトはバヴァリアから追放された。そして各地の支部も連鎖的に壊滅してゆき、ほどなくイルミナティという組織が地上より消滅した。

　が、その痕跡までが消え失せたわけではなかった。ヨーロッパの各革命組織にその思想は様々な形で受け継がれた。特に理想像とする国家――つまり、理性的な独裁的共和国（＝理想化された共産主義国家）の建築やその手段については、後のレーニン（ロシア革命の指導者）へ影響を与えたとする説もあるほどだ。

※7　神聖ローマ帝国の皇帝選出権を持った諸侯。選帝侯ともいう。裁判権の他、貨幣鋳造権や鉱業権、関税権など、ドイツ貴族の中でも特権を有していた。

イルミナティの組織構造と教義

　先にも述べたように、イルミナティは軍事組織にも似た組織構造を有していた。木の根のように枝分かれした命令の系統樹が確立しており、その指揮系統の中では下位に位置する者は上位者に対して絶対服従が要求されたのである。

　クニッゲ男爵加盟以降のイルミナティ内部に、フリーメイソンリー的な位階システムが構築されていったのは前述の通りである。

　イルミナティは次のような位階制度をとっていた。

- ●養成位階
    - 準備級
    - 新入級
    - ミネルヴァル級
    - 小啓明級（けいめい）
- ●メソニック位階
    - 徒弟
    - 職人
    - 親方
    - 大啓明級
    - 上級啓明級
- ●密儀位階
    - 司祭
    - 摂政
    - 魔術師
    - 王

　これらの位階を昇進してゆくとともに、その段階に見合ったレベルで結社の目的や教義などが会員に開示されてゆく。当然ながら、それは結社の内外を問わず他者へ洩らすことは禁じられていた。

　養成位階の最終段階にあたる"小啓明級"への昇進儀式では、イルミナティの組織的特徴の1つである「上位者への服従」の宣誓が要求される。そしてこの結社の目的が「イルミナティ高位階者による世界統治組織への帰属」であると知らされる。

そしてメソニック位階の最上級である"上級啓明級"においては、小啓明級での宣誓よりもさらに積極的に結社へ参加することを要求される。すなわち、「徳と叡智（えいち）と自由の戦士として、迷信と誹謗（ひぼう）、専制主義に対する戦いへの参加」を誓うのだ。

それに続く密儀位階は2つの段階——"司祭"と"摂政"の小密儀、"魔術師"と"王"の大密儀に分かれている。

司祭に達した者には、イルミナティの思想がより深く教授される。それによれば、「現存する邪魔な権力者から解放される最上の方法は、あらゆる国家権力の掌握を目的とする秘密結社の活動によることは明白である」とし、王侯貴族を始めとする世俗権力、僧侶たち神職者の教会権力のすべてを殲滅（せんめつ）しなければならないと説いた。さらに愛国主義（ナショナリズム）を打破し、四海同胞主義（コスモポリタニズム）[※8]がそれに取って代わらねばならないともしている。

"魔術師"に至ると、「世界と神は一なる存在である」という唯物的汎神論が伝授される。魔術師位階の者たちに対し、ヴァイスハウプトは「世界に存在するあらゆる宗教は権力者や野心家たちにより作り出されたものであり、そこには一切の根拠がない」と断言する。

最高位の"王"になると、次のような教えが説かれる。すべての個人は平等の権利を有しており、人間は己自身の至上の支配者たるべきであり、あらゆる方法を用いて（とはいえ、できるならば力に頼らず平和的に）すべての人間がそうなれるようにしなければならない。それは「なぜならば、すべての隷属は地球上より消失すべき運命にあるから」だという。

こうした過激な思想が弾圧を招く理由となったわけである。

また、今日（こんにち）でも一部の謀略幻想を抱く者たちは、今なおイルミナティあるいはその後継組織が活動を続けていて、世界主要国政府に潜り込み、それを操っている——などと夢のある「隠された真実」を吹聴しているが、その幻想の根拠となっているのが、ここまでに述べてきたイルミナティの教義によるところであるのは、今さら説明するまでもないだろう。

ちなみに、そうした謀略史観に苛まれた「研究家」たちは、イルミナティとフリーメイソンリーとの間に密接な関係がある——より詳しく述べるならば、イルミナティがフリーメイソンリー隷下の謀略機関であると妄想しているが、関係性としてはむしろ逆で、イルミナティがその組織規模を拡張する過程でフ

※8 個人は階級や人種、国家などよりも、人類共同体に帰属すべしとの考え方。引いては世界国家建築を目指す。世界主義や世界同胞主義などとも訳される。

リーメイソンリーの人脈を利用し、多くの会員を獲得していったのである。

　掛け持ちで所属する会員が多かったため、確かにフリーメイソンリーにイルミナティの思想は入り込みはしたが、それらはすぐに当時の知識人たちが集まり、新しい思想の坩堝（るつぼ）と化していたフリーメイソンリー内部で激しい論戦にさらされ、より穏やかな形に磨かれて吸収されてしまった……と考えるのが自然だろう。

ヘルファイア・クラブ

Hell-Fire Club

わかりやすい「悪魔主義結社」

　18世紀中盤、イギリスにとある秘密結社が誕生した。
　その名を「ヘルファイア・クラブ（業火クラブ）」という。
　名前からも想像できるように、いわゆる「悪魔主義的な秘密結社」である。
　その表面的な活動は、世の人々が思い描く「悪魔主義者」たちの「秘密組織」とさほど変わらぬものであったという。だが、その本質は悪魔主義や黒ミサといった当時の価値観において背徳的・退廃的とされていた思想や儀式を「遊び」として取り入れていた、有閑貴族たちの（堕落と快楽主義の）秘密社交クラブでしかなかった。
　〈黄金の夜明け〉団や〈薔薇十字団〉といった、歴史的に（ある特定分野において、ではあるが）意義のあった団体と並べて解説するのは彼らに対して失礼かもしれないが、それらとはまた違う意味で、ヘルファイア・クラブもまたその存在に象徴的な部分があったのも事実である。

ヘルファイア・クラブの始まり

　この秘密結社ヘルファイア・クラブを主宰したフランシス・ダッシュウッド（Sir Francis Dashwood）は、18世紀中期の貴族である。それもロンドンの少壮政治家[※1]や不良青年文士、退廃的芸術家と親交を結んでいた人物で、風流人として知られていた。
　若い頃の彼は、父（当代一といわれた金持ち）から受け継いだバッキンガムシャーの大邸宅を根城に「ディレッタント・クラブ」や「ディヴァン・クラブ」などという社交クラブを作った。文学青年や芸術家といった手合いを集めては、実のない芸術論に花を咲かせつつ、ただ飲み食いしていただけのサロンだったという。ディヴァン（divan）というからには、喫煙も当

※1　若手政治家のこと。

フランシス・ダッシュウッド

※2　入店料金かコーヒー料金かは不明。

然のようにおこなわれていただろうことは想像に難くない。

　これ以前の時代、1600年代中盤頃から、ロンドンやパリ、アムステルダムといった大都市ではコーヒーハウスに文化人や学者といった知的人物が集まり、政治や芸術、哲学に関する意見や議論が交わされていた。のみならず、時には手製の顕微鏡などを用いて化学の実験もおこなわれていたという。

　コーヒーハウスでは、1ペニー支払えば[※2]誰もが暖炉の近くでタバコを燻（く゛ゆ）らせながらそうした議論を傍聴するだけではなくそれに加わることができた。

　また、ロンドンのコーヒーハウスの常連たちの発案により、数学や物理学の実験を促進するための機関として王立協会が誕生したことからも、そこに集っていたメンバーの知的水準が高かったことをうかがい知ることができる。

　少々話がそれたが、ダッシュウッドは、そうした伝統的な議論の場として「喫煙所<divan>」の名を自らが主宰するクラブにつけた、と考えることもできなくはない。また同時に、divan には「国政会議室」の意味もあることから、そこでおこなわれていたのが芸術議論だけではなかっただろう可能性も示

唆している。

　若い頃にこのようなクラブを運営していたダッシュウッドは、1753年頃に友人からテムズ河畔メドメナムにあったシトー会修道院の廃墟を譲り受けている。

　彼は修道院跡に大改装を施し、遊びと快楽のための豪奢な一大殿堂へと作り替えた。この作業に携わったロンドンの大工や石工、画工といった職人たちは作業や彼の計画の一切に関して固く口止めされ、作業の大半は夜中におこなわれていたのだが、噂はたちまちイギリス中に広まり、国中の好奇の目がメドメナムに向けられた。

　やがて改修工事は終わり、ダッシュウッドの計画が日の目を見ることとなる。ゴシック様式のアーチや蔦のはう柱廊、物寂しげな中世風の塔などが立ち並び――といった具合だった。そして、入口の門にはフランソワ・ラブレーの著作『ガルガンチュワ物語』に登場するテレーム僧院の標語「汝の欲するところを為せ」[※3]の一文が額入りで飾られた他、僧院跡の至るところに「歓楽きわまりて、ここに死せり」「この場所にて、数限りなき接吻を交わせり」といった文句が彫り込まれていた。

　また、改装された礼拝堂には天井にエロチックな壁画が描かれ、周囲の壁も12使徒の淫猥な戯画で飾られていたという。その上階の広間は、ローマ風のダマスコ織りのカバーが使われた高価なソファーが備えつけられていたが、宴会にしか使われなかった。

　その他にも、僧院の大ホールには各種の遊具が揃えられていた他、その壁には歴代イギリス国王の肖像画が掲げてあった。が、ヘンリー8世（在位1509〜47）の肖像画にだけは布が被せてあった。梅毒の狂気に侵されたこの国王を馬鹿にしてのことだったらしい。図書室には、ダッシュウッドが蒐集した艶笑文学やポルノ画などの一大コレクションが収められていた。

　廃修道院の改装が完了し、歓楽・享楽の殿堂へと生まれ変わらせると、ダッシュウッドは方々から放蕩貴族や遊蕩児たちを呼び集め、ヘルファイア・クラブの運営を開始したのである。

※3　この言葉は、後にアレイスター・クロウリーの『法の書』でも採用される。また、彼らヘルファイア・クラブの活動が、間接的にクロウリーの悪評につながっていった可能性もある。

クラブの運営

ヘルファイア・クラブが始動すると、その主幹であるダッシュウッドの許にはイギリス中から様々な人物が集まってきた。

後にイギリス政界で暴れ回り、一時期はロンドン市長にまでなった政治家ジョン・ウィルクスを始めとして、諷刺詩人にして英国国教会の牧師であったチャールズ・チャーチル、詩人のポール・ホワイトヘッド、後に海相となった道楽者のサンドウィッチ伯爵、青年代議士（後に財務長官）のトマス・ポッター、借金王ロバート・ロイド、後の宮廷の寵臣バブ・ドディントンといった人々が有名どころであるが、その他にも有名無名の貴族や金持ち、政治家、詩人、文士、芸術家といった面々が、ヘルファイア・クラブに顔を出すようになってゆく。

彼らは僧院の修道士を気取って白帽子に白い上着、白ズボンを身に着けていたが、僧院長役のダッシュウッドだけが兎革で飾られた赤い縁なし帽を被っていたという。

このクラブの「修道士」たちには2種の分類があった。

まずは「会員の紹介で連れてこられた"ふり"をした客」で、クラブ内では「低位聖職者」[※4]として扱われていた。

もう一方は、それとは逆の「高位聖職者」たちである。彼らはクラブの本会員で、僧院に宿泊する時にはベッドではなく大きな揺りカゴで寝ていたという。

この高位聖職者の中でも、ダッシュウッドは先にも述べたように僧院長役を演じており、以下、執事役はホワイトヘッドに、副院長役はサンドウィッチ伯爵に割りふられていた。

また、ヘルファイア・クラブの運営には、彼ら会員（高位聖職者）やゲスト（低位聖職者）以外の人間も携わっていた。それは番人以外には定まった使用人がいなかったためである。料理人や給仕などの雑事をおこなう人間を必要に応じて雇い、1日の仕事が終わると賃金を与えて帰し、2度と同じ人間を雇うことはなかったという。

僧院には大勢の「修道女」もいたという。といっても、彼らのいう「聖職者」と同様、正式な修道女などではない。その大半は、そのように呼ばれていただけで、ロンドンの娼館から借り受けて、馬車で連れてきた娼婦だった。彼女らの胸には「愛と友情」の文字が刻まれた銀のブローチが飾られていた。また、

※4 こうしたゲストの中には、後にジョージ3世となるウィリアム・フレデリックや、後の首相ビュート伯など政界の大物もいた。

修道女の中には、会員が連れてきた上流婦人や貴族の娘などもいたが、そうした修道女たちは仮面で顔を隠していたため、正体は特定できなかった（ということになっていた）。

娼婦がいたということは、クラブ内でなにがおこなわれていたのかはいうまでもないだろう。そうした行為によって生じる生物学的に当然の結果——つまり修道女たちが妊娠してしまった場合、会員の中の医者や外科医、産婆といった医療従事者の出番となる。妊娠した修道女たちは、彼らの手腕により首尾よく流産するまで僧院内に留め置かれた。

修道女を選ぶ優先順位も存在した。会員である高位聖職者が持ち回りで務める「司祭」役の者が優先して、好みの修道女を選ぶことができた。が、司祭の役割はこれだけではない。司祭当番の者は僧院内の個室の設備を整えたり、使用人たちの監督という仕事があった。修道女選びの優先権は、こうした仕事に対する見返りだったのである。

司祭は当番制であったが、その上に立つ「大司祭」は常にダッシュウッドで固定されていた。その役割に修道女選択の優先権があったか否かは不明である。大司祭の主な仕事は、礼拝堂で新入会員に入会儀礼を授けたり、怪しげな聖体拝受をおこなったり、あるいは黒ミサ儀式を取り仕切ったり、悪魔へ贄(にえ)を捧げたりといったものであった。

なお、会員がクラブに出入りするのは、多くて年に2度ほどしかなかった。また訪れたとしても、15日以上は滞在しなかった。これは周囲の目を引かないため、秘密を守るためであったが、逆にこれが余人の興味を惹きつけることになってしまうのであった。

乱痴気騒ぎと解散

彼らが起こした事件と呼べるものはない。

ただ、彼らが僧院内で日常的に背徳的な活動をしていたがゆえに、周辺住民を始めとするイギリス国民から胡散(うさん)臭く思われ、批難されていたのだ。いってみれば、近所にいきなり正体不明の宗教の寺院ができるようなものである。

先にも述べたように、ヘルファイア・クラブでは悪魔主義的な儀式や黒ミサが執りおこなわれていたとされている。

ヘルファイア・クラブの
建物跡

　黒ミサとは、キリスト教のミサを逆転させた儀式で、神を冒とくし、不潔で卑猥な行為に耽(ふけ)ることにより神聖な儀式を愚弄(ぐろう)する意図の許におこなわれる。この時代ではすでに魔女たちが参加していたとされるサバトと混同されるようになっており、黒ミサではクンニリングスを筆頭とする変態性交などもおこなわれていた。黒ミサでは、子どもの小便や精液、あるいは女性の経血といった体液を葡萄酒(ぶどう)に混入して神に捧げていた。その後、逆さに掲げた十字架を引きずり下ろして踏みつけたり、唾(つば)を吐きかけたりする。四つんばいになった全裸の女性の腰を、捧げ物をする祭壇に見たてることもあったという。

　こうして神に捧げる神聖な行為を茶化し、笑い物にすることにより、その敵対者である悪魔を喜ばせていたのである。

　だが、ヘルファイア・クラブでのそれは、ただ上っ面を真似ただけの儀式である。ダッシュウッドやヘルファイア・クラブの会員たちが本気で悪魔を呼び出そうとしたり、悪魔を崇拝していたわけではない。冒頭でも述べたように、彼らにとって「悪魔主義」というスタイルは、あくまで遊びにすぎず、当時のヨーロッパ社会における既成概念からの脱却、道徳や常識の対極にある堕落や背徳の象徴としておこなわれていたにすぎなかっ

た。そこに思想的な必然性はなかったのである。

　おそらくは、極端な快楽指向のクラブを運営するにあたり、会員やゲストから社会的常識という枷を外し、理性の束縛を緩めるための言い訳として「悪魔崇拝」や「黒ミサ」といった背徳行為を利用したのだろう。そのせいか、僧院内部では乱痴気騒ぎが絶えなかったようだ。

　僧院には修道女と称した娼婦が出入りしており、性的な交遊が日常的であった。僧院はテムズ川に接しており、その庭園内の桟橋に黒いゴンドラが浮かべられていたこともあって、その上で痴態を繰り広げたまま、川へと繰り出してしまうこともあった。

　だが、現在わかっているのはそれぐらいのものである。というのも、ヘルファイア・クラブは十数年ほどで閉鎖されることになったからだ。この際、会員名簿から規則など、クラブの運営に必要な書類のすべては焼き払われてしまったため、ヘルファイア・クラブ内部でおこなわれていた痴行、狂態ぶりのほとんどは謎のままになってしまっているのである[※5]。

　ここで説明してきた内容も、そのほとんどは当時の新聞や雑誌に掲載された「噂」を元にしたものであって、真実であるとの保証はできない。

　ヘルファイア・クラブが閉鎖された理由は明確ではないが、政治的な理由[※6]であったという。貴族であるダッシュウッドはもちろんのこと、会員に多くの政治家や貴族などの上流階級の人間を抱えていたのだから、そうしたことによる制約を受けやすいのは当然のことだろう。

　クラブ解散後、ダッシュウッドは領地であるバッキンガムシャーに引き籠った。そしてウィコムに大きな黄金の円屋根のある城館を造築した。どうも栄華の日々を再現しようとしたらしいのだが、若い頃の放蕩がたたって身体を壊してしまい、広い屋敷の中で独り、外を眺める日々を送るしかなかった。

　こうしてダッシュウッドは1781年、83歳でこの世を去る（生年については1704年、1708年など諸説ある）。

　領民たちの噂によれば、ダッシュウッドの館には鍵をかけたままの部屋があり、そこには言語に絶するほどエロティックな壁画が描かれているという。もちろん、それも噂にすぎず、実際にそれを見た者は誰一人として存在しない。

※5　一説によると、酒や煙草、賭け事はもちろんのこと、麻薬やSMなどもおこなわれていたという。もっとも、この当時、代表的な麻薬であるアヘンは禁制品でなかったため、これを嗜む者は珍しくはなかった。

※6　1762年、ダッシュウッドは大蔵大臣に指名されている。ヘルファイア・クラブはこの前後に、「身辺を綺麗にするため」に解散されたものと思われる。

カルボナリ党

Carbonari

イタリア統一の原動力

　イタリアが現在認識されている国として成立したのは、実は意外なほど最近——1861年のことである。

　それ以前のイタリアはトリノ、ミラノ、ピアツェンツァ、ジェノヴァ、ピサ、パルマ、ヴェネチア、ウディネ、フィレンツェ、ローマ、ナポリ、シラクーザ、サルディーニャ、フェラーラなど10以上の都市国家的な小国に分かれ、権謀術数の謀略劇を繰り広げていた。ルネッサンス期イタリアの宮廷社会では数多くの毒殺事件が起きていたが、それは入り乱れるように存在した小国間での「非常に洗練されたせめぎあい」の結果といえるだろう。

　また、18世紀末以降は軍事大国オーストリアの「強い影響下」に置かれ、19世紀にはウィーン体制の下、大国の思惑に国情が大きく左右されるようになった。

　こうした中、長く続いた「小国の乱立」の時代から「統一の時代」への動きが表面化した——それまでの「イタリア人」としての自覚の芽生えと、その発露としての大規模行動が起きたのは、1820年のナポリ革命が最初である。この革命の主体となったのが、ここで紹介するカルボナリ党だ。

カルボナリ党の始まりから壊滅まで

　カルボナリ党の起源は、他の多くの秘密結社と同様に詳細は不明である。だが、その名「カルボナリ<Carbonari 炭焼き>」が示すように、炭焼き職人や伐木夫たちの職人組合が源流にあると考えられている。

　炭焼き職人組合とはいえ、実際にはそれ以外の業種の人間の加入も許されていたことから、イギリスにおける石工組合としてのフリーメイソンリーに近い組織だったようだ。それが政治的秘密結社と化したのは、19世紀に入ってからのことだとさ

れている。

　政治的色彩を帯びた秘密結社としてのカルボナリ党は、もとはフランス革命初期の頃、フランシェ・コンテに存在していた「炭焼党」を母体としているというのが定説だ。その会員は、土地柄[※1]ゆえか自らを炭焼き職人に準(なぞら)えていた。ちょうど、18世紀以降に成立した思弁(スペキュラティブ)的フリーメイソンリーが、自らを石工職人に見立てていたのと同じである。

　フランシェ・コンテの炭焼党の活動がイタリアに伝わったのは、1806年、ジョゼフ王[※2]がナポリ王国の王座に就いた際だという。彼に随行した旧ジャコバン派によって伝えられ、さらに同王国にいた亡命フランス人の共和主義者たちを母体としてナポリ王国内に炭焼党の組織が移植され、それが当地の炭焼き職人組合と融合していったわけである。

　この当時、フランス国内はもとよりヨーロッパ各地に「反ナポレオン」を掲げる組織が乱立していた。フランス国内では人民の英雄と目されていたナポレオンが自らを帝位に就けたことに対する落胆と反感がゆえに、そして周辺国では幾度にわたるナポレオンの遠征に敗れたがゆえに、フランス皇帝ナポレオン1世の治世を打倒すべく暗躍する組織が結成されることとなったのである。こうした性質上、組織の多くは秘密結社的な組織とならざるをえなかったようだ。ナポリ王国に上陸し、新たに作り上げられたイタリアのカルボナリ党は、それらの反ナポレオン結社の中でも最も大きく、活発に活動していた組織だった。

　カルボナリ党初期の代表的な活動としては、警察大臣マゲラによるミュラ王[※3]への働きかけがある。ジョゼフ王の次のミュラ王の部下でありながら、反ナポレオニストの警察大臣マゲラは、カルボナリ党の指導的立場にあった人物の1人である。そしてミュラ王と親しかったことからか、王はカルボナリ党に対して好意的であったという。マゲラはミュラ王を説得し、1814年、ナポリ王国をナポレオン1世のヨーロッパ席捲に対抗する諸国民解放連合軍側へ寝返らせることに成功する。ミュラ王及び政府から密かな支持を得たことにより、国内でのカルボナリ党の権勢は加速度的に強まっていった。カラブリアやアブルッチなど一部地方の都市では、成年男子のほぼ全員がカルボナリ党に参加するようになったという。

　国王や政府からの支持を得、ナポリ国内における最大勢力と

※1　フランシェ・コンテはフランス第二の森林地帯であり、林業が盛んな土地である。

※2　ナポレオン・ボナパルトの従兄弟。イタリア名ではジュゼッペ・ナポレオーネ（ジュゼッペ・ボナパルテ）。

※3　ジョゼフ王と同じくナポレオン・ボナパルトの従兄弟。イタリア名はジョッキアーノ・ナポレオーネ（ジョッキアーノ・ミュラ）。ジョゼフ王と彼により統治された時代のナポリを「ボナパルト朝ナポリ王国」という。

化したカルボナリ党はもはや「秘密」結社とは呼べない組織へと成長していた。党員に軍事的な訓練を施し、党員の過失に関しては党独自の秘密法廷で裁かれ、ナポリの国法に則った裁判請求はこの秘密法廷の承認を得られない限り無視された。一種の治外法権を獲得していたのである。

このようなカルボナリ党の専横は1816年、ナポレオンによって追放されていた前王朝のフェルディナンド[※4]が復位、両シチリア王国の成立まで続いた。両シチリア王国の警察大臣カノッサはカルボナリ党を壊滅すべく大弾圧を加え、さらに対立組織としてカルデラリ党なる秘密結社を設立した。

だが、カルデラリ党員は権力を嵩にきた非行・非法をおこない、カルボナリ党よりも悪質であると判断されたため、その年（1816年）のうちに王命により解体されてしまう。事実上、公的治安組織によるカルボナリ党掃討に失敗したわけである。

それが影響しているのかは不明だが、この頃より、カラブリアやアブルッチといったカルボナリ党員の多い地方では擬似カルボナリ党とでもいうべき秘密結社が乱立し、その党員たちによる犯罪が多発した。これらの秘密結社はカルボナリ党からドロップアウトした元党員や、洩れ伝わった劣化歪曲したカルボナリ党の情報を真に受けた者たちによって作られたものだったようだ。

良くも悪くも血の気の多い秘密結社員が増えていたこの時期（1820年1月）、スペインで立憲革命が起きる。その影響を受けて[※5]、カルボナリ党が憲法発布を求めて活動を開始する。

1820年7月、ナポリから30㌖ほど離れたところにあるノーラにおいて、カルボナリ党員が駐屯軍将兵を巻き込んで蜂起したのだ。この「ノーラの蜂起」が引き金となり、各地で反乱が発生した。こうした反乱は7月8日、フェルディナンド1世が憲法発布を公約したことにより速やかに終息し、一時的にではあるが立憲革命たるナポリ革命に成功する。スペイン立憲革命で公布された1812年憲法とほぼ同じ内容の憲法を成立させた。

しかし、中小の地主からなるカルボナリ党指導者層と、革命政府で要職を占めることとなったカルボナリ党員[※6]たちとの間で、革命に関する見解の相違が生じ、その隙を突かれる形で介入してきたオーストリア軍によって革命政府は制圧されてしまう。1821年3月のことだ。ナポリ革命は失敗に終わったので

※4　追放前よりシチリア、ナポリ両国の王を兼務しており、シチリア国王としてはフェルディナンド3世、ナポリ国王としてはフェルディナンド4世を名乗っていた。また、ナポリ王復位後に成立した両シチリア王国の王としてはフェルディナンド1世。

※5　当時のスペイン王フェルナンド7世はフェルディナンド1世の甥にあたる。フェルナンド7世の祖父（フェルディナンド1世の父）カルロス3世は、元はシチリア及びナポリの王であり、スペイン王に即位するために両国の王位をフェルディナンドに譲渡した経緯がある。

※6　ミュラ王時代にカルボナリ党へ入党した者が多く、「ミュラ派」と呼ばれていた。

ある。

だが、ノーラの蜂起により放たれた革命の火は消えず、ナポリ革命終結の同年には北イタリア西端のピエモンテにおいて同地の秘密結社フェデラーティと連合した末端カルボナリ党員による立憲革命が起きたが、やはりオーストリアの介入を招き、同軍によって鎮圧されている。

1820年代、カルボナリ党はフランスを手始めにヨーロッパ各地に伝わり、ウィーン体制[※7]に批判的な自由主義者たちが同党に合流していった。

国際化し、勢いを増していったカルボナリ党の運動に後押しされる形で、イタリア中部のモーデナ、パルマ、ボローニャの各地で立憲自由主義を要求する革命が起きる。が、この革命はまたもオーストリアの介入によって鎮圧され、今度は徹底的にカルボナリ党及び自由主義が弾圧されたため、指導者層であるブルジョワジー階層がカルボナリ党より離れてゆき、運動は終息。事実上解体された。

カルボナリ党の活動は終わりを告げたが、自由主義を求める動きは、元カルボナリ党員であったマッツィーニが結成した青年イタリア党に受け継がれ、イタリア統一運動(リソルジメント)へと発展してゆく。

※7 ナポレオンがライプツィヒの戦いに敗れ、フランスの帝位を退いた後、ナポレオン戦争によって変化してしまった国境線や各国の政治体制をどうするかを取り決めるため、1814年9月から1815年6月までウィーンで開催された国際会議により作られた体制。各国の利権や主張が衝突し、平行線を辿っていたにも関わらず、夜ごと夜会が開かれ、出席者たちがそれに興じていたことから、「会議は踊る。されど進まず」と揶揄された。ウィーン体制を簡潔に述べるならば、「特権階級による平民の抑圧」「大国(五国同盟=イギリス、ロシア、プロイセン、オーストリア、フランス)による、小国(五国同盟外のヨーロッパ)の抑圧」「保守主義による自由主義の抑圧」の3つである。一言で表すなら「力あるものが力なきものを支配することによる安定(≠平和)の構築」だ。

フランスに流入したカルボナリ党

1820年、カルボナリ党による革命が始まって間もなくの頃、イタリアでカルボナリ党に参入した2人のフランス人青年[※8]が、故国へと帰還する。

その2人はフランスの友人5人を同志として、国内にロッジを設立する。この7人から始まったフランスのカルボナリ党は、立ち上げからわずか2年後の1822年にはフランス全土で約6万人の党員にまで増えていた。その多くは学生や下層階級の労働者たちで、ブルボン朝[※9]の施政に対する反感を持つ者たちだった。また、アメリカ独立やフランス革命に大きく関わったフリーメイソンであるラ・ファイエット公も参加していた[※10]。

彼らの目的は当然ながら王政打破であった。そのためか、全党員は小銃1丁と弾丸20発の所有を義務づけられ、可能な限り携行するよう指導されていた。

※8 名前は不明。

※9 ブルボン朝はルイ18世により1814年に復活。復古王朝とも呼ばれたこの王朝は、ルイ18世とシャルル10世の2代で潰える。

※10 指導者の1人として参加を求められた。

急速に規模を拡大していったフランスのカルボナリ党は、結成の翌年である1821年12月29日にベルフォールの総決起集会で共和国宣言を発表する予定であったが、肝心のラ・ファイエット公がその会合に遅刻するという失態を犯してしまったため、この企みは失敗に終わってしまう。

次の機会を窺っているうちに彼らの計画は警察の知るところとなり、さらにはマルセイユやリヨンなどで起こす予定だった暴動が失敗したことにより、フランスのカルボナリ党も弾圧を受けることとなった。

また、大きな成果もないまま時がすぎるにつれ、地方の党員たちは無名な地方支部指導者の命に服すことに対して抵抗するようになってゆき、党内の規律が乱れ始める。

結局のところ、目立った成果も挙げられぬことに由来する党内のダレに悩まされつつも、ブルボン王朝が打倒される1830年の七月革命まで、王政復古を覆すべく策動を続けていた。さらに、ブルボン朝の後を受けて成立したオルレアン朝（七月王政）のルイ・フィリップ王に抵抗する革命秘密結社[※11]を生み出すこととなる。

そして1848年の二月革命によりルイ・フィリップ王をイギリスへと追放し、第二共和政を樹立したのである。

※11 カルボナリ党にジャーナリストとして参加したルイ・オーギュスト・ブランキにより結成された「四季の会」が代表的なところである。社会主義政府の樹立を目的とする暴力革命組織で、パリ市庁舎や警視庁などを襲撃した。

カルボナリ党組織

カルボナリ党は後世において「森林のメーソン」という別名で呼ばれるようになった。

今さらいうまでもなく、「メーソン」とはフリーメイソンリーのことだ。

そう呼ばれた理由の1つは、前述したように、本来炭焼き職人組合であるカルボナリ党が伐木夫や炭焼き職人といった林業関係者以外の業種に従事する者の加入を認めていたことにある。

また様々な階級の人々が参加する政治的秘密結社という点も、イギリスのフリーメイソンリーとの類似点といえるだろう。

フリーメイソンリーの会員が己を石工職人に準えていたように、カルボナリ党員は自らを炭焼き職人（カルボナリ）に見立てていた。自分たちを取り巻く社会を「森」、政府と与党を「狼（ルーペ）」、秘密の集

※12 他組織／他勢力への浸透を目的とした末端組織のこと。

会場を「山小屋（バラッカ）」、カルボナリ党の細胞[※12]を「炭売り場（ヴェンディタ）」と呼んでいた。また党員同士では「良き従兄弟（ブォン・クジーノ）」と呼びあっていたという。

これまでの記述からもわかるように、カルボナリ党の活動は反ナポレオンから始まってはいるが、その目的は自由主義の希求と共和制国家の建設にある。そして、そのために彼らが選んだ手段が決して平和的なものではなく、むしろ暴力的なものだったのもわかるだろう。

カルボナリ党は武闘派革命組織として活動するにあたり、党員たちに対して軍事的教練をおこなっていた他、その組織もまさに軍事的な指揮系統により成り立っていた。

各支部に所属する党員数は20人に限定されており、党員や党員に指揮された末端組織は、支部をまたいで他の支部と交流を持つことが禁じられていた。これは反政府組織という性質上、秘密を保持するために必要だったのと同時に、指揮系統に乱れが生じないようにするための措置である。

カルボナリ党の党員は、親方と徒弟の2種に分かれていた。

低位の平党員である徒弟になるための儀式は比較的簡単で、目隠しされた状態で斧（おの）の上で団（秘密結社）の秘密を守ること、難事に際しては「良き従兄弟」を助けることを誓うことにより完了する。

支部の指導者層となる親方となると、昇進儀式は宗教めいたものとなってくる。昇進予定者は、まずピラトーとカヤファ、ヘロデ[※13]の名を授かる。ついで目隠しされ、儀式の間中、キリストを演じることとなる。

また親方階級には2つか3つの上位位階が存在しており、そこへの昇進儀式はさらに込み入った、凝った内容になっているという。そのうちの1つでは、昇進予定者は目隠し状態で十字架に磔（はりつけ）にされ、オーストリア兵[※14]に扮した他の党員たちがそれに向かって空砲を放つという、「キリストとの儀式的合一」という側面がより強いものとなっていた。

だが、反政府闘争に明け暮れ、警察の取り締まりが厳しくなってゆくにつれ、こうした手の込んだ昇進儀式をおこなう余裕がなくなってきたため、徐々に簡略化されていった。後に青年イタリア党を結成するマッティーニがカルボナリ党に入党した際には、儀式の類は一切免除され、命令服従の意志や党へ身を

※13 ピラトー（ポンティウス・ピラトゥス／ポンテオ・ピラトー）は紀元30年代のローマ総督で、イエス・キリストを処刑した。
カヤファはイエスを告発したユダヤ教の大司祭。
ヘロデはガリラヤ（イエスが布教を始めた土地）の有力者。

※14 当時のイタリア諸国はオーストリアの「強い影響下」にあった。そのオーストリア兵と、聖書におけるローマ兵を重ね合わせた儀式だったのだろう。

捧げる覚悟があるか、そして行動を起こす固い決意があるかが確認され、親方が暗誦した宣誓の文句を復誦させられただけだった。多少儀式的なところが残っているとすれば、親方が手にしたナイフの前で宣誓の復誦をおこなったことぐらいだった。

　ちなみに、フランスのカルボナリ党では、平時でも参入や昇進の儀式から宗教的要素を完全に排除、まったく独自のものへと改変してしまっていたという。

Column シン・フェイン党とIRA

人類の歴史をひもとけば、カルボナリ党のように自国が外国の「強い影響下」にあることをよしとせず、武装闘争をも辞さない抵抗運動をおこなう秘密結社の存在は特に珍しいものではないことに気付く。

カルボナリ党はもちろん、アメリカ独立戦争におけるサンズ・オブ・リバティ、中国の義和団、ケニアのマウマウ団（Mau Mau）などが有名なところである。そして、近年まで活発に活動を続けていたIRA（Irish Republican Army）こそが、その代表的存在であるといってもいいだろう。

IRAは通常「アイルランド解放戦線」（または「北アイルランド解放戦線」）と訳されるが、原義的には「アイルランド共和軍」である。この「軍隊」はシン・フェイン党（ゲール語で「われら自身」の意）により組織されたアイルランド共和国暫定政府により、1919年、アイルランド義勇軍を前身として組織されたものだ。1921年にはアイルランド国民議会による承認を受け、名実ともにアイルランド共和国の正規軍となった。

IRAは設立直後より対英武装闘争を展開しているが、その設立に大きく関与したシン・フェイン党自体は、20世紀初頭の設立当時は政策の中心を経済的自立に置いていた。その政策実現に必要不可欠な手段として、アイルランド独自の議会と政府の必要を説き、設立したのである。もともとは暴力を活用した革命闘争を主眼とはしていなかったのだ。

しかし、イギリス当局による弾圧やそれに過剰反応してテロリズムに走る民衆を抑えることができず、1916年に首都ダブリンで起きたイースター蜂起（イギリスでは「ダブリン暴動」）以降、シン・フェイン党もまた武力による革命闘争へと傾いてゆかざるをえなくなった。それがアイルランド義勇軍が——引いてはIRAが過激な武装闘争へとひた走ることになった一因である。

さて、IRAによる武装蜂起の翌1922年、アイルランドの南部28州は「アイルランド自由国」として自治権を獲得した。この後、シン・フェイン党の党員の多くは新党フィアナ・ファイ

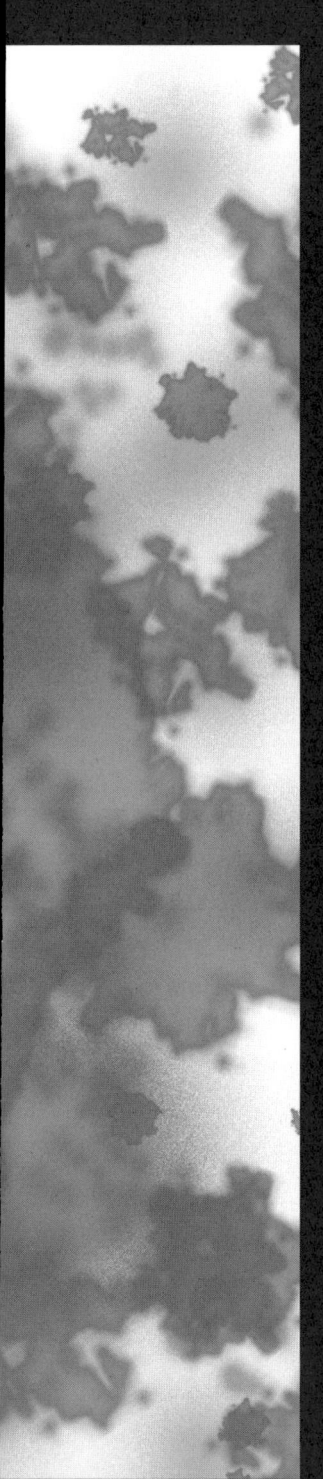

ルに加わり、そちらへと活躍の舞台を移すこととなる。

　1937年の新憲法発布によりアイルランド共和国となったが、北アイルランドの帰属を巡ってイギリスとの争い（アルスター問題）は続き、近年までは北アイルランド全域にはテロ禍が蔓延していた。

　そして2000年に段階的武装解除を宣言。2003年の北アイルランド自治議会選挙では、事前にIRAの武装解除宣言をおこなっていた（＝投票場へのテロ攻撃をおこなわない）ためか、もともと穏健勢力であったシン・フェイン党が大躍進を遂げている。

　しかし、2005年2月、IRAは武装解除宣言を撤廃。和平への不安材料となっている。

クー・クラックス・クラン

Ku Klux Klan

近代におけるKKK／十字架の組織

D・W・グリフィスによる人種差別映画『国民の創世』[※1]の中で描かれる、三角帽子と白と黒のガウンを身に着けた白人優越主義の秘密結社が、クー・クラックス・クランである。その名称は「仲間」という言葉に強く結びつけられている。ギリシア語で「仲間・サークル」を意味する「ククロス」と、スコットランドの「クラン」がその由来であり「KU・KLUX・KLAN」と綴る。

その歴史は古く、1865年にまで遡ることができる。クー・クラックス・クランは、この年の12月、テネシー州はプラスキーで南軍の退役軍人6人によって結成された社交クラブを始まりとする。当初から白人至上主義の立場をとってはいたが、結成時においてはまだ、その活動はアフリカ系アメリカ人に対しての嫌がらせ程度で、それほど過激なものではなかったといわれる。

しかし、この秘密結社はすぐに、元南軍将校のネイサン・B・フォレストを指導者として組織としての体裁を整える。最高指導者は「インペリアル・ウィザード」と呼ばれるようになり、各州の支部は「グランド・ドラゴン」と呼ばれるリーダーによって統率されるようになった。

クー・クラックス・クランのシンボルマークは十字架の形をしている。この組織の標的にはアフリカ系アメリカ人、ユダヤ人だけでなく、カトリック教徒も加えられている。それでありながら、クー・クラックス・クランは、キリスト教組織としての体裁をとることが多かったのである。前出の映画『国民の創世』を観たことがある人ならば、この組織の構成員が胸に十字架を着けていることを知っているはずである。

クー・クラックス・クランがキリスト教組織の形をとっていることの例として、入会者の資格を審査する『教理問答』の第2項「あなたはアメリカに生まれた白人で、非ユダヤ系のアメ

※1 原題は「The Birth of a Nation」1915年制作。原作はトマス・ディクスンの小説『ザ・クランズマン』。黒人奴隷を使用する南部の綿花農園経営者一家と黒人解放論者である北部の上院議員一家の交流と対立を中心に、南北戦争・リンカーンの暗殺などの歴史的事件を織り交ぜた一大巨編。アメリカ映画の古典であるとともに、あからさまな黒人差別からアメリカ映画史上最大の恥ともみなされる。

Ku Klux Klan

クー・クラックス・クランの
団員たち

リカ市民であるか？」と第3項「あなたは合衆国のものではない主義・主張、政府、宗派、統治者に絶対に反対であり、どのような忠誠を誓ったこともないか？」に続く第4項に「あなたは、キリスト教の教義を信じるか？」という問いがある。

　クー・クラックス・クランの入団式は「偉大な夜」と呼ばれるが、この時にも鉄の十字架が丘の上に据えられ、祭壇に聖書が置かれる。油を注がれ、火をつけられた十字架の許で、加入の儀式がおこなわれるのである。

　このように神秘的な雰囲気を持つ秘密結社であるクー・クラックス・クランは、たちまち一部のアメリカ人の心をとらえた。組織の行動はエスカレートし、アフリカ系アメリカ人に対し、リンチのみならず放火、そして殺人がおこなわれるようになり、その件数も増加する一方となった。しかし、政府はすぐに対策を検討、この秘密結社に対して断固たる姿勢で臨むようになり、第1期のクー・クラックス・クランは結成からわずか5年ほどですぐに活動に行き詰まるようになった。政府は1871年に「反KKK法」を成立させ、この組織を衰退・消滅へと追いこむ。だが、この最初の5、6年のクー・クラックス・クランは、こ

第1章　政治的秘密結社

の秘密結社の、いわば種子のようなものだった。

その後、40年近く、組織としての目立った活動をおこなわなかったクー・クラックス・クランだが、1915年を境に再結成され、再び活動を始める。ユダヤ人の青年実業家であったレオ・フランクをリンチによって死亡させた「フランク・リンチ事件」の実行主体である秘密結社メアリー・フェイガン騎士団の団員たちが中心となり、アトランタの近くで再び組織としての形を整えたのである。この第2期のクー・クラックス・クランは、またもキリスト教との関係性を示し、キリスト教ファンダメンタリズム（原理主義）派との連絡を密にするようになった。第2期クー・クラックス・クランの中心人物は牧師であるウィリアム・ジョゼフ・シモンズだった。第2期クー・クラックス・クランの勢力はこの秘密結社の歴史の中で最大であり、反カトリックや反ユダヤだけでなく、反共、そして進化論者に対しても排斥行為をおこない、1920年代には会員数450万人という巨大な組織となった。

政治的影響力

人数が膨れあがれば、属する人間の幅も当然のことながら広がることになる。第2期クー・クラックス・クランは、この時期、政治の世界への影響力を得て、大統領選挙を左右するといわれるほどにまでなった。この秘密結社は現在でも「クー・クラックス・クラン国民騎士団」「アメリカ・クー・クラックス・クラン連合」という二大組織を筆頭に40を超える地方組織を有するが、その基盤はこの時期に生まれた。警察や軍にも数多くの支持者がいたこの時期のクー・クラックス・クランは、再びアフリカ系アメリカ人などに対してのリンチや放火を激化させていく。

しかし、勢いづいた彼らのあまりの暴虐ぶりに世間の批判が高まると、政府と警察が重い腰をあげ、クー・クラックス・クランの勢力を削ぎにかかるようになる。この結果、強い勢力を有していた第2期クー・クラックス・クランも次第に衰退し、第1期と同様に活動不能に追い込まれたかに見えた。

公民権法

　アメリカでは1866、1875、1957、1960、1964、1965、1968、1970、1991年にそれぞれ「公民権法」が制定されている。公民権法は、公共の施設・教育において憲法上の権利を保護し、差別を禁じる法律である。この中で歴史的に最も重要といわれているのが1964年のもので、マーティン・ルーサー・キング・ジュニア（キング牧師）[※2]が中心となって1950年代の半ばから展開した公民権運動の成果である。

　ジョンソン大統領がこの法案に署名する直前、アフリカ系アメリカ人と白人の対立が高まっていた時期に、クー・クラックス・クランはまたしても息を吹き返した。

　1963年9月15日、アラバマ州北部の都市バーミングハムにおける公民権運動の拠点だった16番通りバプティスト教会で、仕掛けられていた爆弾が爆発した。この事件で、教会の日曜学校に出席していたアフリカ系アメリカ人の女子4人が死亡した。バーミングハムでは白人とアフリカ系アメリカ人の統合が進められていて、学校においても両人種の壁が薄くなりつつあったが、差別主義者はこの流れに激しく抵抗しており、それが20本ものダイナマイトが使用されたこの事件へとつながってしまったのである。この事件の犯人の割り出しは難航したが、1976年になってようやくロバート・シャンブリスという男が犯人として特定され、翌1977年の裁判で有罪となる。シャンブリスはやはりクー・クラックス・クランの団員であり「ダイナマイト・ボブ」と呼ばれる粗暴な性格の男だった。

　16番通りバプティスト教会の事件があった翌年の1964年、サム・ボワーズという人物によって新たなクー・クラックス・クランの組織である「ホワイト・ナイツ・オブ・KKK」が誕生しており、公民権活動家であったマイケル・シュワーナー、アンドリュー・グッドマン、ジェームズ・チャネイを暗殺する「活動家3人の暗殺事件」を起こしている。この事件の首謀者および実行犯は1967年に有罪の判決を受けているがいずれも刑は軽かったため、16番通りバプティスト教会爆破の犯人であるシャンブリスに下された終身刑という判決は画期的なものだった。シャンブリスは85年に獄中で病死している。また、シャンブリスの協力者だったクー・クラックス・クランの元団員

※2　Martin Luther King, Jr.（1929～68）。アフリカ系アメリカ人の公民権運動の指導者。プロテスタント、バプティスト（浸礼）派の牧師。ガンディーの非暴力抵抗に影響を受けた。1964年ノーベル平和賞受賞。なお、1月第3月曜は誕生日（本来は1月15日だが）としてアメリカでは祝日になっている。

のひとりはテキサスに逃亡し長らく所在がつかめなかったが、ようやく逮捕され2002年に39年前の犯行に対して有罪が確定している。

　テロを繰り返し、猛威をふるった第3期のクー・クラックス・クランも1964年の公民権法の制定によって勢力を抑えられ、1970年には衰退した。

　現在のクー・クラックス・クランの団員の数は数万人といわれている。一時、450万人を抱えていたことを考えると著しい減少である。しかし、人種差別主義者の数が減ったわけではない。彼らはクー・クラックス・クランとしてではなく、別の方法論によって人種差別運動を再開しただけなのである。ユダヤ人、そしてアフリカ系アメリカ人を劣等人種と見なし、その追放を目的とする「ヒトラーのような思想」＝ナチズムこそが生まれ変わったクー・クラックス・クランの姿だといっていい。現在の有力組織の1つである「クー・クラックス・クラン国民騎士団」の分派は、この新たなるナチスを自認するネオナチの組織として活動している。白人による社会支配、キリスト教原理主義、リベラルな政策への反感といったその思想は、結局のところクー・クラックス・クランの教理とほとんど変わらない。

　そして、クー・クラックス・クランも、またネオナチも、組織としてのみ存在しているわけではない。実は、彼らはアメリカ保守層の考え方が純化されたところから生まれてくる組織なのである。それであればこそ彼らは衰退することはあっても消滅することは決してない。保守は常に主流である。主流であるアメリカの保守層の思想を根とする人種差別主義者たちの結社は、表面上は枯れたように見えても、この根によって何度でも復活するのである。

香港黒社会

近代における香港黒社会

「三合会(さんごうかい)」という名称は有名である。この名称は香港の黒社会(ハク・セーウイ＝犯罪組織)そのものを指すといっていいだろう。香港の黒社会における組織のほとんどが大陸の三合会を母体としているため、香港において三合会といえば、黒社会自体を意味することになるのである。

組織の外にいる人間は、この黒社会をしばしば系統によって分類する。しかし、実際には、組織内部の犯罪者にとって分類などどうでもいいことだといっていいだろう。犯罪とは伝統の保守ではない。要は利益の追求であり、金を儲けることがすべてだからだ。

「三合会」という名称は、香港黒社会の別称となっているが、黒社会がすべて三合会系の組織によって構成されているわけではない。香港の黒社会を構成する代表的な組織はくだんの「三合会」のほかに、同じくらい有名な組織である「１４Ｋ(サップセイケイ)」そして「新義安」「和字頭(わじとう)」の4組織といわれており、これらを「四大家族」と呼ぶこともある。

現在、香港の黒社会に属する人間の数は約10万人で、準構成員を加えると倍の約20万人といわれている。これは香港人口の実に3％となる。

14K (サップセイケイ)

14Kは本来は国共内戦において、共産党に抗するために国民党[※1]が集めたゴロツキの犯罪者たち(広東(かんとん)の三合会)による結社を母体とするといわれている。その名称は結成式において集まった広州市埔華路14番地に由来し、さらに金より固いという意味が込められて、ただの「14」から「14K」に変わった。

1960年代に14Kは有名になり、準構成員を含めると8万人の規模にまで拡大し、台湾の特務機関をその内側に隠すための組

※1 中国国民党。1919年にできた中国の政党。中国共産党と熾烈な覇権争い(国共内戦)を繰り広げた。第2次世界大戦時に抗日の共闘を組んだが、戦後は抗争を再開。一時、蔣介石が南京に国民政府を樹立するも、敗れ、台湾に逃れた。

第1章 政治的秘密結社　67

織としても働いていた。14Kは香港の黒社会においては後発の組織だが、台湾国民党政府の後押しによって組織を拡大した。1970年代には欧米および東南アジアまで進出し、73年には日本にも進出、広域暴力団との間に麻薬売買のルートを用意したといわれる。また、この頃、香港政庁によって台湾に追放された三合会と結びついて"香港－台湾"コネクションが生まれたらしい。

1980年代から国民党との関係が薄くなった14Kは、最近では中国政府内の軍部および公安部との関係を深めていると噂されている。1980年代の14Kの会員数は10万人に拡大した。

1997年の香港の中国への返還は、いくつかの変化を14Kにもたらした。このとき、収監されていた14Kのメンバーが密かに釈放されたため、この組織と中国政府との黒い関係の噂は真実味を帯びた。同じ頃、14Kの堂主（トンジ＝幹部）はアメリカやカナダに渡り、これによってアメリカの犯罪に香港の犯罪組織が絡むことになったという。現在の14Kは日本、台湾、マカオ、欧州、東南アジアに支部を置いている。30を超える小組によって構成されているが、組織の構成が緩やかであるために一般のイメージほど強力な組織ではないというのが識者の見方である。香港においてはより強力な犯罪組織である新義安との間に友好関係を構築しているといわれている。

新義安

中国の広東省潮州（ちょうしゅう）をその母体とする犯罪組織が潮州幇（パン）である。潮州人は結束が強いことで知られており、香港人は彼らと争うことを嫌うといわれている。古典的な組織であり、構成員は7,000人ほどだがその裾野は広く、実際にはこの何倍もの数のメンバーが潜在的に存在するらしい。古い組織であるが伝統は廃れておらず、しきたりのようなものを数多く残している。日本のテキ屋や企業ヤクザのような側面も持ち、運送業や内装・改築のような工事事業の業界にも地盤を持つ。警察内にも影響力があるといわれている。

潮州幇は「福義興（福義安）」「新義安」「敬義」「義群」の4つの組織によって構成される。第2次世界大戦後に潮州系の犯罪組織である「萬安三合会」が「福義興」と「義安」に分裂す

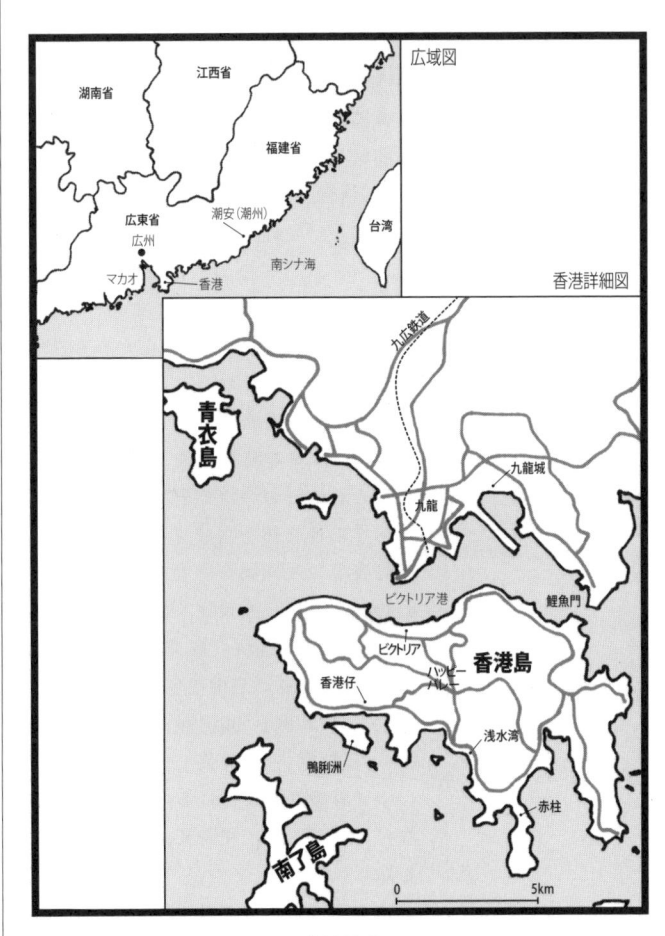

るが、再び結束してこれが「新義安」となった。

　新義安と福義興はともに、現在の香港黒社会において最も勢力のある組織といわれている。特に新義安は古風であることと同じくらい、その構成員の数の多さでも知られ、そのメンバーはときに5万人から8万人といわれることもある。1990年代の時点では香港の7,000軒以上の飲食店・娯楽施設を支配していたというデータもある。

　現在の香港黒社会は商業化と合法化を推進しているといわれているが、潮州幇は潮州地方とのパイプを持つために、大陸での都市開発などの利益を得ることもできたといわれている。新義安は「会社」を名乗り、各地区のボスは「重役」と呼ばれているらしい。

和字頭（和字幫）(わじとう)

香港黒社会に属する犯罪組織の中で、最も「秘密結社」的な雰囲気を持つ組織は「和記」ともいわれる「和字頭」の中の「和一平」「和二平」かもしれない。他の和字頭の組織と同じように「和」が名称につく団体である。

1980年代、香港警察は和字頭の組織である和一平と和二平がいつの間にか勢力を強めていることを知って驚いたという。この2つの組織は広州に戦前から存在した組織で、19世紀の半ばから香港に根をおろし、他の黒社会から隠れて、田園地帯にある町々で秘密結社として力をつけてきたらしい。この組織の構成員は家業を持ち、厳しい掟によって会の存在を口にすることなく潜伏しつづけてきたといわれている。

和字の連合体を構成する秘密組織そのものは第2次世界大戦前に香港に36組織が存在した。当時のメンバーは総数5万人といわれている。大戦後、この組織は集合離散を繰り返し、現在では構成員数百から数千の小さな団体を13～15抱え、総数は約2万人である。名前を列記してみると「和安楽」「和勝和」「和勝堂」「和義堂」「和勇義」「和合桃」「和利和」「和勝義」「和洪勝」「和群楽」「和群英」、そして「和一平」「和二平」など。この中で好戦的といわれるのが和安楽、和勝和、和勝堂、和勝義などである。特に和安楽、和勝和、和勝堂などは強力なことでも知られている。

和安楽は、かつては「和楽堂」という名称で、14Kが台頭する以前は香港では最大の組織だった。和勝和は母体組織である「和合図」から1930年に分離して生まれた。和勝義は建築作業員を核として1937年に成立している。和勝堂は失業者を中心にして1933年に成立した組織である。

四大 (セイダーイ)

名称に「聯」の字が用いられている組織が多いため「聯字幫」とも呼ばれる。第2次世界大戦後の香港においては、最も古い組織だといわれている。構成員の大部分が香港人である。四大という名称の由来には、傘下の四組織が一時、非常に大きな勢力を持っていたという説と、構成する組織の名称に「単」「同」

「聯」「馬」の4つの文字のどれかが使われているからだという説がある。ベトナム戦争の時期までは大きな力を持っていたが、現在ではそれほどでもないという見方が一般的。「単義」「同新和」「同楽」「同義」「聯英社」「聯義社」「聯群社」「聯群英」「馬九仔」といった組織から構成される。

大圏幇(タイヒュンバン)

香港の黒社会を5大組織に分類する際には、14K、潮州幇、和字頭、四大に「大圏幇」を加える。「大圏」とは広州のことであり、犯罪組織を香港系と広州系に大別する際には広州系の組織をすべて大圏幇と呼んだらしい。

彼らの根源は1970年代に解放軍[※2]によって中国本土から追われて香港へと逃れた紅衛兵[※3]や、文化大革命[※4]時に解放軍の内部で非主流派となった兵士や将校だという。彼らは不法入国者であるため、すぐに犯罪に手を染めるようになった。当時の彼らは軍事的訓練を経験していた者が多かったため、兵器の扱いや組織的行動に慣れた強力な武闘集団だったらしい。

時代は変わり、現在では広州から香港へと流れてくる者は少なくなった。犯罪をおこなうにしても広州のほうが儲けが大きいからである。そして、香港黒社会全体の目も大陸や東南アジア、アメリカ、欧州などに向けられている。しかし、このように対外的な視野を持った香港黒社会の、その目的を効率的に遂行するための政治的視野と軍事力の拡大は、かつて広州から香港へと流れてきた大圏幇の強い影響力によるものと考えていいだろう。

※2 中国人民解放軍。中華人民共和国の軍隊のこと。

※3 毛沢東思想を信奉する学生たちによって組織された団体。10代の少年少女が続々と加入して、文化大革命の一翼を担ったが、次第に内部統制がきかなくなり、地方に追放させられた。赤いビニールカバーの『毛沢東語録』と"毛沢東バッジ"は有名。

※4 1960年代後半から1970年代前半まで吹き荒れた政治・社会・思想・文化の全般にわたる大規模な改革運動。大衆人気はあったものの、政策の失敗によって指導部での実権を失っていた毛沢東による巻き返し闘争でもあった。全国的な混乱を引き起こして、人材・文化財に大きな損害を与えた。

Column

イタリアのマフィア

　犯罪組織としての秘密結社として、中国系のいわゆるチャイニーズ・マフィアと並ぶものにイタリア系マフィアが存在する。

　その語源には様々な説がある。ヘナー・ヘスはその著作 "Mafia & Mafiosi:Origin, Power and Myth" で、13世紀、フランスに対してシチリア島民が蜂起した際の "Morte alla Fransia Italia anela！（フランス人に死を、これがイタリアの叫び）" のスローガンの頭文字を起源とするとし、可能性の低い説として "Mazzini autorizza furti, incendi, avvelenamenti（マッツィーニは盗みと放火、毒殺を許したり）" という合言葉、あるいは "mothers and fathers Italian association（イタリアの父母協会）" なる組織名の頭文字が語源であるという説を紹介している。が、どちらかというとアラビア語の Mu'afah（Muは「不可侵、力、強さ」、afahは「安全、保護」に近い意味を持つ）がイタリア語化したというのが本当のところだったようだ。

　また、アメリカのイタリア系マフィアの1つであるボナーノ・ファミリーの首領(ドン)ジョセフ・ボナーノは、1282年3月30日に起きた「シチリアの晩鐘」事件に由来すると主張している。この事件は先に挙げたシチリア島住民がフランスの圧政に対して反旗を翻した事件だ。ボナーノはこの事件を、シチリア島の少女がフランス兵に暴行・殺害されたのがキッカケであるとしており、殺された少女の母が取り乱して "ma fia（我が娘）" と叫んでパレルモの通りを駆け、若者たちに決起を呼びかけていたことがマフィアという言葉の由来だとした。

　ボナーノの主張はロマンティシズムな側面が強く、事実に近いとは言い難い。

　歴史学的には、「シチリアの晩鐘」事件の発端は、フランス軍士官ドゥエがシチリア人の若妻の尻に触った（痴漢目的ではなく、公務の身体検査だった模様）ことに激怒した夫が、ドゥエを惨殺したことに始まるとされている。

　さて、マフィアというのは、本来はシチリア島の不法組織を指す言葉だ。ナポリでは「カモッラ（Camorra）」、カラブリアでは「ヌドゥランゲタ('Ndrangheta)」、アプリアでは「サクラ・

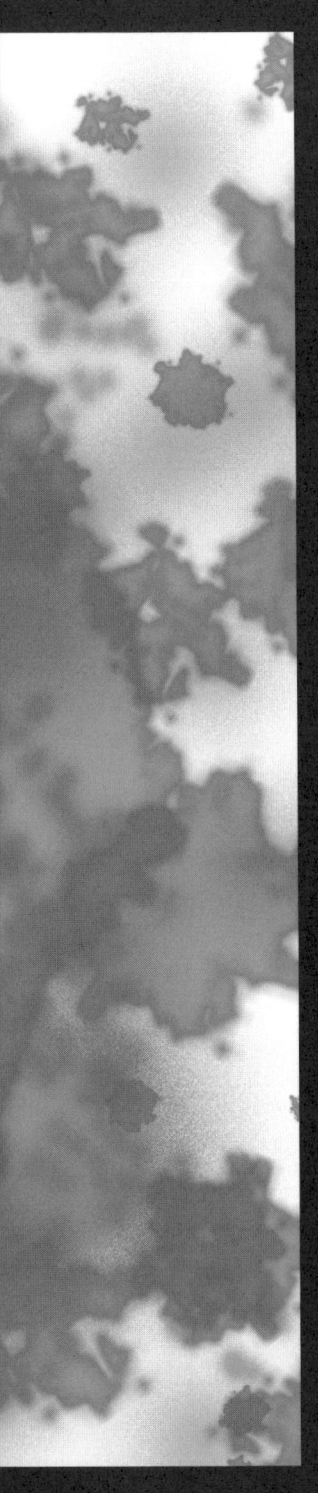

コロナ・ユニタ（Sacra corona unita）」と呼ばれている。これらは呼び名こそ違うものの、その活動はほぼ同じだ。

　これらの犯罪組織はもともと地方に地盤を持っていたものが、都市への出稼ぎ労働者や移住者などの流れに乗って都市へ流入してゆき、そこで売春斡旋や違法薬物の密売などで裏社会における勢力として確立していった。

　今日（こんにち）のようにイタリア系マフィアがアメリカに進出したのは、1920年代以降のファシスト政権時代のことである。パレルモ知事チェザーレ・モリは軍とは別に独立したファシスト民兵組織ミリシアを対マフィア闘争に投入し、構成員を捕縛してそれを政治的宣伝に利用した。この時逮捕されたのは末端構成員だったが、それに危機感を抱いたマフィアの多くがアメリカへと渡ったのだ。

　アメリカでのマフィアは「ラ・コーサ・ノストラ（La Cosa Nostra「我々のもの」の意）」とも呼ばれ、イタリアにおいて勢力拡大を果たした時と同じ手法で地盤を固めていった。その際、ファシスト政権樹立以前の時代にアメリカへと移民していたシチリア人のコミュニティが利用されたという。

　現在のアメリカで活動するマフィアのうち、特に著名で大規模なのは先に挙げたボナーノ・ファミリーの他、コロンボ・ファミリー、ガンビーノ・ファミリー、ジェノベーゼ・ファミリー、ルッケーゼ・ファミリーといったところだ。

第 2 章
隠秘学的秘密結社

†

Chapter 2
Occultic secret society

第2章 隠秘学的秘密結社

インピガクテキヒミツケッシャ

魔術と錬金術

　ルネッサンス以降、魔術や錬金術に関する研究が徐々に表面化していった。

　それまでは異端、忌避対象であったものが、たとえわずかずつとはいえ、社会がその存在を許容するようになっていったのである。

　これらには古来より続く密儀の流れを汲むものもあったが、多くはフリーメイソンリーより派生した組織である。フリーメイソンリー……特に18世紀以降の、俗にいう近代フリーメイソンリーの本質はサロンである。

　そうした人々の中で意気投合した趣味人たちが錬金術やオカルトの研究のために独自の団体を設立するようになったのが、近代の隠秘学的な秘密結社の始まりだ。

　「フリーメイソンリー」と「オカルト」というキーワードから、オカルティズムに満ちた謀略説を唱える輩（やから）もいないではないが、世界征服や黒魔術といった珍妙怪奇な目的とは一切関わりはない。あくまで知的な遊びの場として作られたものであって、それにより現実世界をどうこうしようなどと考える組織はなかった。

　さて、隠秘学と秘密結社という2つの言葉から真っ先にイメージされる組織に、〈薔薇十字団〉が存在する。詳しくは本文項目（〈薔薇十字友愛団〉）に譲るが、これが錬金術や魔術の研究団体として秘密結社という形式が採用される一因となったといっても過言ではないだろう。

　〈薔薇十字団〉以降、その名をもじった組織が各地で出現し、ヘルメス学の研究を進めるようになった。この一連の潮流──俗に薔薇十字運動と呼ばれる動きがフリーメイソンリーと合流し、19世紀の〈黄金の夜明け〉団という近代西洋魔術の始まりへと結実したのである。

ヘルメス学――Hermeticism

　隠秘学的秘密結社を語る上で忘れてはならないものが、ヘルメス学の存在である。
　Hermeticismは一般的には「ヘルメス学」と訳されるが、「ヘルメス哲学」あるいは「ヘルメス思想」とも訳される。
　これはプトレマイオス朝時代（紀元前304頃～前30）以降、ヘレニズム文化を携えた数多くのローマ人たちがエジプトに移り住んだ際に、ギリシア／ローマ神話のヘルメス神／メルクリウス神とエジプト神話のトート神が習合・統合されて作り上げられた架空人物ヘルメス・トリスメギストス（三重に偉大なるヘルメス）に由来する思想哲学である。
　ギリシア／ローマのヘルメス神／メルクリウス神、エジプトのトート神はともに「言葉」を司る神格であり、同時に魔術的秘儀に通じる神として信仰されてきた。この両者の統一により出現した伝説上の神人ヘルメス・トリスメギストスは、あらゆる秘密の知識を司る存在へと昇華したのである。
　とはいうものの、古代密儀の一派グノーシス主義の思想哲学を記した一連の「ヘルメス文書」の1つ、『トートの書』（クロウリーも同名の書を残しているが別物である）や『エメラルド・タブレット』（別名『タブラ・スマラグディナ』）などがヘルメス・トリスメギストスの手によるとされており、まったくの架空人物とは言い切れないようだ。一説には、アレキサンドリア派のグノーシス主義者（あるいは神官）数名と前述の神格を統合したものではないかとされている。
　大図書館が存在していたことで知られるアレキサンドリアはグノーシス主義の一大拠点であり、またプトレマイオス朝時代のエジプトにおける錬金術研究の中心地であった。前述の説は、それを考慮してのものなのだろう。
　ここで簡略に説明するには、ヘルメス学はあまりにも膨大な情報により成り立っているため不可能だが、これがグノーシス主義や錬金術といった、西洋の秘教・隠秘学の基礎ともいうべきものに影響を与えた思想・哲学であることだけは確かなことである。
　しかし、この思想・哲学は、地中海沿岸地方をキリスト教が席捲した時代に散逸し、闇へと投じられることとなる。キリス

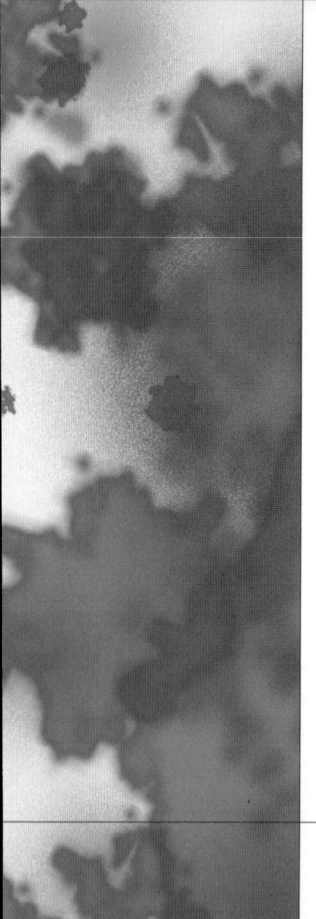

ト教の布教者たちは、「主(しゅ)」に基づかない知識の集大成であるヘルメス学を「悪魔」の所産と断じ、迫害と弾圧を繰り返したのだ。かのアレキサンドリアの大図書館などは、その過程で焼き払われてしまった。

　他の多くのヘレニズム文化の遺産と同様、その知識はイスラム教国に継承され、数次にわたる十字軍遠征の時代になって再会することとなる。だが、イスラム圏から持ち帰られたヘルメス学は異端的な知識であるとして封殺され、それを志す知識人たちは遍歴の中で先進国であったイスラム圏を訪れ、そこから知識を吸収するようになっていった。限られた時の中での学習であったため、そうして得た知識は断片的なものとならざるをえなかった。

　断片化状態・散逸状態にあったヘルメス学を再統合しようとする試みは幾度となくあった。が、それが一応の形を見たのは、マクレガー・メイザースが〈黄金の夜明け〉団設立のための準備としておこなっていた教義・儀礼の組み立て作業の副産物としてであった。好事家の作業であったためか学術的な筋からは顧みられることは、あまりなかったようだ。

近代の隠秘学的秘密結社

　1888年、薔薇十字運動とフリーメイソンリー系オカルト団体を実質的な両親とする〈黄金の夜明け〉団と、東洋の秘教と西洋の心霊主義の間に生まれた〈神智学協会〉が、ほぼ時を同じくして誕生した。

　両団体の出現以降、欧米における隠秘学的秘密結社——魔術結社はこのどちらかの流れを汲むものが主流になってゆく。

　近代西洋魔術の始祖であることもあり、〈黄金の夜明け〉団に由来する団体は多い。特に〈黄金の夜明け〉団は設立から10年強で内紛により分裂、派生団体の1つである〈銀の星〉がその半公開の機関誌『春秋分点(イクイノックス)』において魔術結社の設立に関する一切合財をさらけ出している。その後、『春秋分点』は合本化したものが商業出版され、その他の関連文書も同じように出版された。これにより〈黄金の夜明け〉団のノウハウがほぼ公のものとなった。これが魔術結社に〈黄金の夜明け〉団の形式を採用する団体が多い理由である。

また、この2団体の他、〈東方聖堂騎士団〉という魔術結社も存在している。こちらもフリーメイソンリーから派生した団体で、「20世紀最大の怪人」と称されるアレイスター・クロウリーにより、〈黄金の夜明け〉団系列の魔術結社と関係を持った。
　19世紀末頃に出現した隠秘学的な秘密結社は複雑怪奇な関係性を持ち、分裂や結合、乗っ取りなど、互いに影響を与えながら発展してきたのである。

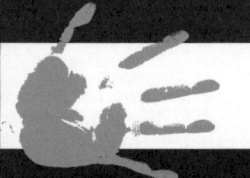

〈薔薇十字友愛団〉
バラジュウジユウアイダン

the Rosicuicians

伝説の秘密結社

　〈薔薇十字団〉あるいは〈薔薇十字友愛団〉という名を聞いたことのある人は多いと思う。
　16世紀に登場したヨーロッパ・オカルト界最大級の伝説として語り継がれるこの組織は、その後、この名を冠した神秘学系団体やオカルト秘密結社が乱立してゆくこととなる。
　この組織の創設者クリスチャン・ローゼンクロイツ（Christian Rosenkreuz）の名は、彼の作り出した〈薔薇十字団〉と同様に伝説のヴェールに覆われた存在として、その神秘的な存在感と名前から、数多くの創作作品に登場するようになってゆくのである。

〈薔薇十字友愛団〉のロゴ

〈薔薇十字団〉の成り立ちと薔薇十字運動

　フランスのプロヴァンス地方に住んでいた予言者ノストラダムスによって、1555年頃に書かれた予言詩を紹介しよう。

　「死・金・名誉・富を軽蔑する
　　新しい哲学者の学派が興る。
　　彼らはドイツの山の近くに現れ、
　　多くの支持者と信奉者を獲得する。」

　結社設立の半世紀近くも前に書かれたこの四行詩こそが、〈薔薇十字団〉の出現を言い当てたものだとされている。
　伝説の秘密結社〈薔薇十字団〉の名が初めて世に出たのは、1614年ドイツのカッセルで出版された文書『賞讃すべき〈薔薇十字友愛団〉の名声』（以下『名声』と略す）[※1]においてである。
　この小冊子ではクリスチャン・ローゼンクロイツの生涯が紹介されており、それをして〈薔薇十字友愛団〉への参加を広く呼びかけている。
　参加に必要なのは、口頭または著作で〈薔薇十字友愛団〉に対して関心を抱いていることを公表するだけでよい——『名声』はそのように指示している。そうするだけで、〈薔薇十字友愛団〉のほうから接触があるだろう、と。
　その後、1615年には『友愛団の告白』（以下『告白』）[※2]、翌1616年に『クリスチャン・ローゼンクロイツの化学の結婚』（以下『化学の結婚』）[※3]という2冊の文書が出版されると、数多くの人々が『名声』の指示に従って賛同の意を表明した。
　だが、『名声』で説かれていたように、〈薔薇十字友愛団〉からの接触があったという者は1人としていない。少なくとも、接触の事実を明かした者はいなかった。
　この他にも、これら3冊の刊行によって生じた社会的影響は多く、前述したように賛同・賞讃する著作が数多く書かれた他、薔薇十字団員を名乗る者が現れるようになり、〈薔薇十字友愛団〉の名で小冊子を出版する者もいた。また反対に〈薔薇十字友愛団〉を悪魔の使い、もしくは異端として糾弾する本も多数

※1　Fama Fraternitatis, des Löblichen Ordens das Rosenkreutzes

※2　Confessio Fraternitatis

※3　Die Chymische Hochzeit Christiani Rosenkreutz

出版された。

　こうした一連の動きを「薔薇十字運動」という。

　そして、このような乱痴気騒ぎにも似た騒動の結果、運動の全体像はボヤけてゆく。しかし、それでも運動の空気は残り香的に続き、多くの人々を惹きつけてゆくこととなる。

3冊の薔薇十字文書

　この世に〈薔薇十字友愛団〉の存在を知らしめた3冊の文書──『名声』『告白』『化学の結婚』──は1614年から1616年にかけて、ドイツにおいて相継いで出版された。これを「薔薇十字文書」という。

　この3冊は『名声』と『化学の結婚』はドイツ語で、『告白』はラテン語で書かれていた。

　最初の薔薇十字文書として1614年ドイツのカッセルで出版された『名声』は、14〜15世紀の人物[※4]とされるクリスチャン・ローゼンクロイツの存在及び彼が創設した〈薔薇十字友愛団〉を世に知らしめる目的があったとされる。大まかな内容は次のようなものだ。

　ブロッケン山近くに領地を持つドイツ貴族の家系に生まれた彼は、若い頃から東方へ旅し、アラビアの賢者から古代の知識を伝授された。この知識をもとに彼は『Mの書』なる文書をラテン語で記した。帰郷後、ローゼンクロイツは忠実な8人の会員[※5]からなる僧院を創設、世界各地を旅して知識を獲得しつつ、病人の治療などの慈善事業を展開した。この時、会員は決して自分の身分が知られないように注意を払っていたという。

　ローゼンクロイツは106歳まで生きたとされている。1604年に会員の1人によって彼の墓所（別名「哲学者の山」）が発見された。そこに納められていた碑文には、「私は120年後に蘇(よみがえ)るであろう」と刻まれていたという。さらに、この文書『名声』が出版された1614年こそが、その没後120年だったと明かされている。

　そして、前述した〈薔薇十字友愛団〉への参加方法が指示されていた。

　第2の薔薇十字文書『告白』は1615年に、『名声』と同じくドイツのカッセルで出版された。先に記したようにこの文書の

※4　1378年生、1484年没とされる。

※5　弟子であるともいわれる。

クリスチャン・ローゼンクロイツの墓所とされる「哲学者の山」

みがラテン語であった。

　この文書では先に出版された『名声』での主張をより力強く繰り返し、世界の改革と教皇による専制の打破を謳（うた）っていた。そして、〈薔薇十字友愛団〉が高尚で実効果を持つ知識を保有していることを誇らしげに語っている。

　一連の薔薇十字運動において、〈薔薇十字友愛団〉を異端として批難した者たちは、この教皇への批判を論拠の1つとしていた。

　第3の薔薇十字文書『化学の結婚』は、1616年ドイツのシュトラスブルクで出版された。3冊の薔薇十字文書の中では最も著名なものであるため、これこそが〈薔薇十字友愛団〉のすべてを語る書物と思っている者も多い。

　『化学の結婚』は、先に説明した2冊とは違い、寓意（ぐうい）に満ちた物語の形式をとっている。この書では、ローゼンクロイツと思しき人物が語り手となり、素晴らしい城に住む王と王妃の結婚式の客として招かれた時の経験を語っている。結婚式は異常な事件へと展開し、参列者はそれぞれ資質を試され、ある者は殺された後に錬金術の秘儀によって復活を果たす──。

第 2 章　隠秘学的秘密結社　83

物語は全編を通してオカルト的な寓意や象徴がふんだんに用いられ、物語の真意を理解しようと思うならば、ヘルメス学や錬金術、占星術などの広範囲なオカルト知識が要求される構成となっていた。

これら3冊の著者は匿名での出版だったため不明であるが、『化学の結婚』はドイツ南西部の古都テュービンゲンのプロテスタント牧師で神学者ヨハン・ヴァレンティン・アンドレーエ（Johann Valentin Andreae）[※6]であるとされている。彼は『名声』の著者、または共著者であるともいわれている。

※6 1586生、1654没。

実質的創始者アンドレーエ

〈薔薇十字団〉の伝説の幕をあげた薔薇十字文書。
ヨハン・ヴァレンティン・アンドレーエが、その著作者として重要な位置を占めていたのは前述した通りである。
では、彼はどのような人物だったのだろうか？
彼の祖父ヤコプ・アンドレーエは「ヴュルテンベルクのルター」と呼ばれ、そこからも想像できるように、プロテスタント運動の指導者の1人であった。没するまでに幾多の経歴を積み上げ、最終的にはテュービンゲン大学の学長となった。
ヤコプには18人もの子どもがあり、アンドレーエの父ヨハン・アンドレーエはその7番目の子だったという。
父ヨハンもまたルター派の牧師であったが、彼には祖父ほどには宗教者としての才能はなかった。代わりに錬金術に強い関心を持ち、多くの資料を収集していたとされる。
そして彼、ヨハン・ヴァレンティン・アンドレーエ。彼の成育環境は、父の趣味の影響が強かった。アンドレーエの家庭教師は学識や指導力ではなく、錬金術に関する知識が採用基準とされていたという。
こうした環境の中で育ったアンドレーエはテュービンゲン大学に進学する。途中、反宗教改革のため、自由にテュービンゲンへ行くことができなくなるなどのトラブルは起きたものの、修士号を取得。数人の学生を教えることで生計を立てるようになってゆく。この頃、彼はテュービンゲンの知的で学識高い友人たちのサークルに所属しており、そこでクリストフ・ベゾルトなる人物に出会っている。ベゾルトはヘブライ語を含む9カ

ヨハン・ヴァレンティン・アンドレーエ

国語を操り、カバラや神秘主義に関する知識を有していた。この交際から、彼がそうした知識を吸収したと考えるのはさほど間違っていないだろう。

1614年、彼は南部ドイツのファイヒンゲンに移り住み、ルター派の副牧師の資格を得た。そして数多くの著作を残すことになるのだが、その中に1619年に記された『バベルの塔』という一篇がある。それには次のような一節がある。

「皆さん、よく聞いてください。友愛団を待っても駄目です。喜劇は終わったのです」

これが他の誰かであれば、ただの薔薇十字運動批判でしかないのだが、残念ながらアンドレーエは自叙伝『自らによって綴られた生涯』において、19歳の時（1605年）に自分が『化学の結婚』を書いたと明かしている。

果たして、薔薇十字運動の仕掛け人の1人であった彼——アンドレーエは、薔薇十字運動の騒動をどのような思いで見ていたのだろうか。

〈薔薇十字団〉の真相

薔薇十字文書の著者アンドレーエ自らが薔薇十字運動に対して、批判的な言葉を残していることは先に述べた。

『化学の結婚』を記した19歳の頃、彼はテュービンゲンのサークルに所属していた。このサークルには、会員の著作を回し読みする慣習があったという。そこで、サークルの誰かが『化学の結婚』の主人公ローゼンクロイツの名を使った"悪戯"を思いついたのだろう。無邪気な悪ふざけといってもいい[※7]。

つまり、ローゼンクロイツ——薔薇十字の名を冠した虚構の団体の捏造だ。

この団体の目的や教義には、既知学者が唱えるあらゆる思想、理想、預言、その他諸々が盛り込まれた。およそ共存が難しいものまでもが取り込まれていたのである。それが多くの人々に受け入れられ、熱狂的な賛同者を得ることができた原因の1つだったのだろう。

ここまでの説明で、「そんな捏造があるわけがない」と思う読者もいるだろう。だが、残念ながら、この手の捏造団体は存在する。

フリーメイソンリー系のペーパー結社[※8]が数多く存在する。それに、この種の秘密結社は設立に際してどこかに届けを出さなければならないというわけでもない。もっともらしい由来縁起をでっち上げて、それらしい名前をつけてしまえば、それで秘密結社など簡単に誕生してしまう。詐欺などの犯罪に利用しない限り、誰からも咎められることもないし、活動実態の有無も問われない[※9]。

つまり、〈薔薇十字友愛団〉を作り出したアンドレーエやその友人たちがやったのと同じことをやればいいだけの話なのである。むしろ彼らがおこなったことが、後の虚構秘密結社乱立のモデルケースとなったといっても過言ではないだろう。

さて、〈薔薇十字友愛団〉が20歳にも満たないような青年たちの悪ふざけから始まったものだとしても、薔薇十字運動によって逆に実体を有するに至るのである。

それが、18世紀に出現した〈黄金薔薇十字団〉だ。

※7 彼らのために補足しておくと、彼ら自身は人間の内的革命が外的革命(社会革命)に先行している必要があると考えて『名声』を刊行したともいわれている。

※8 フリーメイソンリーでは、支部を開設する際に"チャーター"なる認可証が必要となる。それが独り歩きした揚げ句、売買されてペーパーカンパニーならぬペーパー結社が生まれることとなる。一種の権利書であり、これを収集する好事家も存在する。

※9 広義的に見れば、同人サークルなども立派な結社である。

〈黄金薔薇十字団〉

虚構の存在である〈薔薇十字友愛団〉であるが、18世紀には〈黄金薔薇十字団〉[※10]という組織が誕生していた。

といっても、2つの団体が共にこの名称を使用していた。

1つはフリーメイソンリーの分派団体。

もう1つは、錬金術研究を主旨とする団体である。

しかし、この〈黄金薔薇十字団〉という名称が歴史上初めて登場するのは、ペトルス・モルミウス[※11]が出版した『自然の最高の秘密』の中においてである。それによれば、この団体はわずか3人から成る組織で、錬金術、普遍医学、永久運動の秘密に強い関心を抱いていたという。

話を戻そう。メイソン系団体としての〈黄金薔薇十字団〉は、「フリーメイソン=テンプル騎士団起源説」をもとに誕生した団体[※12]である。この説の信奉者にはテンプル騎士団を錬金術の奥義に通じた団体であると信じるロマンチストが多かった。また、その内情も〈薔薇十字団〉と銘打ちながらフリーメイソンリーに近い形式を採用していたという[※13]。

錬金術研究を主旨とする〈黄金薔薇十字団〉の発端となったのは、1701年ドイツのブレスラウで出版された『〈黄金薔薇十字団〉による友愛団の「哲学者の石」への真実かつ完全な準備』という文書である。

この文書が出版された頃には、薔薇十字運動の火元であったドイツでも〈薔薇十字団〉に関する噂は聞かれなくなっていたが、同書の出版に呼応するかのように、再び「薔薇十字」という言葉が囁かれ始めたのだ。明確な組織は誕生しなかったため、正確には「広義的意味での〈黄金薔薇十字団〉」とするほうが的確だろう。

著者は「シンケルス・レナトゥス」とされているが、実際にはザムエル(またはジークムント)・リヒターであるとするのが定説である。彼はプロテスタント牧師であり、パラケルスス(医師で錬金術師)とヤコブ・ベーメ(思想家)の信奉者であり、また医学と錬金術に強い関心を抱いていたという。彼が学問を修めたハレの地は18世紀当時の錬金術研究の中心地の1つであることを考えると、彼が「蘇る真実(シンケルス・レナトゥス)」の名をもってこの文書を刊行したことを疑う余地は少ないといえるだろう。

※10 Goldund Rosenkreutz

※11 自称〈薔薇十字団〉のアデプト(熟練者)にして、〈薔薇十字協会〉(Collegium Rosanium)の使者。

※12 別の説ではヘルマン・フィクトゥルトなる人物の関与が囁かれている。フィクトゥルトは偽名で、本名はシュミット、またはムメンターラーであると考えられている。またテンプル騎士団については、該当項目(p.244)を参照のこと。

※13 〈黄金薔薇十字団〉の位階制度は次のようなものである。
1=9 初位階
2=8 テオレティクス
3=7 プラクティクス
4=6 フィロソフス
5=5 アデプトゥス・ミノル
6=4 アデプトゥス・マイオル
7=3 アデプトゥス・エクセンプトゥス
8=2 マギステル
9=1 マグス

この位階制度は、後に西洋魔術界に一大革命をもたらす〈黄金の夜明け〉団の位階制度のモデルとなった。

ヴィルヘルム・
フリードリヒ2世

　メイソン系と錬金術団体としての〈黄金薔薇十字団〉は、2つの独立した組織であったが、実際には互いに影響を与えあっていたという。この両者の融合が加速したのは、1781年にプロイセン王家の一員がメイソン系〈黄金薔薇十字団〉に参入したことによる。その人物こそ、後に叔父の跡を継いでプロイセン王となるヴィルヘルム・フリードリヒ2世（在位1786～97）である。もともと錬金術への関心が強かったメイソン系〈黄金薔薇十字団〉に、世俗的な権益が付加されたため、多くの錬金術師たちが王の許へと集まってきたのである。これに伴い、プロイセン宮廷には〈黄金薔薇十字団〉に由来する人物が多数登用されるようになってゆくが、それもヴィルヘルム・フリードリヒ2世が存命の間だけのことだった。息子ヴィルヘルム・フリードリヒ3世が王になると、〈黄金薔薇十字団〉の会員であった者はことごとく王宮を追われ、政治への介入は終わりを告げることとなる。

　南部でも、1785年にオーストリア＝ハンガリーで錬金術禁止令が発布される。この後に王位に就いたレオポルト2世が錬金術を保護したために〈黄金薔薇十字団〉は活動を再開するが、1792年に即位したフランツ2世により再度、錬金術禁止令が発令されたため、〈黄金薔薇十字団〉は完全に休止した。

〈薔薇十字団〉の復活

　本場ドイツにおいて〈黄金薔薇十字団〉が休止状態になったのと同じ頃、フランスで1つの動きが生じていた。

　薔薇十字の思想がドイツよりフランスへと浸透し、遅くとも1790年代には幾つかの薔薇十字思想を掲げる団体が活動を開始していたのである。

　それらの団体はフリーメイソンリー系の団体[※14]はもちろんだが、それ以外の自主的に組織された薔薇十字団体が含まれている。特に後者はサン・ジェルマン伯爵が深く関係しているとされる。この独自に設立された団体はサン・ジェルマン伯爵の流儀を受け継いだシャザル伯爵なる人物が関与していた。

　サン・ジェルマン伯爵という謎めいた人物が介在するせいか、この両者は混同されることが多いようだ。

　19世紀フランスにおける薔薇十字運動はとらえどころのないまま進んだが、19世紀後半になるとスタニスラス・ド・ガイタ侯爵[※15]とジョゼファン・ペラダン[※16]なる人物が出現したことにより、輪郭が明確になる。

※14　その代表的な1つが〈卓越せる黒鷲騎士団〉（L'Eminent Ordre des Chevaliers de l'Aigle Noir）である。

※15　イタリア北部ロンバルディアの一族の出身。詩人。友人で『現代高踏派伝説』を書いた詩人カテュール・マンデスの勧めでエリファス・レヴィの著作を読み、オカルト界へ足を踏み入れた。

※16　熱心なカトリック牧師の父から極端なカトリシズムを、兄から神秘学知識を受け継いだ人物。元銀行員のオカルティスト。著書に『ラテン人の頽落（デカダンス）』がある。自称サール（シャー）・メロダック・ペラダン。サールはアッシリア語で「王」、メロダックはカルデアの木星神マルデュークを表す。

スタニスラス・ド・ガイタ

※17 L'Ordre Kabbalistique de la Rose Croix

※18 後のオカルト界に大きな影響を与えることとなる「ボヘミアン・タロット」の制作者。医学博士。

※19 L'Ordre de la Rose Croix Catholique, du Temple et du Graal。〈聖堂聖杯薔薇十字団〉とも訳される。

　1888年、彼らは〈薔薇十字のカバラ団〉[※17]を創設したのだ。この秘密結社は12人で構成される最高参事会によって運営されていた。このうち6人は会員から選出され、残る6人は氏名すらも公開されなかった。おそらく、後者の6人は最初からいなかったのだろう。ここにも〈薔薇十字団〉の伝統ともいえる虚構が忍び込んでいたのだ。
　この秘密結社の主要な参加者は以下の通りである。
　パピュス（本名ジェラール・アンコース）[※18]、マルク・アヴン（本名エマニュエル・ラランド博士）、アルタ神父（本名シャルル・メランジュ）、作家ポール・アダム、公務員にして占星術師かつ錬金術マニアのフランソワ・シャルル・バルレ（本名アルフレッド・フォシュー）。それに最高指導者としてド・ガイタとペラダンが名を連ねていた。
　だが、ペラダンが熱心なカトリック信者であったため、他の団員との間で軋轢（あつれき）が生じ、彼は自ら〈薔薇十字のカバラ団〉を去った。そして〈カトリック薔薇十字聖杯神殿〉団[※19]を立ち上げる。
　この〈カトリック薔薇十字聖杯神殿〉団は神秘学をキリス

教会傘下に置くことを旨とした活動をおこなっていた。それに対し、かつての同士であったド・ガイタは批難し、喧嘩別れすることとなる。

が、この頃までに〈カトリック薔薇十字聖杯神殿〉団は成功を収めており、「薔薇十字サロン」という展覧会を成功させ、ギュスターヴ・モロー、フェリシアン・ロップス、ジョルジュ・ルオーといった芸術家たちの注目を集めた。自らが所有する薔薇十字劇場では、数多くの戯曲も発表している。また、ペラダンがドイツの作曲家ワーグナー（1813〜83）の信奉者であったことが、フランスにおけるワーグナー人気に火をつけたとさえいわれているほどだ。

こうした一大流行発信者となった〈カトリック薔薇十字聖杯神殿〉団ではあったが、1918年の指導者ペラダンの死とともに消滅する。

一方の〈薔薇十字のカバラ団〉は1897年にド・ガイタが没した後も存続・分派し、今日存在する〈薔薇十字団〉の基礎となったと伝えられている。

現代の〈薔薇十字団〉

現代で活動を続ける〈薔薇十字団〉系列の秘密結社の多くは、近現代オカルティズムの一大拠点ともいえるアメリカに存在する。

アメリカ大陸において薔薇十字思想を広めたのはパスカル・ビヴァリー・ランドルフ[※20]とされている。彼は孤児院の出身で、若い頃は水夫として世界各地を巡り、その後には染物師や理髪師として働きながら独学で広域な知識を身に着けていった。おそらくは、その時に薔薇十字思想を始めとする多くの知識を得たのだろう。

彼は現役を退くまで、自らを「地上に存在する唯一の団（＝〈薔薇十字団〉）のグランド・マスターである」と称していた。

そうこうしているうちに、フリーメイソンリー系の〈薔薇十字団〉がアメリカ大陸に上陸する。彼らはイギリスで〈英国薔薇十字協会〉が設立されたことに注目し、同結社にアメリカ支部設立の認可状（チャーター）の発行を申し込むが無視された。そこで、〈スコットランド薔薇十字協会〉からの認可状を得ると、1879年

※20 Pascal Beverly Randolph。1825年生、1875年没。アメリカ南北戦争において黒人部隊を率いて戦う。リンカーン大統領が戦友だったという。

パスカル・ビヴァリー・ランドルフ

※21 Societas Rosicruciana Republicae Americae

※22 Societas Rosicruciana in Civitatibus Foederatis

※23 Societas Rosicruciana in America

※24 Fraternitas Rosae Crucis。クリスチャン・ローゼンクロイツの〈薔薇十字友愛団〉(the Rosicucians)とは別物。

※25 Ancient Mystical Order Rosae Crucis

※26 Federatio Universalis Dirigens Ordines Societatesque Initiationis

※27 Fédération Universelle des Ordres, Sociétés et Fraternités des Inities

にペンシルベニア州フィラデルフィア支部、1880年にニューヨーク州ニューヨーク支部の認可状を発行した。

この2つのメイソン系薔薇十字団は1880年に〈アメリカ共和国薔薇十字協会〉[※21]を設立、後に〈アメリカ合衆国薔薇十字協会〉[※22]へと改名する。

こうしてアメリカにおける足場となるメイソン系組織が誕生したわけだが、分派し、メイソンとの関係を断ち切る結社が生まれるようになる。〈アメリカ薔薇十字協会〉[※23]がそれだ。

また、この頃になるとランドルフの流れを汲む〈薔薇十字団〉も誕生し始める。〈薔薇十字友愛団〉(FRC)[※24]や〈古代神秘薔薇十字団〉(AMORC)[※25]などがそれにあたる。

ベルギーのブリュッセルには「すべての〈薔薇十字団〉を代表する」と称する〈参入者の結社・協会を指導する普遍的連盟〉(FUDOSI)[※26]が生まれ、さらには〈参入者の結社・協会・友愛団の普遍的連盟〉[※27]が設立される。

現代では、〈薔薇十字団〉は1つの高潔なる結社として存在してはいない。数多くの結社が存在しており、それぞれの掲げる目標も活動理念も微妙に違う。しかし、薔薇十字運動の根本たる薔薇十字文書に説かれた世界改革を目的としているのだ。

〈黄金の夜明け〉団
オウゴンノヨアケダン

The Hermetic Order of the Golden Dawn

近代オカルト結社の原型(マスターモールド)

　近代西洋魔術や近代オカルティズムに関心を抱いたことのある者ならば、〈黄金の夜明け〉団の名を知らぬ者はいないだろう。
　マクレガー・メイザース（MacGregor Mathers）やアレイスター・クロウリー（Aleister Crowley）といった、19世紀後期から20世紀前半にかけて活躍した名だたるオカルティストを輩出し、後の魔術結社で用いられるあらゆるフォーマットを築き上げた秘密結社である。
　この結社がなければ、現在のオカルト界——特に西洋魔術界の姿はなかったであろう、あるいはより原始的なままの姿であっただろうとさえいわれている。

〈黄金の夜明け〉団十字

第2章　隠秘学的秘密結社

魔術再発見時代の始まりと嘘
(マジカルルネッサンス)

アメリカ大陸でH・P・ブラヴァツキー夫人によって〈神智学協会〉が発足されたのとほぼ同じ頃、イギリスでも動きが起きた。

1つの秘密結社──それも魔術を旨とする結社が産声をあげたのである。

その名を〈英国薔薇十字協会〉（SRIA）[※1]という。

幻想小説『ザノーニ』の作者であるエドワード・ブルワー＝リットン卿が責任者の1人として名を連ねる組織であった。

そこから枝分かれして1888年に誕生した[※2]のが〈黄金の夜明け〉団。正確には〈黄金の夜明けのヘルメス〉団である。

この〈黄金の夜明け〉団の結成には、1つのエピソードがある。それは次のようなものだった。

この秘密結社〈黄金の夜明け〉団の直接的歴史は1887年、英国のフリーメイソンであり、ロンドンの検死官であったウィリアム・ウィン・ウェストコット（William Wynn Westcott）が、知人の牧師ウッドフォードから1つの暗号文書[※3]を託されたことに始まる。

そこに記されていたのは、〈薔薇十字団〉にまつわる一連の秘儀儀礼の骨格だった。

ウェストコットは、ドイツのフランクフルトの秘密結社「ChBRTh ZRCh AVR BQD[※4]」に属する魔術師アンナ・シュプレンゲルと文通を始める。そして、結社設立の許諾を得ると、〈黄金の夜明けのヘルメス〉団を結社した。

こうして〈黄金の夜明け〉団こと〈黄金の夜明けのヘルメス〉団は結成されることとなる。

だが、このエピソードは、ウェストコットの捏造（ねつぞう）だとされている。

20世紀のカバラ学者ゲルショム・ショーレムの著書『ベルリンからイェルサレムへ』によれば、ドイツのフランクフルトには「カブラス・ゼーレ・ボクール・オール」というユダヤ系メイソン・ロッジが実在することが確認されている。その名の意味は「黄金の夜明けのヘルメス的結社」で、ウェストコット

※1 Societea Rosicruciana in Anglia

※2 これはあくまで系統図上のことで、〈黄金の夜明けのヘルメス〉団創設者は〈英国薔薇十字協会〉には加盟していなかったと自称している。が、実際には、ウェストコット、ウッドマン、メイザースの3人とも〈英国薔薇十字協会〉に参加していたとされている。

※3 一説には、これはリットン卿自身によって書かれたともいわれる。

※4 ウェストコットの『歴史講義』によれば、カブラス・ツェレク・オール・ボクールと発音。「夜明けの輝く光協会」の意。

ウィリアム・W・
ウェストコット

　が接触を持ったという結社 ChBRTh ZRCh AVR BQD の意味する「夜明けの輝く光協会」との見逃せないほどの類似性をみると、彼が件(くだん)のメイソン・ロッジの存在を知っていたと考えるのが妥当なところだろう。

　こうした設立過程における権威づけなどを目的とした捏造は珍しいことではなく、オカルト系秘密結社ではよくおこなわれていたようだ。

　それを証明するかのように、結社から2年後、ChBRTh ZRCh AVR BQD のアンナ・シュプレンゲルからの通信は打ち切られている。これは〈黄金の夜明け〉団の規模がウェストコットの満足ゆくレベルに拡大し、運営が順調になったためだといわれている。

　この秘密結社で主導的立場にあったのは、主幹であるウェストコットの他、マクレガー・メイザース、ロバート・ウッドマンといった設立メンバーであった。

　順風満帆なスタートを切った〈黄金の夜明け〉団は、最盛期には100人近い会員を集めるまでに成長する。

崩壊と分裂

　先に述べたように、ウェストコットとドイツの秘密結社との間で交わされていた通信は、〈黄金の夜明け〉団設立から2年後に打ち切られている。

　ところが、それと入れ替わるように、今度はマクレガー・メイザースに〈秘密の首領〉シークレットチーフからの通信が届くようになった。それも、ウェストコットと通信していた秘密結社とは別口のものだったのである。

　これを期に〈黄金の夜明け〉団内におけるメイザースの発言力が強まり、ついには独裁的に権力をふるうようになってゆく。この時期から〈黄金の夜明け〉団は高等魔術の修得に重点が置かれてゆくようになる。

　そして奥義の熟達者のみを選出し、〈ルビーの薔薇と金の十字架〉団（RRAC）[※5]という内陣結社セカンド・オーダーを組織（1892年）、パリ支部アハトゥール・テンプルを設立した（1894年）。これが後に〈黄金の夜明け〉団分裂のきっかけとなる。

　20世紀の西洋魔術界の著名人の多くが〈黄金の夜明け〉団に参入したのはこの前後の時期である。特に今日こんにちでは「20世紀最大の変人」との誹そしりで知られるアレイスター・クロウリーの参入（1898年）は、内陣結社の組織により勃発した内紛状態をさらに悪化させた。

　ロンドンの〈黄金の夜明け〉団とパリの支部との間が険悪になると、パリ在住のメイザースがクロウリーを全権大使に仕立てて送り込み、資料や機材の押収を企てたのだ[※6]。結局クロウリーはこれに失敗、自主的に退団し、世界一周の旅行に出かけてしまう。

　また、1895年にはメイザースを資金的に援助していたアニー・ホーニマンの追放、1897年のウェストコットの退団と事件が続き、1900年にメイザースによってウェストコットとシュプレンゲルとの間で交わされていた通信が捏造であったことが暴露される。

　そして1901年、少女暴行事件が起きる。

　これ自体は〈黄金の夜明け〉団関係者が直接関与した事件ではなかったのだが、アンナ・シュプレンゲルを詐称して、メイザースより結社内部情報を引き出した霊媒詐欺師れいばいさぎしホロス夫人と

※5 Ordo Rosae Rubeae et Aureae Crucis

※6 この際、クロウリーはロンドンのブライス・ロードにあった第2団専用室を占拠して立て籠ったことから、「ブライス・ロードの戦い」と呼ばれている。

※7 The Order of Theocratic Unity

※8 William Butler Yeats（1865～1939）。後にノーベル文学賞を受賞する詩人。

※9 Stella Matutina。〈暁の星〉団(p.111)参照。

※10 Alpha et Omega。〈A∴O∴〉(p.104)参照。

※11 The Holy Order of the Golden Dawn。コラム「〈聖黄金の夜明け〉団」(p.110)参照。

その夫テオ・ホロス（本名フランク・ジャクソン）が逮捕されたのである。そして彼女らが運営する「神権会」[※7]の関係資料として〈黄金の夜明け〉団の儀式資料が法廷に暴露された。

この「ホロス事件」は〈黄金の夜明け〉団はもとより、世間にも大きな衝撃を与えた。新聞は、さも〈黄金の夜明け〉団関係者が婦女暴行を犯したかのように書き立て、結社からは多くの者が去っていった。

メイザースはホロス夫妻を単なる詐欺師ではなく、敵対する黒魔術結社が送り込んだ工作員であり強大な吸血鬼であったと弁明したが聞く者は少なく、以前よりの結社内対立と紛争などの要因が積もり積もって、もはや修復不可能な状態になっていた。

1903年、錬金術研究家アーサー・E・ウェイトや詩人ウィリアム・バトラー・イェイツ[※8]らが結束してマクレガー・メイザースやその支持者らを〈黄金の夜明け〉団より追放することによって、覇権闘争や醜聞（スキャンダル）に決着をつけた。

こうして、近代西洋魔術結社の源流となった〈黄金の夜明け〉のヘルメス団はわずか15年でその幕を閉じることとなった。

だが、〈黄金の夜明け〉団はロバート・W・フェルキンを首領に据えて〈暁の星〉団[※9]として再生し、メイザースは〈A∴O∴〉(アルファ・オメガ)[※10]を、イェイツは〈聖黄金の夜明け〉団[※11]という新たな魔術結社を興した。

〈黄金の夜明け〉団の功績と活動実態

〈黄金の夜明け〉団の最大の功績が、西洋魔術系秘密結社の組織の基本的な構造を作り上げたことにあるのは先にも述べた通りである。

基本構造とは次のような位階制度[※12]である。

※12 この位階は〈生命の木〉のそれぞれの球体（スフィア）に当てはめられている。

●第１団（ファースト・オーダー）／外陣（アウター）
0＝0　新参入者（ニオファイト）
1＝10　熱心者（ジェレイター）
2＝9　理論者（セオリカス）
3＝8　実践者（プラクティカス）
4＝7　哲　人（フィロソファス）

- ● 予備門位階(ポータル)

- ● 第２団(セカンド・オーダー)／内陣(インナー)
  - 5＝6　小達人(アデプタス・マイナー)
  - 6＝5　大達人(アデプタス・メジャー)
  - 7＝4　被免達人(アデプタス・イグゼンプタス)

- ● 第３団(サード・オーダー)
  - 8＝3　神殿の首領(マジスター・テンプリ)
  - 9＝2　魔術師(メイガス)
  - 1＝10　イプシシマス

　こうした位階制度が設定されたわけだが、実際の最高位は「7＝4」の被免達人(アデプタス・イグゼンプタス)である。これより上位にあたる第3団の3つの位階は「肉体を持った者は到達できない」とされており、事実上有名無実の存在とされている。

　反対に、位階なしの「参入志願者(プロベイショナー)」という段階も存在する。これらの位階段階にあわせてヘルメス学や西洋魔術、カバラや占星術などのカリキュラムが組まれ、段階的に修得するようになっている[※13]。

　また、これを可能にしたのは、〈黄金の夜明け〉団が、それまでは様々な場所・人物に断片的にしか伝わっていなかったヘルメス学を統合・整理したおかげであった。これもこの秘密結社が近代西洋魔術の源流と評価されている理由の1つだ。

　後に組織された多くの西洋魔術結社は、この〈黄金の夜明け〉団で構築された組織形態や位階制度、それに学習カリキュラムを採用している[※14]。

　では、実際にそうした近代西洋魔術の原型を作り上げた〈黄金の夜明け〉団の活動実態とはどのようなものだったのだろうか？

　その存在すら余人に知られぬ、魔術師たちの集団──。

　そういわれると、〈黄金の夜明け〉団での活動には秘められて当然の特異なもの、奇異なもの、世の常識から外れたものがあったと考える人も多いと思う。あるいは、オカルト版スパイ組織や秘密の宗教組織のようなものを……。

※13　初期の頃は講座という形での講義がおこなわれていたが、後には講義内容を印刷した紙を渡して読んでおくように通達するだけになることも多かったようだ。

※14　これを可能としたのは、直接的に〈黄金の夜明け〉団の流れを汲む魔術結社が多いこともあるが、〈暁の星〉団に一時所属していたイスラエル・リガルディが出版した『黄金の夜明け魔術全書』において内部資料を公開したからでもある。

生命の木

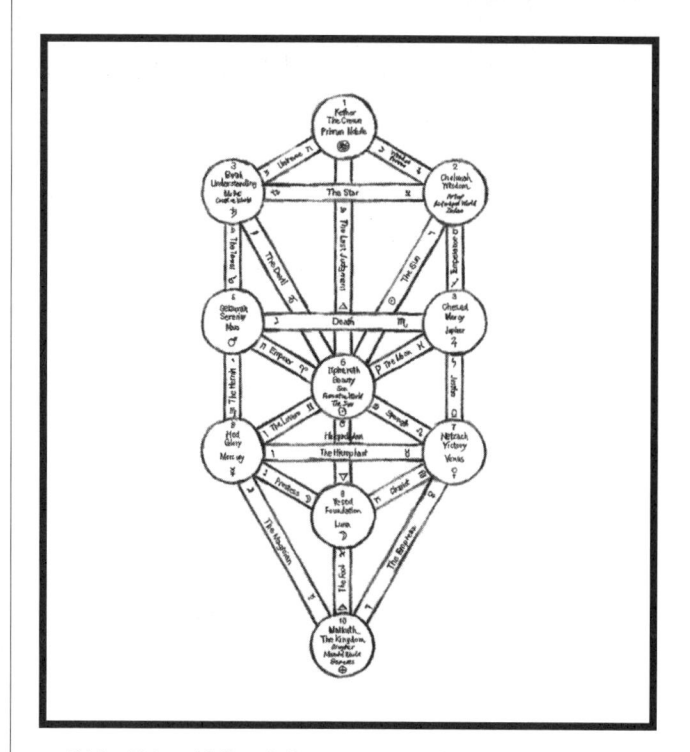

　だが、彼らの活動の実態はそのような性質のものではなかったようだ。
　創設者の中でも中心人物であったウェストコットの意向は、基本的にはオカルト好きな中産階級の人々が集まってできた同好会のようなものとしていた。もちろん、オカルト——その中でも特にヘルメス学や西洋魔術、カバラに関する学習や意見交換もおこなわれていたが、それも「趣味」の範囲に留まるようなレベルでしかなかったという。
　いわば、オカルトを話のタネとして会合を持つサロンのようなものでしかなかったのだ。
　これが変化したのは、メイザースが〈ルビーの薔薇と金の十字架〉団という内陣結社を設立してからである。こちらではより本格的なヘルメス学研究や魔術修行がおこなわれるようになった。しかし、〈黄金の夜明け〉団に属する大多数の人間は、その活動を「趣味の1つ」としてとらえていた。
　決して、怪しげな思想を持った団体などではなかったのである。

〈黄金の夜明け〉団の諍い

　1903年に起きた〈黄金の夜明け〉団の分裂劇は、アーサー・E・ウェイト、ウィリアム・B・イェイツら〈黄金の夜明け〉団に"趣味"として参加していた守旧派と、魔術修行を至上の目的とするようになってきたメイザースらとの間に起きた思想的食い違いが原因とされている。

　このような意見・思想の相違から発生する反目は多かった。といっても、〈黄金の夜明け〉団研究者として知られるエリック・ハウによれば、読者が期待するような「ヘルメス学的・魔術的で崇高な思想の対立」などではなく、その争いの内容は小学生の口喧嘩レベルの代物だったという。

　こうした諍いが絶えなかった理由の1つとして、〈黄金の夜明け〉団に属したメンバーの多彩さが挙げられる。イギリス中産階級の善良な紳士淑女が大多数を占めていたものの、〈英国薔薇十字協会〉の最高指導者や軍人、人気女優、さらにはインド太守までが参入していた。バックグランドも属する階層もバラバラな人間が〈黄金の夜明け〉団という1つの枠の中にいるのだから、意見の相違は起こるべくして起こっていたのである。

　また他の理由としては、ヘルメス学を始めとする哲学や思想に心酔し、その研究を真剣に続けていると自己の主張を客観視する能力が欠落しやすくなってしまうという点も挙げることができるだろう。つまりは、自分の意見を絶対視してしまうのだ。

　その証拠に、このような諍いは〈黄金の夜明け〉団のみならず、数多く存在する〈黄金の夜明け〉団の後継秘密結社や、ほとんど接点がなかったオカルト系秘密結社でも珍しいものではないのである。

　その代表的な事例として「〈黄金の夜明け〉戦争」と呼ばれる事件がある。

　1995年のアメリカで、〈黄金の夜明け〉団（AHOGD）[※15]を営むと主張するデイビッド・ジョン・グリフィンという人物が弁護士を雇って〈黄金の夜明け〉団（HOGD）に対して商標登録に関する抗議を、そして〈永遠の黄金の夜明け〉団（HOGDI）[※16]に対して紋章及び名称の使用停止を求めて裁判を起こしたのだ。

　この試みは部分的に成功を収める。裁判所から〈永遠の黄金

※15　Authentic Hermetic Order of the Golden Dawn。〈本家黄金の夜明け〉団と訳されることもある。

※16　Hermetic Order of the Golden Dawn International。後に〈国際夜明けの星〉団（Hermetic Order of the Morning Star International）と改称させられる。

の夜明け〉団に対し、紋章の変更、結社内で使用される文書や教科書などから「黄金の夜明け」「黄金の夜明けのヘルメス」といった名称を削除・変更するよう勧告が下されたのである。これにより、一般名詞としての「黄金の夜明け"Golden Dawn"」の使用は認められるが、神秘学系団体の名称としてこれを冠することはできなくなってしまった。

〈黄金の夜明け〉団の組織構成

近代西洋魔術の源流と称されるだけあって、〈黄金の夜明け〉団には多くの支部が存在する。こうした西洋魔術系秘密結社の支部は「テンプル」と呼ばれることが多い。

●1　リヒト・リーベ・レーベン
アンナ・シュプレンゲルが所属していたという〈黄金の夜明け〉団の総本家的テンプル。
ウェストコットによれば、儀式などは特におこなわず、数人の立ち会いの許で位階授与をおこなっているとされる。隠れたテンプルとも呼ばれているが、その実態は存在せず、ウェストコットの創作だとする説が有力。

●2　ヘルマニュビス
ホックリー・マッケンジーなる人物によって設立されたテンプル――とされるが、これもまたウェストコットによる創作だといわれる。

●3　イシス・ウラニア
実質的な意味における〈黄金の夜明け〉団の最初のテンプル。ウェストコット、メイザース、ウッドマンらによって設立された。以後、中心的存在となる。所在地はイギリスのロンドン（London）。

●4　オシリス
〈黄金の夜明け〉団初期参入者であるベンジャミン・コックスによって設立される。が、あまりにも人が集まらず、コックスの死とともに活動を終了する。所在地はイングランド南西部

のウェストン・スーパーメア（Weston-Super-Mare）。

●5　ホルス
　T・H・パッティンソンによって設立される。後にマスターメイソンのみを入団対象者とするようになる。1902年に活動終了。所在地はイングランド北部のブラッドフォード（Bradford）。

●6　アメン・ラー
　J・W・ブロディ＝イネス夫妻によって設立される。「ホロス事件」により一時活動を休止するが、1910年に再開。所在地はイギリス北部、スコットランドの中心都市エジンバラ（Edinburgh）。

●7　アハトゥール
　マクレガー・メイザースにより設立される。イシス・ウラニア・テンプルと対立する。メイザースの死後、活動を終了する。所在地はフランスのパリ（Paris）。

Column 〈英国薔薇十字協会〉

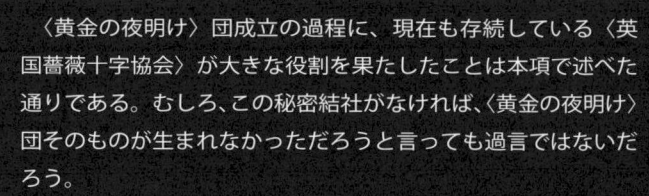

　〈黄金の夜明け〉団成立の過程に、現在も存続している〈英国薔薇十字協会〉が大きな役割を果たしたことは本項で述べた通りである。むしろ、この秘密結社がなければ、〈黄金の夜明け〉団そのものが生まれなかっただろうと言っても過言ではないだろう。

　この秘密結社は、その名から17世紀ドイツで発生した薔薇十字運動からの流れを汲む組織であると思われがちであるが、実際にはなんの関係もない。他の多くの「薔薇十字」を掲げる団体と同様、単に「いただいた」だけのものと思って間違いないだろう。

　どちらかというと〈英国薔薇十字協会〉はフリーメイソンリーと関係を持つ組織で、その会員もマスターメイソンのみに限定していた。メイソン系百科事典である"The Royal Masonic Cyclopedia"を編集・出版したケネス・マッケンジーが、〈英国薔薇十字協会〉設立にあたり、創設者ロバート・リトルに力を貸している。マッケンジーは卓越したカバラやタロットの知識を持つ他、暗号学のプロフェッショナルであり、彼こそがウェストコットが入手した暗号文書を書いたともいわれている。

　さて、この秘密結社もフリーメイソン系団体ということで、様々な陰謀論めいた幻想を押しつけられている。

　曰く、「魔術結社を統括する組織である」。

　曰く、「彼らが後の世界大戦の遠因となった」。

　曰く、…………

　だが、ここで断言しておこう。

　彼らは、そんな大それたことはしていない。

第2章　隠秘学的秘密結社

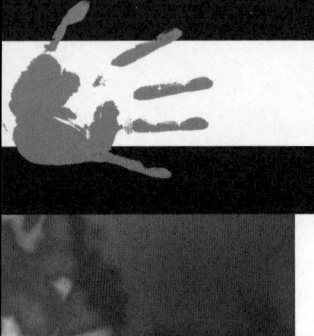

〈A∴O∴〉

Alpha et Omega

〈黄金の夜明け〉団から離れた秘密結社

19世紀末に誕生した〈黄金の夜明け〉団からは、様々な組織・団体・秘密結社が分派していった。

その中の1つであり、〈黄金の夜明け〉団創設者の1人であったマクレガー・メイザース[※1]が主宰する秘密結社が、この〈A∴O∴〉である。

近代西洋魔術の源流といわれる〈黄金の夜明け〉団と比べるといささか無名な秘密結社ではあるが、〈A∴O∴〉もまた〈黄金の夜明け〉団の血脈を伝える組織として、近代西洋魔術史の重要な位置に存在していた。

※1 サミュエル・リデル・マクレガー・メイザース(Samuel Liddell MacGregor Mathers)が本名。

〈黄金の夜明け〉団からの分離

この秘密結社〈A∴O∴〉の指導者マクレガー・メイザースが〈黄金の夜明け〉団より離反したのは、秘密結社活動をあくまで社交と趣味たらんとする守旧派との間に修復しようのない確執が生じたためであった。

彼はオカルティズムにはまり込むあまり、〈黄金の夜明け〉団の活動を至高の知的探求と魔術修行の場としてとらえ、そう信じて疑わなくなってしまったのである。

この両者の間の軋轢は、彼が〈黄金の夜明け〉団の中でも特に奥義に通じた者を集めて「第2団」あるいは「内陣」と呼ばれる結社内結社を作り出した時から顕在化する。その内部結社を〈ルビーの薔薇と金の十字架〉団といい、メイザースがパリに移住するとともに活動拠点をパリに移した。

ここに〈黄金の夜明け〉団の活動中心地であるロンドンのイシス・ウラニア・テンプルと、〈ルビーの薔薇と金の十字架〉団の拠点であるパリのアハトゥール・テンプルとの間で派閥闘争が始まるのである。

マクレガー・メイザース

　この対立が始まって数年を経て、後に「20世紀最大の怪人」と呼ばれ、醜聞(スキャンダル)まみれとなる人物アレイスター・クロウリーが〈黄金の夜明け〉団に参入する。彼は友人であり、メイザース派の1人であったアラン・ベネットを通じてメイザースの意向に賛同し、事実上の弟子となる。
　これは守旧派とメイザース派との間に生じた亀裂をより深いものとしてしまう[※2]。
　そして、〈黄金の夜明け〉団の秘密儀礼が群衆の目にさらされることとなる「ホロス事件」[※3]が発生する。
　こうしたことがあり守旧派は、創設者の1人でもあり、〈黄金の夜明け〉団に残っていた唯一の人物だったメイザースを追放してしまう。これが1903年4月のことである。
　彼はともに追放されたエドワード・W・ベリッジ[※4]とともに〈A∴O∴〉を結成し、活動を開始する。

※2　周囲の反対を無視して、メイザースが独断でクロウリーを5=6小達人(アデプタス・マイナー)へ昇進させたのが原因とされる。

※3　〈黄金の夜明け〉団内の「崩壊と分裂」(p.96)参照。

※4　〈黄金の夜明け〉団の中心的人物の1人。元医師。

マクレガー・メイザース

　サミュエル・リデル・マクレガー・メイザース。
　近代西洋魔術史に大きな影響を与えた人物の1人である。
　と同時に、かのクロウリーほどではないにせよ、彼もまた人格的に問題のある人物であった。
　1854年、彼はロンドンで出生する。父はサラリーマン、母は専業主婦という、絵に描いたような「普通の家庭」であった。だが、それも彼が9歳前後の頃に、父を亡くすまでのことだった。その日を境に赤貧(せきひん)生活を余儀なくされ、16歳でグラマースクールを卒業すると、不動産屋の事務員として働き始める。
　そして23歳の時にフリーメイソンリーに入会。オカルティズムに興味を持ち始めたのは、これと同時だったといわれる。
　翌年にマスターメイソンに昇格すると、「グランストリー伯爵」と自称するようになる。彼は自分がスコットランド王族の血脈を受け継いでいるという血統妄想(もうそう)を抱くようになっていたのだ。
　1882年に〈英国薔薇十字協会〉に入会。ここでウェストコットやウッドマンと知り合い、1888年に〈黄金の夜明け〉団の設立に尽力する。彼は担当していた儀式構成の資料集めのため、大英図書館に籠(こも)って文献を漁る。この図書館の保管庫には未分類のまま、目録すら作成されていない書物が大量に眠っている。メイザースは、それを片っ端から読破してゆき、〈黄金の夜明け〉団の儀式構成や手順を組み立て、同時に断片的にしか伝わっていなかったヘルメス学の再構築までもおこなったのである。
　そして、この「メイザースの図書館籠り」からは、別の収穫も得られた。
　今日(こんにち)では『ソロモンの小さな鍵』と呼ばれている書物の第1章にあたる「ゲーティア」が発掘されたのだ。同書の発掘及び翻訳により、近代西洋魔術が現在の姿へと変貌を遂げることに成功したといっても過言ではないだろう。
　また、パリに移住した後も図書館通いは続いていたらしく、未分類のままラルセナル図書館の倉庫に眠っていた古書の山の中から、『術士アブラメリンの神聖なる魔術の書』を発掘、現代語に翻訳するという快挙も成し遂げている。

さて、彼は1880年代に〈神智学協会〉の創設者Ｈ・Ｐ・ブラヴァツキー女史と会見している。この時、彼女の東洋神秘学寄りな思想に反発を覚えたため、彼が構築した〈黄金の夜明け〉団の儀式からは、当時のヨーロッパで東洋思想が流行していたにも関わらず、東洋的な色彩が完全に排除されてしまったといわれている。

だが、メイザースは東洋に対する理解と研究の必要性も説いていることから、どちらかというと自分よりも東洋に対する理解に長じていたブラヴァツキーへの反感だったのではないかと思われる。

彼のそうした性分は、かつての弟子であるアレイスター・クロウリーがインドでヨガを修得し、それを西洋魔術に組み込もうと彼に提唱した時にも現れている。メイザースはクロウリーの言葉を黙殺し、断絶状態となってしまったのである[※5]。

こうして近代西洋魔術界で大きな役割を果たしつつも（あるいは果たしたからこそ、というべきか）、メイザースもまた数多くの醜聞を残しつつ、1918年11月に悪性の流行性感冒でこの世を去った。

〈A∴O∴〉の活動と終焉

マクレガー・メイザースによって設立された〈A∴O∴〉は、〈黄金の夜明け〉団で構築された魔術の流儀に従って活動を続けていた。

この秘密結社は、その名があまり知られていないことからも想像できるように、さほど派手なエピソードのある組織ではなかったようだ。同時代に存在していた多くの魔術・オカルト系秘密結社──特に悪名高きクロウリーの〈銀の星〉や〈東方聖堂騎士団〉など──に比べれば、地味だといえなくもない。

これは、〈A∴O∴〉が極度の秘密主義を掲げる組織だったからに他ならない。

メイザースの死後、〈A∴O∴〉は彼の妻モイナ・メイザース[※6]によって運営されたが、先細りになって消滅することとなった[※7]。その原因は、モイナがチグハグでデタラメな運営をしてしまったことにある。これはヴァイオレット・ファース──ダイアン・フォーチュン（Dion Fortune）として知られる

※5 かつての子弟の間に生じた諍いは、クロウリーが出版していた〈銀の星〉の機関誌『春秋分点（イクイノクス）』の出版差し止めを求める裁判がメイザースにより起こされたほどである。

※6 Moina Mathers。フランスの大哲学者アンリ・ベルグソン（1929年にノーベル文学賞受賞）の妹。

※7 消滅としたが、その系譜を受け継いでいると自称する結社も存在する。

ダイアン・フォーチュン

　女流オカルティストの進言によるところが大きい。
　〈A∴O∴〉に参入したフォーチュンは、この組織の教授法に対して形骸的なものを感じていた。そこで新しい血を入れることにより、指導者たちに刺激・競争を与えようとしたのである。彼女が到達した結論は、〈A∴O∴〉の——ひいては〈黄金の夜明け〉団の体系そのものの外陣組織を公開、ないしは準公開して運営するというものであった。
　集会や講義を公開する他、雑誌の刊行というその意見は、通常ならば即時に却下されて然るべきものであるのは、『春秋分点』の刊行を巡る裁判[※8]を見れば明らかである。
　しかし、モイナはこれを受け入れてしまう。
　最初は〈神智学協会神秘ロッジ〉なる組織を隠れ蓑に活動していたが、〈A∴O∴〉内部に自分の小帝国を築き上げたフォーチュンは独立し、この組織を〈内光協会〉とした。
　さて、モイナがおこなった失策はこれだけではない。
　アメリカのテンプルの指導者が上申してきた通信教育制度の開設を許可し、さらには最終段階に達したら、10ドルと引き換えに郵便での秘儀参入を認めたのである。このため、アメリ

※8 〈銀の星〉の「〈銀の星〉の活動」(p.118)参照。

カのテンプルでは雨後のタケノコのように〈A∴O∴〉団員が急増し、ロクな能力も持たない癖に大仰な称号や位階を結合させる 輩(やから)ばかりになっていったのである。一部の参入者(その多くが有能な者であった)はこれに嫌気が差して、〈A∴O∴〉から離脱し、新しい魔術結社を立ち上げた。彼らはそこで〈黄金の夜明け〉団の魔術体系の教授をおこなっていったのである。

　こうしたモイナの失策が重なり、魔術界における〈A∴O∴〉の求心力は失われていった。モイナ・メイザースの死後はエドワード・J・ガースティンにより運営されたが、1930年代にイスラエル・リガルディが『生命の樹』と『柘榴の園』を大手出版社のライダー社より刊行した際に、そのあおりを食らって崩壊してしまった。〈黄金の夜明け〉団の秘儀が書店で買えるようになり、存在意義がなくなったのだ。

Column 〈聖黄金の夜明け〉団

　〈黄金の夜明け〉団より分裂・派生した団体の1つに〈聖黄金の夜明け〉団（HOGD）がある。

　この秘密結社は1903年に起きた〈黄金の夜明け〉団の最終分裂に際し、まるでどさくさに紛れるかのように、〈黄金の夜明け〉団の実質的な中心地であったロンドン支部イシス・ウラニア・テンプルを奪取して立ち上げられている。

　〈聖黄金の夜明け〉団の初代指導者は「ライダー版タロット」（あるいは「ウェイト版タロット」）の監修者として、また他の多くのオカルティストと同様に毀誉褒貶の激しい人物（特にクロウリーやメイザース、ウェストコットとは折り合いが悪かったようだ）として知られるアーサー・E・ウェイト（Arthur Edward Waite 1857～1942)である。

　彼は〈聖黄金の夜明け〉団を立ち上げると、その教義をキリスト教神秘主義に即したものへと書き換え、昇進試験の廃止や儀礼の改訂などをおこなった。

　〈聖黄金の夜明け〉団にはアルジャーノン・ブラックウッド（Algernon Henry Blackwood 1869～1951）やアーサー・マッケン（Arthur Machen 1863～1947）といった著名な作家が参加していたが（むしろ、だからこそというべきだろうか）、1914年に内紛によって崩壊。すると、ウェイトはすぐさまイシス・ウラニア・テンプル時代より伝わっていた儀式文書や魔術具の多くを焼却炉送りにしてしまった。これもまた、彼の悪評の一因である。

　この後、彼は〈薔薇十字友愛会〉（Fellowship of the Rosy Cross)を設立。〈聖黄金の夜明け〉団での経験を活かしたのか、彼が没するまで存続した。

　ちなみに、ウェイトは1942年のロンドン大空襲の際に焼死したが、この時、周囲が赤く焼け落ちていったのに対し、彼だけが青い炎に包まれていたとされている。が、もちろんこれはただの風聞で、実際には空襲とは無関係なところで没したという。

〈暁の星〉団
アカツキノホシダン

the Order of Stella Matutina

〈黄金の夜明け〉団の後継組織

　1903年、近代西洋魔術界の巨星として名を馳せた〈黄金の夜明け〉団が解体された。
　その前後にかけて、〈A∴O∴〉(アルファ・オメガ)、〈聖黄金の夜明け〉団、〈暁の星〉団という3つの団体が分派・設立された。この中の1つ〈暁の星〉団は、〈黄金の夜明け〉団からの名称変更という形で設立された団体である。
　一般にはあまり名の知られていない組織ではあるが、3つの分派団体の中では本家、または正統派といえるだろう。

〈暁の星〉団と首領フェルキンの迷走

　先にも述べたように、この秘密結社〈暁の星〉団は、1903年の〈黄金の夜明け〉団の最終分裂の後、〈黄金の夜明け〉団に残った者たちによってその名称を変更するという形で再建された西洋魔術系秘密結社である。
　初代首領はロバート・W・フェルキン (Robert William Felkin)、ブロディ＝イネス、パーシー・ブロックである[※1]。また、この他にも後のノーベル文学賞詩人ウィリアム・B・イェイツも参加していた。
　彼らの活動は、〈黄金の夜明け〉団から分派した他の秘密結社と同様、〈黄金の夜明け〉団で培われた魔術方法論の修得と実践、研究にあった。それ自体は──特に修得カリキュラムは──すでに究極形と断じても構わないほどに完成されたものであったため、さほど問題はなかった。
　問題は、指導者フェルキンにあった。
　クロウリーといいメイザースといい、〈黄金の夜明け〉団から派生した団体の長には、なぜか問題児ばかりが揃っているのだが、フェルキンもまたそうした問題児の1人だった。
　クロウリーやメイザースの問題は主に人間関係において支配

※1　3人の首領により運営されていたことから、この形態は「三首領制」と呼ばれた。

第2章　隠秘学的秘密結社　111

※2 この他、他者への依存心が強い欠点もあった。〈暁の星〉団で必要とされる高等教義の類を自ら作り出さず、メイザースの文書の写しをかき集めてみたり、自動筆記に頼って得ようとしたり、シュタイナーに教えてもらおうとしたりした。この依存心・優柔不断さが、〈暁の星〉団を近代西洋魔術史に埋もれさせてしまった原因の1つといえる。

※3 フェルキンの本業は医師。1878年の医療奉仕団でウガンダ入りし、熱帯病理学の臨床体験を重ね、帰国後にはその分野における一角の人物として名が知られる。どちらかというと名医に分類される腕と見識を持っていた。

※4 第2章〈黄金の夜明け〉団内の「魔術再発見時代(マジカルルネッサンス)の始まりと嘘」(p.94)参照。

的な性向に傾きやすい点にあったが、フェルキンの問題は愚鈍(ぐどん)と言い換えたくなるほどに実直で、また人の言葉を鵜呑(うの)みにしやすい性格にある。素直すぎるといってもいいだろう[※2]。

満身創痍(まんしんそうい)ながら〈黄金の夜明け〉団が未だ健在であった1902年、彼は星幽体投射(アストラル・プロジェクション)によって〈秘密の首領〉と接触を取ったと宣言する。彼はその存在を「サン・マスター」と呼んだ。

その後の1904年に、彼は本業の医業[※3]を通じて、ドイツの患者にアンナ・シュプレンゲルなる人物がいることを知る。彼は失われていたドイツ秘密結社[※4]とのコネクションが再発見されたと思い込む。1906年には、わざわざドイツへと赴き、アンナ・シュプレンゲルと直に面会した。だが、この会見では、彼が望むような結果が得られなかったようだ。彼はその理由を「自分がフリーメイソンではないからだ」と思い込み、エジンバラのロッジ（支部）でフリーメイソンリーに入会する。

この後も彼は幾度となくドイツを訪問し、ついにはベルリンで〈人智学協会〉のルドルフ・シュタイナー（Rudolf Steiner）と接触してしまう。彼はこの人物こそが〈秘密の首領〉だと思い込み、続く4年の間、シュタイナーの許へ通うこととなる。

この交流により、フェルキンはヨガの基礎を修得する。そして、弟子のネヴィル・ミーキンをシュタイナーに預けたのを始めとして、〈暁の星〉団の儀礼に人智学が浸透してゆくこととなった。

これに対してブロディ＝イネスが反発、〈暁の星〉団から離脱する（1912年）。同年、ロンドンの本部をネヴィル・ミーキンに任せ、自分はニュージーランドへと移住した。が、翌年にネヴィルは死亡（理由は不明）。

フェルキンはロンドンへと戻り、なにを思ったか突然、自分を8＝3神殿の首領(マジスター・テンプリ)に昇進させ、内部改革と称して結社の構成を第1団から第6団に分割・複雑化し、さらには4つの支部を立ち上げてニュージーランドに帰った(1916年)。

〈暁の星〉団をかき回すだけかき回して去っていったフェルキンに対し、クリスチナ・スタッダートが反旗を翻す。彼女はロンドン本部を完全に掌握し、フェルキンとのつながりを断ち切ったのである。

しかし、スタッダートにより〈暁の星〉団の活動が完全に正

ルドルフ・シュタイナー

常化されたわけではなく、外的要因（第1次世界大戦）が原因で活動を休止した。

　フェルキンは1922年、自らが立ち上げた結社が壊滅にも等しい状態で活動終了したことを知らぬまま、この世を去った。

Column 〈スフィア〉

　近代西洋魔術の夜明けを告げた〈黄金の夜明け〉団には、結社内結社とでも呼ぶべき組織が幾つもあった。

　これは〈黄金の夜明け〉団に所属する者たちの一部が集まって、専門的な――あるいは細かい――分野の研究などをおこなうための、いわば分科会のようなものだ。

　代表的なものに、マクレガー・メイザースが興した〈ルビーの薔薇と金の十字架〉団がある。また、やや無名な存在ではあるが、19世紀後期の代表的舞台女優フローレンス・ファーが主宰する〈スフィア〉もまた、そのような結社内結社であった。

　1895年、彼女は大英博物館のエジプトギャラリーに展示されていた彫刻像の中にいたエジプト人達人（彼女の弁によれば8＝3神殿の首領(マジスター・テンプリ)に相当する存在だという）と星幽体投射(アストラル・プロジェクション)を通じて接触したとされている。もともとエジプトに強い関心を抱いていたファーのエジプト熱は、これ以降さらに過熱してゆく。もちろん、それは〈スフィア〉にも及んでいった。

　研究組織としての〈スフィア〉では、エジプト魔術と星幽体投射技法が研究されていた。特に後者の星幽体投射は様々な場面で活用され、これによって得られた象徴を土台に、象徴体系の組み替えをおこなっていたという。

　後に〈暁の星〉団の首領の1人となるロバート・W・フェルキンもまた〈スフィア〉のメンバーの1人であり、ここで修得した星幽体投射の技法により、「サン・マスター」なる〈秘密の首領〉と接触したとされている。

　さて、先に「研究組織としての」とつけたが、これには理由があってのことである。結社内結社として頭数を揃えたことにより政治的な派閥となったのだ。最盛期には〈黄金の夜明け〉団の執行部の半数以上が〈スフィア〉メンバーになっていた。

　しかし、これも1901年に「ホロス事件」が発生するまでのことであった。この事件を期にファーは〈黄金の夜明け〉団を脱退。その後を追うように〈スフィア〉メンバーの大多数も退団した。

　こうして〈スフィア〉は消滅したのである。

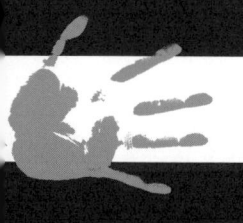

〈銀の星〉
Argenteum Astrum

クロウリーの魔術結社

「20世紀最大の怪人」「変態」「黒魔術師」「食人鬼」などなど、数多くの中傷と醜聞(スキャンダル)に塗れた人物として一部の人々に知られるアレイスター・クロウリー (Aleister Crowley)[※1]。

彼は1898年に近代西洋魔術の源流たる秘密結社〈黄金の夜明け〉団に入団した。その後、内部抗争により追放された彼が興した秘密結社が〈銀の星〉[※2]である。

この結社は、エジプトで入手した霊界通信文書『法の書』[※3]の研究と実践を主眼としていた。

※1 幼い頃の名はエドワード・アレクサンダー・クロウリー。大学時代に名をアレイスターと改めた。

※2 または〈A∴A∴〉と呼ばれる。

※3 the Book of Law または、Liber AL vel Legis。

アレイスター・クロウリー＆ローズ・ケリー夫妻

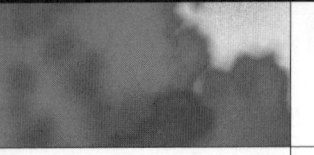

「ブライス・ロードの戦い」から〈銀の星〉設立まで

〈銀の星〉を設立する以前、この団体の創始者であるアレイスター・クロウリーは〈黄金の夜明け〉団に所属していた。

クロウリーは1898年に〈黄金の夜明け〉団に参入すると、最初はアラン・ベネット（Allan Bennet）、そして後にはマクレガー・メイザースを師と仰いで活動する。特にベネットとは親友といってもいいほどの間柄となり、彼を自宅に招いて教えを請い、約1年間の共同生活を送った[※4]。

ベネットとの共同生活を終えた頃、クロウリーは5＝6小達人(アデプタス・マイナー)に昇進する。しかし、これは〈黄金の夜明け〉団上層部の総意ではなく、彼の第二の師たるメイザースの独断によるものだった。メイザース以外の〈黄金の夜明け〉団上層部は、数々の悪評を持つクロウリーを第2団に参入させることに対して消極的であり、できるなら結社から追い出してしまいたいと思っていたのである。これが、以前より存在していた〈黄金の夜明け〉団の多数派とメイザースとの間にあった亀裂[※5]を修復不可能なまでに深く大きなものにしてしまう。

当時パリに移住していたメイザースは、全権を委任してクロウリーを〈黄金の夜明け〉団の活動の中心地であるロンドンへと送り込む。クロウリーは〈黄金の夜明け〉団のロンドン支部であるイシス・ウラニア・テンプルに到着すると、反メイザース派の間で交わされていた文書・書簡のみならず、イシス・ウラニア・テンプルにあったすべての文書や儀式用具などを押収しようとした。

これらの文書や用具は、ロンドンのブライス・ロード地区にあった第2団(セカンド・オーダー)専用室に納められていたため、彼はそこを占拠、立て籠った。そして、この部屋を巡って、クロウリーと反メイザース派の両者の間で激しい魔術戦があった——とされている。

この事件を「ブライス・ロードの戦い」という。

しかし、結局のところ、クロウリー及び彼の後ろ盾であったメイザースとその一派は派閥闘争に敗れ、〈黄金の夜明け〉団から追放される。クロウリー自身は追放宣告を受ける前に、自主的に退団し、世界一周旅行へと旅立ってしまう。これが

※4 この共同生活は、アラン・ベネットの喘息(ぜんそく)が悪化したため終結する。転地療養としてインドへと向かった。その費用はクロウリーが全額負担した。また、この共同生活期間中に、クロウリーはモルヒネやコカインといった薬物の使用を身につけたとされる。

※5 〈黄金の夜明け〉団内の「崩壊と分裂」(p.96)参照。

1900年のことである。

　その旅行から帰還した1902年に妻となるローズ・ケリーと出会い、交際開始からわずか数カ月の1903年、駆け落ちするように結婚。そのまま世界一周の新婚旅行へと旅立ってしまう。

　翌1904年4月、エジプトのカイロに滞在していたクロウリーは、妻ローズ・ケリーを霊媒(れいばい)として降霊儀式をおこなった。この時、ローズ・ケリーを通してクロウリーと接触したのが、エイワス（Aiwass）と名乗る霊的存在[※6]であった。この接触は数日間にわたって繰り返され、この時に伝えられたのが、彼の人生に大きな影響を与えることとなる『法の書』であった。

　新婚旅行の後、彼はヒマラヤ・カンチェンジュンガ遠征[※7]などをしつつ、1907年に魔術結社〈銀の星〉を設立する。

※6　クロウリーはエイワスを自らの守護天使にして〈秘密の首領〉であるとしている。

※7　クロウリーには、登山家の肩書きもある。カンチェンジュンガ(世界第3位の高峰。標高8,598㍍)遠征は、結果は失敗だったが、本格的な登山挑戦としては世界初であった。

アラン・ベネット

〈銀の星〉の活動

　1907年、クロウリーによって魔術結社〈銀の星〉が設立された。

　とはいっても、当初の団員はクロウリー自身の他には、ジョージ・C・ジョーンズだけしかいなかった。ジョーンズもまた〈黄金の夜明け〉団出身のオカルティストで、クロウリーが敬意を抱いていた数少ない人物の1人であった[※8]。

　この2人から始まった〈銀の星〉の主な活動は、他の〈黄金の夜明け〉団系魔術結社と同様、かの組織で培われた魔術修行と研究はもちろんのこと[※9]、1901年にインドのセイロンにて再会したアラン・ベネットより手ほどきを受けたクンダリーニ・ヨガや仏教を始めとするインド神秘主義の研究・実践がおこなわれていたが、それ以上に妻ローズ・ケリーの口を通じて入手した霊界通信文書『法の書』の研究と、同書で説かれている「テレマ哲学」の修得及び実践に重点が置かれていた。

　〈銀の星〉では『春秋分点』[※10]という機関誌が刊行されていた。この雑誌は、魔術結社が刊行する機関誌としては他に類を見ないほど豪華なもので、現代の近代オカルト研究の場でも一次資料として扱われているほどである。

　また、この頃になるとクロウリーと彼の師匠であったメイザースとの仲は険悪になっており、『春秋分点』の出版を巡って両者の間に法廷闘争が起きていた。その原因の1つは、同誌上において〈黄金の夜明け〉団の儀式の詳細を公開したことにあった。「ホロス事件」[※11]によって一部が暴露されてはいたが、魔術結社の儀式次第は基本的に門外不出のものである。それが機関誌とはいえ公開されたため、〈黄金の夜明け〉団系の魔術結社やその他のオカルト研究者たちの間で混乱に近い状況が生じてしまったのである。出版差し止めを訴える者——それも〈黄金の夜明け〉団に縁故を持つ者——が現れるのは、いわば当たり前のことといえるだろう。

　だが、結局、メイザースの訴えは却下され、『春秋分点』はその後も刊行され続けた。

　〈銀の星〉には、他にも裁判沙汰となった事件があった。

　1910年10月に、クロウリーが〈銀の星〉の儀式の1つ「エレウシスの儀式」を劇場公開する。多くの新聞はこれを好意的に

※8　人格的な面での相性がよかったこともさることながら、クロウリーが〈黄金の夜明け〉団に参入する際に後見人であったためでもある。クロウリー本人と喧嘩別れしなかった数少ない人物の1人。

※9　〈銀の星〉の位階システムも〈黄金の夜明け〉団のそれに倣ったものであったが、参入志願者を0=0とし、〈黄金の夜明け〉団で参入志願者にあたる無位階の準備段階を生徒(プロベイショナー)としていた。代わりに理論者が飛ばされた。また、第1団(ファースト・オーダー)と第2団(セカンド・オーダー)の中間に位置する予備門位階は、神門(ドミナス・リミニス)と呼び変えられていた。

※10　The Equinox

※11　〈黄金の夜明け〉団の「崩壊と分裂」(p.96)参照。

〈銀の星〉のロゴ

評価をしたものの、スキャンダルと株式販売を専門とする三流新聞の『ルッキング・グラス』紙の報道は違った。その際に、クロウリーとジョーンズの間に同性愛関係があったと示唆する記述があったのだ。これを取り消させるべく、ジョーンズが同紙を告訴したのである。〈黄金の夜明け〉団関係者の主だった面々がジョーンズ側の証人として出廷、彼を擁護したが、名誉回復はならなかった。

　この裁判は、法廷で専門的な魔術用語が飛び交い、現実離れした問答に終始する奇妙なものとなった。裁判を受け持った判事は「この裁判は『不思議の国のアリス』の中の裁判によく似てきた」と告げ、結果が出ないまま閉廷となってしまったのだ。

　これが原因で、ジョーンズはクロウリーと付き合いを続けることが困難となり、〈銀の星〉を脱退したのみならず、これ以降、魔術界でその名を聞くこともなくなった。

　この後も〈銀の星〉は活動を続けるが、ジョーンズの裁判の影響で数名の有能な団員が去り、新規参入者も皆無となったため、1913年9月に『春秋分点』第1期の最終号となる第10号の刊行とともに実質的な休止状態となる。これには、クロウリーの活動の主な舞台が〈東方聖堂騎士団〉及び〈テレマ僧院〉へと移ったことも影響しており、クロウリーがアメリカへと旅立った1914年にはロンドンの組織は事実上解体された。

『イクイノックス(春秋分点)』
のカバーデザイン

テレマ哲学と『法の書』

「〈ハド〉よ！ 〈ヌイト〉の顕現(マニフェステイション)。

天界の一行(カンパニー)の除幕(アンヴェイリング)。

すべての男女は星である。

あらゆる数は無限である。いかなる差異もありはしない。」

1904年4月8日。

新婚旅行の目的地の1つであったエジプトのカイロに滞在していたクロウリー夫妻は、エイワスという霊的存在と接触した。3日間続いたこの接触により、クロウリーは『法の書』という文書を手に入れる。これは偉大なる存在〈ラー＝ホール＝クイト〉の意志を、エイワスを通じ、さらにローズ・ケリーの口を介してクロウリーに伝えたものとされている。

そしてクロウリーは、エイワスと接触し、『法の書』を授かったその瞬間に世界の霊的秩序、あるいは霊的な時代が移り変わったと主張している。以前を「イシスの永劫(アイオーン)」、そして新たな時代こそ「ホルスの永劫(アイオーン)」だという。

※12 Thelema。セレマとも発音する。〈法〉と訳されるのが通例であるが、「意志」の意もある。

クロウリーが提唱した「テレマ哲学」[※12]は、この霊界通信文書『法の書』に論拠したものである。
テレマ哲学の本質、それはクロウリーが説いた——つまりは『法の書』で説かれていた——次の二つ言で表される。

「すべての男女は星である」
「汝の欲するところを為せ。それが〈法〉とならん」

最初の言葉は、すべての人間は等価であるということだ。
そして第2の言葉であるが、これはただ衝動のおもむくまま、感情に命ぜられるままに欲望を発散せよという意味ではない。理性的な思考による決意を貫くべし、というものである。また、そのためには、常識にとらわれることない自由な発想を奨励していた。しかし、それと同時に、己の思想・思考を他者に押しつけることも禁じていた。

「『罪』の言葉は『規制』である」
「何人も他の者を強制したりしないように、〈王〉が〈王〉に敵対したりすることのなきよう、気をつけるがよい！」

この2つの言葉も、前述の言葉と同じく『法の書』の一節である。
強烈な個人主義と既成概念からの脱却こそが、テレマ哲学の神髄だといってもいいだろう。だが、これはテレマ哲学固有の思想ではない。東洋の神秘主義に影響を受けていた当時のオカルト界には、少なからずそういった風潮があった。クロウリーはそれを明文化し、さらに過剰なまでにそれを前面に押し出したのである。
その個人主義と既成概念からの離脱は、懐疑主義の域にまで押し進められ、クロウリーは著書『魔術—理論と実践』[※13]においては、次のような言葉まで残している。

※13 原題は『Eの書』。

「師を決して信頼しても信じてもいけないということは忘れてはならない。自分自身のみに全幅の信頼をおき、自分の知識と経験外のものは何も信じてはいけない」

第２章　隠秘学的秘密結社　121

他の多くの魔術師たちが「師である自分を信じよ」と唱えてきたのに対し、クロウリーは逆に「私の言うことを信じてはいけない」と主張した。この目新しい主張に賛同する者や追従する者が多く現れたが、彼はそうした者たちに対して露骨な侮蔑を投げかけ、拒絶した[※14]。この姿勢が、後世においてクロウリーを傲慢な人間とする論拠となっている[※15]。

クロウリーが求めていたのは、独立独歩、自己信頼、自分自身の研究方法で徹底的に追求する姿勢を持った修行者の一団が現れてくれることだったのである。

と、ここまでであれば、西欧の固定観念を打破しようとするニューウェーブ的な思想・哲学でしかない。実際のところ、東洋ブームだった当時は、こうした先鋭的思想は数多く世に出ては消えていっている。

『法の書』には、後のクロウリーの悪評の原因の1つとなるような記述もあったのだ。

祭壇に捧げる物を詳細に指定しているのだが、その中には生き血があった。それも最良のものは女性の経血、次によいのは子どもの血とされていた。

次のような記述もある。

　「大小の家畜を供犠として献ずるがよい。その後に子を供犠とするのだ」

もちろん、実際に人身供犠をおこなっていたわけではない。だが、多くの人々はそう思わなかった。既成概念を逸脱する背徳的色彩を持つ集団という存在に対する西欧の人々の想像力の限界が、伝統的な悪魔崇拝への帰結でしかなかったのである。

さて、このテレマ哲学であるが、16世紀に書かれたラブレーの諷刺作品『ガルガンチュワ物語』に影響されたものだとされている。同作品にはテレーム僧院なる修道院が描かれている。これは現実の修道院を反転描写したような存在で、そこに居する人々が守る唯一の規則こそが「汝の欲することを為せ」なのである。

これを証明するかのように、後にはその名もずばり〈テレマ僧院〉なる修行場をイタリアのシチリア島に設立する。

※14 イスラエル・リガルディを始めとする数少ない人物が、私設秘書等として彼の許で働いている。

※15 もちろん、彼は傲慢であった。そして、その性質がたたり、付き合いのあった人物のほとんどは彼と喧嘩別れしている。

Column 〈テレマ僧院〉

　1920年、クロウリーはアラスター・ド・ケルヴェルなる偽名を使い、〈エイワス教団〉を結成する。「教団」と名乗ってはいるが、実質的にはただのペーパー組織にすぎない。
　〈エイワス教団〉の実体となったのは、彼がイタリアのシチリア島に築いた修行道場、〈テレマ僧院〉そのものであった。
　僧院といっても、別に特別な建物を作ったわけではない。シチリア島の州都パレルモ近郊の漁師町セファルーの農家を借りただけである。
　クロウリーらはここで様々な祈祷や召喚儀式をおこなう日々を送った。また、この僧院ではコカインやヘロインといった薬物が常用され、異性間・同性間を問わずにセックスが奨励されていたという。薬物は霊視(ヴィジョン)を助けるために用いられ、セックスは性魔術の儀式としてもおこなわれていた。
　〈テレマ僧院〉にはクロウリーの発表した文章を読んだ者や、ロンドン時代の彼の結社に所属していた者などが訪れ、滞在した。一部の者はともに修行するようになったが、前述のような事柄が常態化していたこともあって、面食らい、警察に届け出る者もいた。
　このようなことばかりをしていたためか、クロウリーも〈テレマ僧院〉も資金が底をついたため、〈テレマ僧院〉をモデルとした半フィクション小説『麻薬常用者の日記』を始めとして数篇の小説を発表した。これ以前にもクロウリーは作品(詩集)を発表していたが、そのいずれもが少部数の自費出版だった。大手の出版社から刊行された『麻薬常用者の日記』が、クロウリー初の商業作品だったのである。
　これがクロウリーの悪評をまた1つ増やすこととなった。
　〈テレマ僧院〉が衛生的にも道徳的にも不潔なところであり、中で病気になった修行者が医者にかかることなく死亡している——と三流の新聞が書き立てたのである。残念ながらこれは事実であり、クロウリー側にも申し開きのしようがなかった。
　1923年、ムッソリーニ(首相)直々の命令により、クロウリーとその一派はイタリアより追放されることとなった。

第2章　隠秘学的秘密結社　123

〈東方聖堂騎士団〉
Ordo Templi Orientis

聖堂騎士団幻想の最後尾

　古来より聖堂騎士団は、様々な伝説とロマン、そして謀略論的な幻想が抱かれることが多い。

　それは、テンプル騎士団が第1回十字軍後のエルサレムに起源を持ち、一時はエルサレム王宮内に一室を与えられ、準公認の組織となったにも関わらず、後には徹底的な弾圧を受けたという経緯があったからだろう。

　これに魅せられたのだろうか、18世紀中頃になると、聖堂騎士団の後継を名乗る組織が各地に出現することとなる。

　〈東方聖堂騎士団〉（〈O∴T∴O∴〉と略される）は、そうした聖堂騎士団の幻想の最後尾に登場した魔術結社である。

〈東方聖堂騎士団〉のロゴ

〈東方聖堂騎士団〉の成立

　〈東方聖堂騎士団〉の、最も確実性の高い（あるいは検証可能な）歴史は、19世紀末期のドイツにまで遡る。

　1890年代、ドイツ人オカルティストのカール・ケルナー[※1]が、数人の高位メイソンとともに創立を計画したのが、〈東方聖堂騎士団〉の始まりである。

　とはいえ、その活動が始まるのは20世紀に入ってからである。というのも、ケルナーはすぐにでも活動を開始したかったのだが、初期メンバーのほとんどがイルミナティ復興[※2]に注力していたため、行動開始が遅れに遅れてしまったのである。

　1902年、マンチェスターを中心に活動するメイソン系組織及び擬似メイソン系組織の長であったジョン・ヤーカーが、ロイス、ハルトマン、クラインという3人のドイツ人に〈メンフィス＆ミラズム古代原初儀礼〉及び〈古代承認ケルノー・スコットランド儀礼〉のドイツ・ロッジ設立の認可状（チャーター）を発行した。

　この認可状を受け取った3人のドイツ人こそが、ケルナーとともに〈東方聖堂騎士団〉を作り出した初期メンバーの一部だったと思われる。

　さて、設立されたロッジは『オリフラム』なる機関誌を刊行している。創刊当初は〈東方聖堂騎士団〉に関する事柄は一切触れられていなかった。隠れ蓑として使っていたのだから、当然といえるだろう。

　だが、創刊から2年をすぎた1904年、早くも〈東方聖堂騎士団〉に関する言及がなされ「大いなる秘密」を保有していると匂わせている。

　そしてロッジ創設から10年を経た1912年、『オリフラム』10周年記念号において、〈東方聖堂騎士団〉の持つ「秘密」を明らかにしている。

> 「我らの団はあらゆるメイソン的秘密ならびにヘルメス的秘密を解き明かす〈鍵〉を所有している。それはすなわち性魔術教義である。この教義はすべての〈自然〉の秘密、すべてのフリーメイソンリーの象徴体系、すべての宗教体系を説明する。」

※1　生年不明、1905年没。経歴不明。ドイツの鉄器製造業者でオカルティスト、高位階メイソン。中東や東洋を旅していたとされる。

※2　18世紀の西欧に出現した秘密結社。詳しくは「イルミナティ」(p.39)を参照のこと。ちなみに、復興はまったくの徒労に終わる。

ずいぶんとあからさまな物言いの、それも大言壮語であるが、ここで重要なのは、彼らが性魔術儀礼を採用していることを明言したということである。

〈東方聖堂騎士団〉の儀礼に性魔術を持ち込んだのは、初代首領ケルナーだったとされている。が、その人生には不明な点が多く、彼がどこでそれを修得したのかは定かではない。ただ、彼自身は3人の東洋人達人から学んだと主張している。その3人の氏名などは不詳であるが、アラブ人1人、ヒンドゥー教徒2人だったという。

しかし、より現実的な情報源として推測されているのは、同時代のオカルティストであるパスカル・ビヴァリー・ランドルフの教義である。主にアメリカで活動していたランドルフの組織は、重厚な象徴体系のヴェールで覆い隠した[※3]性的教義を採用していた。彼は信頼できる数少ないフランスの弟子たちに性魔術に関する事柄を伝授していたとされており、弟子たちは後に〈光のヘルメス兄弟団〉と名乗るようになった。

ケルナーは〈光のヘルメス兄弟団〉と接触し、そこから性魔術に関する情報を得たのだろう[※4]——というのが定説となっている。〈東方聖堂騎士団〉と〈光のヘルメス兄弟団〉の性魔術教義はほぼ同一のものであることも、その証拠の1つといえるだろう。

ともあれ、〈東方聖堂騎士団〉の顕在的な形での活動開始は、この『オリフラム』10周年記念号が発行された1912年とするのが、最も妥当なところである。

クロウリー参入

1912年、悪評に塗れた人物として知られるアレイスター・クロウリーが〈東方聖堂騎士団〉の第9位階に参入する。

彼と〈東方聖堂騎士団〉との関わりは、これより遡ること2年、ケルナーの没後、同団の首領職を引き継いでいたテオドール・ロイス[※5]と出会った時から始まっていた。この時にクロウリーは〈東方聖堂騎士団〉の第6位階を授かっていたという。

第9位階を授かったクロウリーは、ベルリンで「アイルランド、アイオナ、グノーシスの聖域にあるブリテン全島の至高聖王」——平たく言い直せば、新設のイギリス支部首領に就任す

※3 重厚で複雑な象徴体系により慎重に隠匿されていたため、近親者や友人、弟子の大多数すらランドルフの掲げる教義に性的な意味合いがあったことを知らなかった。ちなみに、彼の組織を引き継いだR・スインバーン・クライマーは、あらゆる性魔術を黒魔術中の黒魔術として批難した。

※4 とはいえ、ケルナーが東洋を放浪していた際に、インドの性愛教義であるタントラ信仰との接触があったのは確かなようである。

※5 ヤーカーから許可証を受け取った3人のドイツ人の1人。

る。

クロウリーは、彼が首領として新しく設立するはずだった〈東方聖堂騎士団〉のイギリス支部を〈ミステリア・ミスティカ・マキシマ〉[※6]という新組織にしてしまった。そして、その首領のための正式名称が、この大仰な称号なのである。そういう意味では、〈東方聖堂騎士団〉本来の称号ではない、とすることもできる。

さて、クロウリーは〈ミステリア・ミスティカ・マキシマ〉を、次の2つの目的で運用していた。

（1） 彼が運営する魔術結社〈銀の星〉の新規参入者募集のための宣伝組織、あるいは〈銀の星〉の外陣組織。
（2） 宣伝文句に釣られて寄ってきた無知な人々から高額な参入費用を巻き上げるための集金組織。

彼が〈ミステリア・ミスティカ・マキシマ〉を設立する前年、クロウリーは三流新聞紙『ルッキング・グラス』による捏造スキャンダルの被害にあっており、彼の〈銀の星〉運営パートナーであったジョージ・C・ジョーンズが魔術界から引退、〈銀の星〉からも何人もの団員が去ってしまい、新規参入者が途絶えるという事態に見舞われていた。

そこで、〈東方聖堂騎士団〉、〈ミステリア・ミスティカ・マキシマ〉という隠れ蓑を使い、有望な人物を〈銀の星〉にスカウトしようとしたのだろう。

そのための勧誘広告を「M∴M∴M∴宣言書」として発行するのだが、そこには、悪徳ブローカーかネズミ講の誘い文句のような文章が並んでいた。

曰く、団員は開闢以来「聖域」に保管されてきた秘められた知識全体が利用できる……のみならず、適切な教示も受けられる。高位階になれば万物が明らかとなる。

曰く、団員は自分の性格を補足してくれる人物に出会える。また、世界中どこを旅しようと予想もしなかった援助や友愛が得られる。

曰く、団員は〈ミステリア・ミスティカ・マキシマ〉が所有

※6 Misteria Mistica Maxima。強引に訳せば「もっとも神秘なる秘密」。〈M∴M∴M∴〉と略される。

する家屋に滞在できる。

　曰く、第9位階の団員に万能薬の製法が授けられる。第7、第8位階の団員にはグランド・マスターの好意により与えられることがある。緊急事態時には、より下位団員にも与えられる。

　曰く、第5位階に達した団員は身体的、財産的苦悩より解放される。団は人生のあらゆる不運や事故に対して完全な保障体制を提供する。

　曰く、第9位階の団員は団の動産不動産の共同所有者となり、以前支払った料金・年会費の払い戻しを受けることができる。

　曰く、団は下位位階の団員にも実際的生活援助をおこなう。

　これらの文句とともに、ネス湖畔のクロウリーの屋敷の写真が掲載されていた。その写真は必要以上に写りがよい——というよりも、普段よりもきれいに取り繕ったものであった。

　〈ミステリア・ミスティカ・マキシマ〉の参入費用は巨額で、クロウリーと同じく第9位階に参入するには103ポンド10シリングが必要とされた。これに加えて年会費として34ポンド13シリングが要求される。この当時、平均的労働者の賃金は週1ポンド弱であったことを考えれば、とてつもない金額であったことがわかる。

　クロウリーが〈ミステリア・ミスティカ・マキシマ〉で活動したのは1916年までの4年間であった。1912年から1914年までは散漫な性魔術実験のみだったという。しかし、1914年の1月から2月にかけておこなった性魔術儀式[※7]ではユピテルとメルクリウスの召喚に成功するなど、一応の成果を残している。

　1914年10月、クロウリーはアメリカに居を移した。〈東方聖堂騎士団〉の活動をアメリカに伝播させる……という言い分であったが、実際には夜逃げだった。

　この後、〈東方聖堂騎士団〉ロンドン支部（＝〈ミステリア・ミスティカ・マキシマ〉）の直接的な運営は〈銀の星〉に移管される。が、1916年、ロンドン警視庁がリージェント街93番地にあったロンドン支部を急襲、儀式用具や文書などを大量に押収する。これは「欺瞞的霊媒行為」——つまりは霊能詐欺の類の摘発が名目であったが、本当のところは、渡米したクロウリーが反英国的アイルランド人を騙り、親独プロパガンダ活動をおこなっていたことに対する報復だったとされている。

※7　これは〈パリ活動〉と呼ばれている。

後に〈ミステリア・ミスティカ・マキシマ〉からロンドン警視庁に対して押収品の返還が要求されたが、それに応じられることはなかった。ここに、〈東方聖堂騎士団〉のロンドンにおける活動支部は壊滅したのである。

また、クロウリーの弟子たちは、1920年代に〈東方聖堂騎士団〉ロンドン支部の再建に着手しようとしたのだが、この当時、新聞メディアが脅迫的ともいえる過激さでクロウリー討伐キャンペーンを展開していた[※8]ため、断念せざるをえなかった[※9]。

※8 クロウリーに関する悪評の多く――「世界最大悪人」「食人鬼」「黒魔術師」「悪魔主義者」などなど――は、このキャンペーンによって創作された。

※9 これ以降、クロウリーは英語圏の〈東方聖堂騎士団〉参入志願者に対し、儀式書類を送付、星幽界にテンプルを構築して参入儀礼をおこなう手段をとるようになる。

分派から現代まで

1922年、〈東方聖堂騎士団〉の首領であったテオドール・ロイスが魔術界から引退した[※10]。この時、彼は自分の後継者にクロウリーを指名する。

これはクロウリー自身の覚え書きとして記述されたことであるため、真実がどうであったかは不明であるが、彼が〈東方聖堂騎士団〉の首領として本格的に活動を開始した1924年から1年ほどの間は、団員たちは彼の首領としての地位を認めていた。

しかし、『法の書』がドイツ語に翻訳されると、その内容――特に人身供犠の肯定ともとれる第3章に驚愕し、クロウリーに対する承認を取り消した。そして、兄弟レクタルヌス(フラター)なる人物の許で〈東方聖堂騎士団〉を運営するようになる。

このため、1920年代中盤からの一時期、〈東方聖堂騎士団〉と冠する組織は2派存在することとなる。

1つはドイツに活動拠点を置き、ドイツ語を話し、クロウリーを黒魔術師とみなして批難する一派。

もう1つは、英語を喋り、クロウリーを首領と仰ぎ、彼の「テレマ哲学」を受け入れる一派である。主にアメリカとイギリスを中心に活動していたが、一応ドイツに活動拠点を1つ確保していたようだ。

両派とも、ドイツでは1937年まで存続していた。壊滅した理由は、他のオカルト系組織と同様、ナチスのオカルト狩りによるものだった。

第2次世界大戦後、〈東方聖堂騎士団〉は他の多くの魔術結社と同じく、アメリカを活動の中心地とするようになる。この支

※10 ロイスはこの2年後、1924年に没した。

グレディ・ルイス・マクマートリー

部はカリフォルニアにあり、アガペー・ロッジと呼ばれていた。

　1947年にクロウリーが没すると、彼の弟子であったカール・ヨハネス・ゲルマー[※11]がクロウリーの指名により首領職を受け継いだ。彼は特筆すべき騒動は起こさなかったが[※12]、1962年に没するまで次の首領を指名しなかったため、〈東方聖堂騎士団〉内で跡目争いが発生してしまう。

　この混乱を収拾したのは、グレディ・ルイス・マクマートリーであった。彼はクロウリーの弟子であったイスラエル・リガルディとジェラルド・ヨークの立ち会いの許、首領の代理職である「カリフ」の地位を創設[※13]し、スイス支部の長ヘルマン・メッツガーの承認を得て〈東方聖堂騎士団〉のリーダー代行職に就任したのである。

　彼は跡目争いの影響で分裂していた〈東方聖堂騎士団〉の旧メンバーと接触して団に復帰させ、再興に尽力した。彼は自宅を〈東方聖堂騎士団〉の活動のために開放した他、北米中を駆け巡って志願者たちに参入儀礼を授けていった。また、クロウリーとフリーダ・ハリスの手による『トート・タロット』を復

※11　元ドイツ軍予備役将校。第1次世界大戦では諜報活動の功績により鉄十字勲章を受勲している。また、ナチスのオカルト狩りにより、ゲシュタポに捕まって投獄されるなど、波乱万丈な人生を送った。〈東方聖堂騎士団〉では、首領になる前は会計長官として団の運営と浪費家の師匠との間で四苦八苦していたようだ。

※12　アナーキスト的にテレマ哲学を独自に改変していったケネス・グラントを破門するなど、体制維持に尽力していた。

※13 クロウリーは生前、「緊急時に際し、カール・ゲルマーの認可の下で、団の改善と運営の権利を与える」旨を記した「O∴T∴O∴のカリフ」(あるいは「カリフェイト・レター」)という手紙をマクマートリーに渡していた。

※14 Outer Thelemic Order

※15 〈東方聖堂騎士団〉の支部はロッジ、オアシス、キャンプなどと呼ばれる。

※16 Society Ordo Templi Orientis

刻、機関誌の『O∴T∴O∴ニュースレター』を創刊するなど、精力的な活動を続けた結果、〈東方聖堂騎士団〉──それもアガペー・ロッジは世界的な規模の魔術結社へと成長してゆく。

　巨大な組織となったため存在は公開され、1971年に慈善法人としてカリフォルニア州の、1982年には非課税宗教法人としてアメリカ合衆国の認可を受けている。

　この組織はクロウリー派の〈東方聖堂騎士団〉であり、〈テレマ同胞団〉[※14]の別名を持つ。また、実質的な首領職がカリフと呼ばれていることから、アメリカを中心拠点として活動するこの〈東方聖堂騎士団〉アガペー・ロッジは、〈カリフェイトO∴T∴O∴〉とも呼ばれている

　ちなみに、現在この結社の支部[※15]は、イギリス、ドイツ、イタリア、フランス、オランダなどのヨーロッパ諸国、ユーゴスラヴィア、クロアチアなどの東欧諸国、ノルウェー、スウェーデン、フィンランドなどのスカンジナビア諸国の他、ニュージーランド、オーストラリア、ブラジル、イスラエルなど世界各国に存在する。アジアでは、日本で3つ、台湾で1つの支部が活動している。

その他の〈東方聖堂騎士団〉

　現在、魔術界で一般に〈東方聖堂騎士団〉といった場合、アメリカのカリフォルニア州を中心に活動する旧アガペー・ロッジから成長した〈カリフェイトO∴T∴O∴〉を意味する。

　だが、〈東方聖堂騎士団〉ないしは〈O∴T∴O∴〉を名乗る組織は、これ以外にも存在している。

　1つめは〈東方聖堂騎士団協会〉[※16]と呼ばれる組織。

　これは〈銀の星〉の出版部門を担当していたテレマ出版の社主マルセロ・ラモス・モッタが創設した組織である。モッタは〈銀の星〉に所属はしていたものの、〈東方聖堂騎士団〉には参入していなかった。そのため、その名称の使用に正統性はない。その証拠に、1985年の〈カリフェイトO∴T∴O∴〉との間で名称使用に関する法廷闘争では完敗し、〈東方聖堂騎士団〉を名乗ることを禁じられた。しかし、名称変更などはおこなわず、ホームページなどで自らの正当性を訴え続けている。

現在、アメリカ派とオーストラリア派に分裂、対立しており、組織内部は混乱した状況にある。

2つめは〈東方聖堂騎士団〉スイス支部。
〈東方聖堂騎士団〉の4代目首領カール・ゲルマーの認可の下、ヘルマン・メッツガーにより設立された組織である。が、ゲルマーの死後、スイス支部内で選挙が行われ、それによりメッツガーが〈東方聖堂騎士団〉の首領として選出された……、と宣言する。

これはスイス国内だけで告知、実施された選挙であったため、正統性も実効性もなく、他の支部からは無視されるか批難された。

メッツガーの死後、活動は先細りになってゆき、現在は閉鎖状態となっている。

3つめの組織は〈タイフォニアンO∴T∴O∴〉[※17]である。
クロウリーの弟子の1人ケネス・グラントによって設立された組織……であるが、彼はクロウリーの死後、テレマ哲学を独自に改変・発展させたことにより、カール・ゲルマーの怒りを買って〈東方聖堂騎士団〉より〈タイフォニアンO∴T∴O∴〉設立前に追放されている。追放後もヌー・イシス・ロッジという支部を勝手に存続させ、そこで彼自身の活動を続けていた。

1970年代に入ると、グラントは斬新すぎる魔術書を立て続けに発表した。そこではクロウリーの魔術とクトゥルー神話を比較・類似性を指摘してみたり、〈生命の木〉の裏側の探索などに言及するなど、かなり突飛な代物が多かった。

また、ミシェル・ベルティオー[※18]の設立したハイチ系の〈東方聖堂騎士団〉組織である〈古代東方聖堂騎士団〉(OTOA)[※19]や〈黒蛇団〉(ブラック・スネーク・カルト)を自著で取り上げ、提携関係を結ぶなど、マイナーな宗派・派閥、あるいは異端派にスポットを当てた活動を続けた。

そもそもグラントはクロウリーの弟子の中でも左道魔術(レフトハンド・パス)[※20]——特に性魔術に強い関心を抱いていた人物で、アナーキズム的な主張をすることで知られていた。彼がマイナーな組織や異端派に興味を抱くのは、当然の帰結であったのだ。

※17 Typhonian Ordo Templi Orientis。typonはギリシア神話の魔獣テュフォンを語源とし、「嵐」を意味する。「渦」、転じて「咀堝」「混沌」といった意味合いも持つ。

※18 マイケル・ベルティアクスとも。クロウリー流の魔術とクトゥルー神話をミックスした「ネクロノミコン・ワーク」なる魔術技法を考案し、魔術界を驚愕/呆然とさせた。彼の〈黒蛇団〉は、アーカム出版跡地に潜り込み、夜な夜な怪しげな呪文を唱えたりしている集団としても知られている。
守備範囲はヴードゥーからエジプトの猫信仰、オカルト電子機器を利用した西洋魔術と神道の混成魔術シントロニクス・マジックに至るまで多彩。

※19 Ordo Templi Orientis Antiqua

※20 一般的には黒魔術のこと。ただし、グラントは「左道は黒魔術にあらず」と主張している。

彼はその後も魔術書を発表し続ける。その中にはオースティン・オスマン・スペアに端を発する混沌魔術を紹介・論ずるものもあり、1980年代に創設されたアメリカの魔術結社に大きな影響を与えた。さらに、〈タイフォニアンO∴T∴O∴〉から追放されたオカルティストの多くが、そういった組織へと流入することが多かった。

この〈タイフォニアンO∴T∴O∴〉では、クロウリーが改変した参入儀礼も、本来の〈東方聖堂騎士団〉の中心的儀礼であった「グノーシスのミサ」も執りおこなわれておらず、混沌魔術からネクロノミコン・ワークまで、ありとあらゆるマイナーかつアングラ魔術の一覧会場的な様相を呈するに至り、文字通り混沌とした状況となっている。

〈東方聖堂騎士団〉の階級構造

現在の〈東方聖堂騎士団〉では、次のような階級構造を採用している。

- ●第3階級　「大地の男の三つ組」
    - 0　Minerval(M)
    - I　Man and Brother(M.)
    - II　Magician(M..)
    - III　Master Magician(M∴)
    - IV　Perfect Magician(P∴M∴)
        Companion of the Holy Royal Arch of Enoch
        Knight of the East and of the West
        Perfect Initiate
        Prince of Jerusalem(P∴I∴)

- ●第2階級　「恋人の三つ組」
    - V　Sovereign Prince Rose-Croix
        Knight of the Pelican and Eagle
        Knight of the Red Eagle
        Member of the Senate of Knight Hermetic Philosophers
    - VI　Illustrious Knight (Templar) of the Order of Kadosch

　　　　Companion of the Holy Graal
　　　　Grand Inquisitor Commander
　　　　Member of the Grand Tribunal
　　　　Prince of the Royal Secret
　　Ⅶ　Very Illustrious Sovereign Grand Inspector General
　　　　Member of the Supreme Grand Council

● 第1階級　「隠者の三つ組」
　　Ⅷ　Perfect Pontiff of the Illuminati
　　　　Epopt of the Illuminati
　　Ⅸ　Initiate of the Sanctuary of the Gnosis
　　Ⅹ　Rex Summus Sanctissimus

　これらの階級は、クロウリーによって設立された〈ミステリア・ミスティカ・マキシマ〉で採用されていたものを基盤としており、本来の〈東方聖堂騎士団〉のそれとはまったく違う。
　ちなみに、以下は『オリフラム』10周年記念号に掲載された〈東方聖堂騎士団〉の位階構造である。

　Ⅰ　Prüfling
　Ⅱ　Minerval
　Ⅲ　Johannis-(Craft-) Freimauer
　Ⅳ　Schottischer-(Andreas-) Mauer
　Ⅴ　Rose Croix-Mauer
　Ⅵ　Templer-Rosenkreuzer
　Ⅶ　Mystischer Templer
　Ⅷ　Orientalisher Templer
　Ⅸ　Vollkommener Illuminat
　Ⅹ　Supremus Rex

　頻繁に登場する Mauer はメイソンを意味するドイツ語であり、そこからも初期の〈東方聖堂騎士団〉がフリーメイソンリーと密接な関係を持つ組織であったことをうかがい知ることができる。
　さて、〈東方聖堂騎士団〉の首領職は通常ＯＨＯと表記される。これは Outer Head of the Order の略で、現世における〈東

方聖堂騎士団〉の最高首領を表している。Outer があるのだから、当然 Inner も存在する。Inner Head of the Order は〈秘密の首領〉であり、役職としては機能していない。

〈神智学協会〉
the Theosophical Society

シンチガクキョウカイ

近代オカルティズムの片親

　近代西洋魔術の源流となった魔術結社〈黄金の夜明け〉団がイギリスにおいて結成される11年前、アメリカ合衆国ニューヨークで1つのオカルト結社が出現した。

　ロシア人隠秘学者であったH・P・ブラヴァツキーとヘンリー・スティール・オルコットによって設立されたその結社の名を〈神智学協会〉という。

　東洋——特にインドの神秘思想と西洋のそれを結合させた先駆者として、〈神智学協会〉は19世紀末に始まった近代オカルティズムの片親の如き存在だったといえる。

　なお、〈神智学協会〉は公開組織であったため、秘密結社と呼ぶには不適な面もある。が、19世紀末のヨーロッパ・オカルト界を語る上では外すことのできない組織であり、また組織運営的にも〈黄金の夜明け〉団やその他の魔術結社と多くの類似点を持つため、あえてここで紹介する。

〈神智学協会〉のロゴ

the Theosophical Society

心霊主義運動から〈神智学協会〉へ

　帝政ロシアに生まれたヘレナ・ペトロヴナ・ブラヴァツキーは、18歳の頃から世界を遍歴し、様々な秘教を学んだとされている。1874年10月にオルコットと出会うまでの約25年間の彼女については、憶測や推測が多く、定説といえるものはない。

　しかし、この25年の間に心霊主義運動（スピリチュアリズム・ムーブメント）に関わりを持ったことは確かだとされている。当時のヨーロッパは心霊術ブームであり、多少大きな町であればどこでも降霊会や水晶占いなどの心霊実験がおこなわれていた。そういった運動との接触を持つのは容易だった。

　1874年10月、彼女はアメリカのバーモント州でおこなわれた交霊会に参加する。そこでオルコットと出会った。この前年、ブラヴァツキーは「所属している秘密結社の指令」[※1]で、2年ほど滞在していたパリからアメリカに渡ってきていた。この国で出会ったオルコットこそが、ともに〈神智学協会〉を立ち上げ、終生の盟友となる人物だったのである。

　オルコットとブラヴァツキーは各地の交霊会を視察し、またあるいは自ら開催して心霊主義運動に積極的に加担してゆくのだが、1875年以降、急速に隠秘学に傾倒してゆくこととなる。

　近代において、心霊主義と隠秘学は正反対にあると定義されている。隠秘学においては、俗に心霊現象といわれる現象は、幽霊という迷信的な存在が引き起こすのではなく、人間の意志力による高度な業（わざ）である――とされている。

　これは19世紀（ブラヴァツキーらより一世代前にあたる）の隠秘学者エリファス・レヴィにより定義されたもので、後の魔術系結社内での思想にも大きな影響を与えている。

　彼女の急激な方向転換の理由は不明である。が、現代であれ当時であれ、両者が混同されることは珍しくなく、また正反対とはいえ親和性があったことから、なんらかの人物との接触が彼女をオカルト方面に導く結果となったのだろう。

　また、この後、ブラヴァツキーはどこからか〈ルクソール同胞団〉[※2]なる秘密結社の参入許可証を入手し、オルコットに渡している。同時にその結社の〈秘密の首領〉からたびたび手紙を貰うようになったという[※3]。

　〈ルクソール同胞団〉との関係を築いたことにより、2人は古

※1　この秘密結社についての詳細は不明で、彼女が自著の中でそう主張しているだけである。

※2　この秘密結社についての詳細は不明。

※3　その手紙の内容はブラヴァツキーにとって都合のよいことばかりだったが、オルコットが不審に思った形跡はない。

第2章　隠秘学的秘密結社　137

代密儀宗教の発祥の地ともいえるエジプトに目を向けるようになった。そして、彼女らの周囲には同じ方向性を持った多くの人物が集まるようになってゆく。

その人々こそが〈神智学協会〉の始まりを成すメンバーであった。

〈神智学協会〉

ブラヴァツキーとオルコットの2人の周囲に集まった人々の中には、当時のオカルト界の著名人と呼べる人物が数人いた。

そのうちの1人、ジョージ・フェルト[※4]は、エジプトの均整率とカバラの研究者として、また化学的手段により四大精霊を可視状態にできると提唱する人物として知られていた。1975年9月、彼はブラヴァツキーのアパートで講演会を開く。その講演に刺激されて、カバラや四大精霊の実験をおこなう団体の設立が提案された。

これが〈神智学協会〉の始まりである。

団体の名称として「神智学」の名を提案したのは、〈英国薔薇十字協会〉に所属する著述家チャールズ・サザランであった。が、それは辞書で「神智学<Theosophy>」という単語を偶然見つけたからだといわれている[※5]。

この翌年、〈神智学協会〉の初期メンバーの1人、エマ・ハーディング・ブルトンが1冊の本を出す。彼女は急進的心霊主義者であり、エドワード・ブルワー=リットン卿の設立したオカルト・サークル[※6]に雇われていた少女霊媒だったという経歴を持つ。

彼女が出した本について、本人はルイ某(なにがし)という人物の作を編集しただけと主張しているが、本当のところは不明である。その書『人工魔術』は儀礼魔術、動物磁気、魔法鏡、星幽光、東洋宗教の話題を寄せ集めたもので、翌年にブラヴァツキーが出版する『ヴェールを脱いだイシス』の内容の先触れ的な本となっていた。

さて、その『ヴェールを脱いだイシス』が1877年に出版される。この書物は上下2巻をあわせて1,000ページを超す大書であった。〈神智学協会〉の会員たちの手助けはあっただろうが、処女作でこれだけの大著を出すというのはあまり例を見ない。

※4 フリーメイソンリーに対し、エジプト古代密儀団体への変革を望んでいたところから、メイソンの1人だったと思われる。

※5 「神智学」とは、本来は幻視や幻聴といった神秘体験を伴う象徴的な神秘主義を指す言葉である。サザランがこれを踏まえて「神智学」の名を提案したのかは不明。

※6 この団体は〈英国薔薇十字協会〉ではなかったといわれている。が、団体名称などは不明。

the Theosophical Society

H・P・ブラヴァツキー（左）と盟友ヘンリー・スティール・オルコット

その内容は、西洋のオカルティズムの源泉をエジプトにあるとした上で、古代宗教から東洋思想、西洋オカルティズム、近代科学までを列挙し、上巻において科学の誤りを、下巻においてはキリスト教の誤りを指摘、論じているものだった。

この大著はヨーロッパのオカルト界に好評をもって受け入れられた。

また、この書は、当時ロンドンで大英博物館の嘱託職員をしていた南方熊楠（みなかたくまぐす）（生物学者で民俗学者）も読んだようだ。土宜法竜（とき ほうりゅう）（後の真言宗高野山派管長）との間で交わされた書簡には、次のような書評が残されている。

「……オッカルチズムのことは小生も少々読みしが、名ありて実なきようのことにあらずや。たとえば霊験とか妙功とかいうほどのことで、一向その方法等は聞き申さず。ブラヴァツキのこのことの傑作前後二編四冊のうち二冊、ずいぶん大冊なるが、前年読みしも、ただかかる奇体なことあり、かかる妙な行法ある、というまでにて、いわば『古今著聞集』、『今昔物語集』等に安倍晴明（あべのせいめい）、加茂保憲（かものやすのり）等のし

第２章　隠秘学的秘密結社　139

き神を使いしこと多くのせたるようなことで、面白いばかり、一向核なきことなりし。」

1878年末には、ブラヴァツキーはインドへと旅立ってしまう。これは、通俗作家ルイ・ジャコリオなる人物のインドの神秘が語られていた本を読んだことによりインドに対する興味がブラヴァツキーの中に生じ、1878年初頭、偶然にもインドの新宗教アーリヤ・サマージ[※7]と接触したためらしい。

1882年、ブラヴァツキーは〈神智学協会〉の本部をマドラス郊外のアディヤールに移す。これ以後、〈神智学協会〉はインドを活動中心地とするようになった。

ブラヴァツキーが本部をインドに移したのは、彼女の弁によれば、クート・フーミ(あるいはモリヤ)なる霊的指導者(マスター)や、マハトマなる謎めいた人物と接触したことを一因としているらしい。

クート・フーミやマハトマは普段はヒマラヤの奥地に隠棲しているが、超越的な霊能力でブラヴァツキーを保護したり、その周囲の人間に手紙・電報を送ったりする——とされている。事実、なにもない天井から手紙が降ってくるという現象も起きている。

だがこれは、かつてのブラヴァツキーがオルコットを相手に〈ルクソール同胞団〉を使っておこなったこととほとんど同じ手であった。やはり内容はブラヴァツキーに都合のよいことばかりだったという。

〈黄金の夜明け〉団でのそれ[※8]と同じように、この手紙もブラヴァツキーによる捏造(ねつぞう)だったと見るのが妥当だろう。

事実、この捏造は、元本部職員だったエマ・クーロンが解雇された腹いせに暴露してしまう。

※7 インドのボンベイを拠点に活動したヒンドゥー教改革運動の1つ。指導者はスワミ・ダヤーナンダ・サラスヴァティー。「ヴェーダに帰れ」をスローガンに、ヒンドゥー教の純化及び近代化を目的として活動していた。偶像崇拝やカースト差別などを糾弾する。

※8 〈黄金の夜明け〉団の指導者であったウェストコットやメイザースは、霊的な指導者たる〈秘密の首領〉からの手紙を受け取ったと称しているが、それらは彼らの手による捏造であった。〈黄金の夜明け〉団(p.93)を参照のこと。

捏造事件後のブラヴァツキー

暴露の一件は、1884年にブラヴァツキーとオルコットの2人が揃ってヨーロッパ各国を訪問旅行している間に起きた事件で、エマ・クーロンは地元(インド)のキリスト教教会に示唆されたという。

事件はあっという間にイギリスにまで広まり、心霊調査協会

※9 Society for Psychical Reserch

(SPR)[※9]が調査に乗り出し、霊的指導者たちからの手紙が捏造であったと公表する。

こうしてブラヴァツキーはインドに帰るに帰れなくなり、ヨーロッパ各国を点々と移動した末、再起をはかるべくロンドンに落ち着き、活動の拠点とする。といっても、ロンドンにおける彼女は醜聞(スキャンダル)に負けた敗残者としてではなく、東方からきた導師(グル)として歓迎された。

ロンドンでは〈ブラヴァツキー・ロッジ〉なる団体が設立され、機関誌『ルシファー』が刊行される。また、1888年には実践魔術を伝授する秘教(エソテリック・セクション)部が開設された。魔術の類の乱用をよしとしていなかった彼女がそうした部門の開設に同意したのには、同年、ロンドンで〈黄金の夜明け〉団の実質的本部たるイシス・ウラニア・テンプルが開設されたことも関係しているだろう。

1889年には『シークレット・ドクトリン』『神智学の鍵』を出版する。

どちらかといえば、インドから逃げ出す前よりもブラヴァツキーの活動は活発になっていた。が、1891年5月、心臓病、腎不全その他の合併症により没してしまう。

ブラヴァツキー以後の〈神智学協会〉

ブラヴァツキーがインドから逃げ出した後、アディヤールの〈神智学協会〉本部をまとめていたのは、彼女の盟友であるオルコットだった。

が、ブラヴァツキーの死後、〈神智学協会〉はアニー・ベザントに受け継がれることとなる。オルコットはベザントとつかず離れずといった距離を保ちつつ、神智学の普及に努めた。

さて、ベザントである。彼女は『マイ・フェア・レディ』の原作者としても知られる戯曲家ジョージ・バーナード・ショウの愛人として浮名を流した人物であるが、表向きは市民運動家として活躍した。

〈神智学協会〉会長としては、様々ないわくつきの人物である。

彼女が〈神智学協会〉に参入したのは1888年。それまでは無神論者だったが、ブラヴァツキーと出会ってすぐに転身、〈神智学協会〉の会員になってしまった。そして異例のスピードで

第2章 隠秘学的秘密結社 141

昇進を重ねてゆき、参入からわずか3年で会長の座を占めるようになるのである。

　この尋常ならざる昇進速度、市民運動家ゆえの強烈な個性に反発を覚えた会員は少なくなく、アメリカ支部の長であったウィリアム・クァン・ジャッジはアディヤール本部と袂(たもと)を分かち、イギリスにおける〈神智学協会〉をメジャーにした立役者であったアルフレッド・パーシー・シネット[※10]は脱退して引退してしまう。

　会長になったベザントは、心霊術に傾倒していたブラヴァツキー流の神智学からの脱却をはかり、神智学を世界宗教にまで押し上げる活動を始める。その一端として、女性の参入を認める〈友愛メイソンリー〉や、ベザントの養子クリシュナムルティ少年[※11]をキリストの再来と仰ぐ〈東方の星〉団[※12]の設立が挙げられる。

　また、彼女の片腕として活動したチャールズ・ウェブスター・レッドビーターは〈神智学協会〉から出て、イギリスのリベラル・カトリック・チャーチなるキリスト教系新興宗教の司祭となる。彼の行動の裏には、クリシュナムルティ少年の実父との間で起きた法廷での親権闘争があった。これは、レッドビーターの性的嗜好（つまり美少年愛好）を知った実父が、彼に実の息子を委ねることに不安を覚えたことから起きた事件である。この法廷闘争はレッドビーター側が勝利を収めるが、レッドビーターの嗜好が露見する。が、直後に第1次世界大戦が勃発したため、弾劾されることはなかった。しかし、アディヤール本部に居づらくなったのだろう。イギリスに移り、新興宗教に潜り込んだのである。そして、最終的にはクリシュナムルティ運動をヨーロッパに伝播させるために〈神智学協会〉で乗っ取り、事実上の〈神智学協会〉の外郭団体に変貌させてしまった。

　彼らはこうした数々の活動をするも、最終的には破綻(はたん)をきたし、徒労に終わってしまう。

※10　イギリスの有力紙『パイオニア』の編集者。彼がインドでの〈神智学協会〉の活動や、謎の導師マハトマについての本を書いたことにより、イギリスにおける〈神智学協会〉の認知度が上がった。

※11　アディヤール本部において見出された14歳の少年。ベザントの片腕だったレッドビーターの霊視によれば、彼の裡にはキリストに宿っていた偉大なマスターが内包されていたという。ベザントは彼を養子にして教育し、「世界の教師」に仕立て上げようと画策した。が、クリシュナムルティ本人は1929年に〈神智学協会〉と絶縁する。

※12　Order of the Star in the East

現代の〈神智学協会〉

　19世紀末期に出現したオカルト系の団体の中では珍しく、〈神智学協会〉は現代も活動を続けている。それどころか、世界各国にその支部を置くまでに成長しており、その地位を確固たるものとしている。

　ヨーロッパの支部には、ブラヴァツキーとオルコットが訪問した際に設立されたものも多い。ブラヴァツキー亡き後も、オルコットの地道な活動により、各国に支部が設立されていった。

　彼らの掲げる理念は次のようなものだ。

1. 人種・信条・性・身分(カースト)の差別なき、世界的友愛精神(ユニバーサル・ブラザーフッド)の核を形成すること。
2. 宗教・哲学・科学の比較研究を奨励すること。
3. 自然の未知の法則と、人間の内面に隠された能力を研究すること。

　〈神智学協会〉の活動は、現代では一時期のような魔術や心霊術の伝授といった側面は弱くなっており、彼らの霊的な世界観をベースとした半哲学半宗教のような状態となっている。

　特に仏教からの影響は大きく、カルマ思想は彼らの思想の中核を成すに至っている。

Column オルコットと日本

　〈神智学協会〉の基盤を築いた人物の1人であるオルコット（1832～1907）は、実は日本と大きな関係を持っている。

　明治維新後、数百年ぶりにキリスト教の布教が認められた日本では、キリスト教宣教師たちと仏教者たちとの間で激しい宗教論争が勃発する。廃仏毀釈（はいぶつきしゃく）から態勢を立て直したばかりの仏教側は劣勢に立たされた。そこに登場したのが、オルコットであった。

　明治16年（1883）、この「白人の仏教徒」の存在を知った浄土真宗の僧侶・水谷仁海（どしん）は、アディヤールのオルコットと連絡を取ると、彼は自著『仏教問答』（ザ・ブッディスト・カテキズム）を水谷に送った。この日本語への翻訳権を水谷に譲渡し、役に立てて欲しいと返答の書簡にあった。また、後には無報酬で日本仏教の復興への協力を約束している。

　態勢を立て直した日本仏教界では、その成果としてオルコットを日本へと招聘しようという運動が起きる。この時、仏教僧にして心霊研究家の平井金三（ひらいきんぞう）と日蓮宗僧侶であり英語教師の野口復堂（ぐちふくどう）が幹事役を務め、招聘のための交渉などをおこなった。

　その交渉の中、明治20年（1887）10月に平井はオルコットより〈神智学協会〉日本支部の設立・運営に関する委任状を送られた。また、翌年の2月には、オルコットの著書の1冊『仏教金規則』（ザ・ゴールデンルール・オブ・ブッディズム）の翻訳・出版がおこなわれ、招聘資金となった。

　その後、明治22年（1889）2月、ついにオルコットの招聘に成功する。神戸に上陸したオルコットは、京都の知恩院（ちおんいん）でセイロン式の五戒（パンチャ・シーラ）をパーリ語で朗読し、演説した。この場には日本の仏教界の首脳陣――高名な僧や仏教研究家はもちろんのこと、すべての宗派の最高指導者たちが残らず顔を揃えていたという。

　この歴史的な（日本史上、全宗派の指導者が一同に介したのは、これが初めてのことだった）訪問があったのは、大日本憲法の発布の翌日、2月12日のことだった。

　また彼はセイロンの上座部（じょうざぶ）仏教と日本仏教の掛け橋となる使

Column

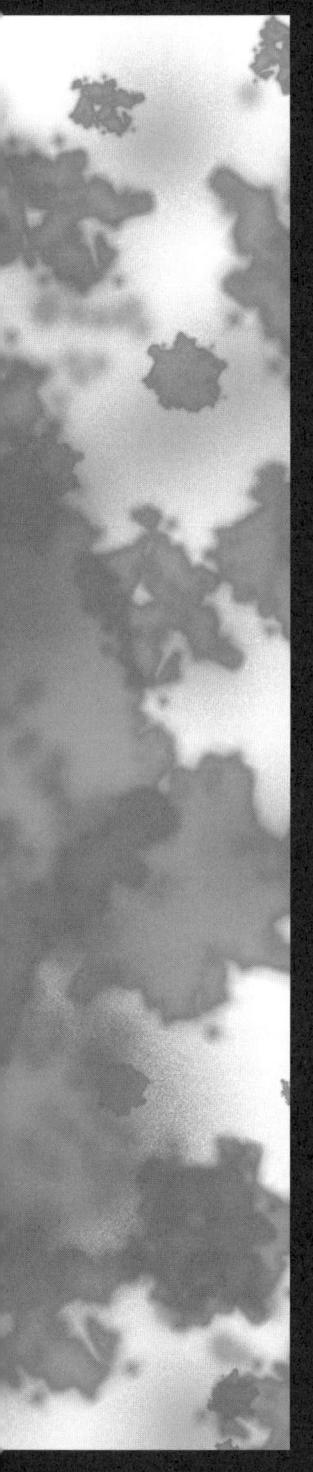

命を帯びて来日しており、彼の訪問はすなわち、「千年近くの間、仏教的世界の分離した支部の間になされた最初の正式交渉」でもあった。

彼は日本滞在中、各地で演説や講演をおこない、仏教の復興と国粋主義を説いて回った。その中には、日本の近代化は西洋の文物の力ではなく、「日本人が持って生まれた元氣によるもの」というものも含まれていた。といっても、これは世辞の類ではなかった。時には耳に厳しい言葉を残している。それも、特に仏教僧に対する言葉が多かったようだ。

彼は日本の仏教僧を堕落しているとして糾弾し、その原因を戒律を守っていないためだとしていた。

彼は上座部仏教で重視される五戒（不殺生・不偸盗・不邪淫・不妄語・不飲酒）のうち、特に飲酒の害を説き、"Break thy Sake-bottle if thou wouldst reach Nirvana（汝、ニルヴァーナに至りたくば、汝の酒瓶を毀て）"と警告した。

彼からすれば、仏事においてさえ酒を絶やさぬ日本の仏教僧は、存在そのものが信じられなかったのである。

この年より西本願寺で仏事の酒が禁じられたのは、彼の演説が功を奏した結果といえるだろう。

日本仏教界に数多くの功績を残したオルコットは、100日余りの滞在期間中、請われるままに、北は仙台から南は熊本まで、全国33都市に足を運び、公開演説回数は合計76回、聴衆は延べ20万人に及んだという。

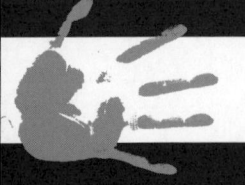

ゲルマン騎士団

Der Germanenorden

ナチスの思想的母体

　第1次大戦後、アドルフ・ヒトラーを党首としてドイツに台頭し、独裁的支配を敷いた国家社会主義ドイツ労働者党[※1]——つまりナチスは、西洋オカルティズムの世界にも大きな影響を与えた。

　その直接的な思想的母体となったのが、ここで取り上げるゲルマン騎士団というオカルト結社である。彼らの掲げたアーリア人至上主義が、ナチスに継承されていった——とされているのだ。

※1 Nationalsozialistische Deutsche Arbeiterparte

新聖堂騎士団

　ゲルマン騎士団について説明する前に、まずはその源流となった団体について触れることとする。
　その団体の名を新聖堂騎士団[※2]という。
　新聖堂騎士団は、1889年、元シトー会修道院の修道士であったウィーン人イェルク・ランツにより設立された団体で、極端な人種差別思想を掲げる騎士道的、グノーシス的な結社だった。
　1907年にはドナウ河を見下ろす土地の古城に本拠地を据え、そこを聖堂へと改装した。そして、ランツの記した『入会者のための秘密の聖書』を始めとする10冊にも及ぶ書物の手引きに従い、恭しい儀礼・儀式を繰り返していたという。
　彼は当時のヨーロッパ人オカルティストの多くが抱いていた、聖堂騎士団は「この世の悪を一掃・浄化するためのグノーシス思想の一派であった」という「聖堂騎士団幻想」を強く信奉していた人物で、自らが立ち上げた新聖堂騎士団をその後継者にしようと目論んでいたのである。
　ランツの抱いていた人種差別意識とは、つまりは選民思想である。アーリア人こそが優れた人種であり、その他の者たちは

※2 Orde Neues Templi。「テンプル騎士団」(p.244)も参照のこと。

劣った存在である――という、ナチスの主張していたものと同一だ。

が、彼がその根拠としたのは、古代アーリア人が北方にある故郷トゥーレより旅立った後、一部の者が旅の途中で獣姦をおこなって生まれたのが非アーリア人である、という自説に基づいたものであった[※3]。

彼はこのように発生した非アーリア人を半人類と見なし、悪であると規定して、その扱い方について提案している。その扱いとはつまり、去勢に始まって、マダガスカル島への追放、奴隷化、神への捧げ物として火葬、役畜として用いる、などといったものであった[※4]。

後に、ナチスによってこれらは実行され、「ナチスの大量虐殺の狂気と、東方における非アーリア人の征服は、ランツのおぞましい空論ですでに予言されていたのである」と評されることとなる。

彼らのアーリア人至上主義と超人妄想(もうそう)を多分に含んだ思想は、新聖堂騎士団の機関誌的な雑誌『オースタラ』[※5]に繰り返し掲載された。

そして1909年、ウィーンで運命的な出会いが発生する。若き日のアドルフ・ヒトラーが、この雑誌を手にしたのである。

ゲルマン騎士団の成立と変遷

20世紀初頭、ランツのようなアーリア人至上主義者や人種差別主義者たちは、「ユダヤ人の陰謀」という妄想に悩まされるようになった。

1910年頃、そうした「ユダヤ人陰謀を遂行する邪悪な組織」であるフリーメイソンリー[※6]に対抗するための組織が必要だという結論に到達する。

そして、彼らの地下活動によって生み出されたのが、ゲルマン騎士団なのである。

この組織の設立者の1人であるグィド・フォン・リストは、ウィーン在住の神話研究家で、極端な反ユダヤ思想の持ち主だった。ランツと同様、彼もゲルマン人（アーリア人）の失われた故郷が北方にあると信じており、その著書の中でたびたび「アルクトゲイア」[※7]について言及していた。1908年、彼はアル

※3 彼の説は、H・P・ブラヴァツキーが『シークレット・ドクトリン』の中で説いた類人猿の発生原因説を歪曲して作り上げた亜種にすぎない。ブラヴァツキーによれば、類人猿の起源は人類の祖先の生き残りなどではなく、第三根源人種たるレムリア人が奇怪な動物と交わって生まれた生物にあるという。

※4 ランツの思想では、ユダヤ人が特に酷い差別対象となっていたわけではない。アーリア人以外の皆が等しく差別対象だったのである。

※5 Ostara

※6 現実のフリーメイソンリーは、彼らが思っていたような組織ではない。

※7 ギリシア語で「北の大地」の意。「失われた北極大陸」を指す。

マネン秘法伝授団[※8]なる組織を作り出す。リストの代表的な著書が『ルーンの秘密』であることからもわかるように、主にルーン魔術の研究・実践をおこなっていたようだ。

ゲルマン騎士団のもう1人の設立者は、先に紹介した新聖堂騎士団のランツである。

リストとランツが、それぞれに率いていた組織を合併させて、ゲルマン騎士団という組織に仕立て上げたのだ。

ゲルマン騎士団は1912年に設立されると、瞬く間に各地に支部を置くまでに成長する。それだけ入会希望者が多く、各地に散らばっていたということであるが、参入資格は厳しいものであった。参入希望者は人種的特徴や祖先を調査され、障害を持つ者や見た目のよくない者には参入資格が与えられなかった。外見的には、ゲルマン人の特徴である金髪碧眼であることが最低条件だったようだ。

また、彼らはドイツ各地に散らばっていた「ゲルマン人（アーリア人）の失われた北方の故郷」を信じる小集団を統合してゆき、「秘密同盟(ゲハイムブント)」[※9]という同盟関係を築き上げてゆく。

1914年、彼らの統合活動の集大成ともいえる聖霊降臨祭が、小さな田舎町であるターレにおいて執りおこなわれた。これは第1次世界大戦直前のことである。

彼らゲルマン騎士団が第1次世界大戦中も活動を続けたことは、その間も機関誌が発行され続けたことからも疑問を差しはさむ余地はない。特に1916年の半ばからは、彼らの機関誌上に、十字架の上に腕の曲がった十字の紋――逆卍(スワスティカ)が現れるようになり、また新聞広告で「純粋なアーリア人の子孫たる金髪碧眼のドイツ人男女」の参入者募集を開始する。

こうした広告の1つがルドルフ・フォン・ゼボッテンドルフの目にとまる。半生の大半をイスラム神秘主義の研究に費やした人物でありながら、なぜかアーリア人至上主義と共存させることに成功していた希有な人物でもある。また薔薇十字団員、イスラム教同志、オーディン主義者などと自称していた。

ゼボッテンドルフがゲルマン騎士団に加わったことにより、この団体に新たな、そして究極の目標が打ち立てられる。それは「ハルガドム」という、北方出自(ノルディック)の人種・民族による霊的共同体の創造であった。

このハルガドムなる共同体は、物質的であると同時に霊的な

※8 アルマネンとは古代の超人種で、ゲルマン人の祖先とされている存在である。

※9 Geheimbund

Der Germanenorden

トゥーレ協会のロゴ

ものであり、大地と天上、未来と過去の双方に属するもので、1871年にヴィルヘルム1世の皇帝戴冠により甦（よみがえ）った第二帝国よりも重要な、新たな帝国だという。

　そう、ヒトラーが掲げた「第三帝国」の思想的原点がここにあるのである。

　ゲルマン騎士団に加わったゼボッテンドルフがバヴァリア支部創設のために奔走していた1918年頃、彼の同志であった画家のヴァルター・ナウハウスは、この組織の新しい名称を提案する。その名を「トゥーレ協会」[※10]という。

※10　Der Thule Gesellschaft

　トゥーレ協会の正式な発足は1918年8月で、その紋章は刃の周囲がオークの葉で取り囲まれた短剣で、柄には光を放つ逆卍紋がつけられていた。

　この歪（いびつ）な思想を持つオカルト的秘密結社は、アントン・ドレクスラーの率いる国家社会主義党（NSP）に潜り込み、その内部にトゥーレ協会の下部組織を作り出した。国家社会主義党は1919年1月にドイツ労働者党（DAP）となり、1920年2月末には国家社会主義ドイツ労働者党（NSDAP）──ナチスになる。

　これら3つの政党はすべて、その記章に逆卍紋が採用された。

第2章　隠秘学的秘密結社

ヒトラー以後

　国家社会主義ドイツ労働者党の党首に就任したアドルフ・ヒトラーは、新聖堂騎士団の機関誌的雑誌『オースタラ』の熱心な読者であった。
　彼の周囲にいたナチスの指導者層の多くは、ナチ党の内陣ともいうべき存在と化していたトゥーレ協会に属していた。
　特にルドルフ・ヘスはランツやリスト、ゼボッテンドルフといった新聖堂騎士団から続く秘密結社の思想的指導者たちと同様の性向を示す人物[※11]で、それだけに彼らの理論や妄執により深く染まっていた。
　また、カール・ハウスホファーは、トゥーレ協会と並びナチスの思想的ルーツとされるヴリル協会[※12]に所属していたとされている。このことが、エドワード・ブルワー＝リットンの小説『来るべき種族』に記された地下世界やアジアの神秘といった事象がナチスの——つまりは新聖堂騎士団に源流を持つアーリア人神話と結びつき、彼らの唱えた奇怪なオカルト世界観が現出する一因となったのだろう。
　1930年、ハインリヒ・ヒムラーが親衛隊（SS）を作り出す。その際、組織の原型としたのが新聖堂騎士団だったとする説がある。というのも、親衛隊誕生とほぼ同時に、ゲルマン騎士団に吸収され、半ば形骸化していた新聖堂騎士団を「アーリア人統治のための新時代」の支配者の訓練や養成のための機関として作り替えられたのである。また、親衛隊に加入する際には新聖堂騎士団式の参入儀礼が施され、新入隊員は宣誓をおこなっていた。

　1人のウィーン人元修道士の妄想ともいえる思想が、20世紀最大の禍災を引き起こす一因となった。
　もちろん、ここに挙げた言説には、状況証拠的な関連性しかないものもある。だが、あまりにも符合しすぎていることもまた事実である。

※11　バイオダイナミック・フードなる自然志向の健康食品を常食し、ルドルフ・シュタイナーの人智学や魔術、占星術、万物照応理論などに強い関心を抱いていた。

※12　Vril Gesellschaft

Column ヴリル協会

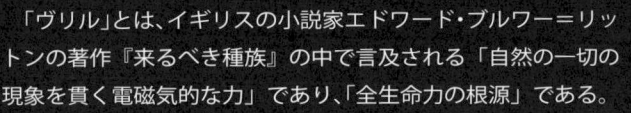

「ヴリル」とは、イギリスの小説家エドワード・ブルワー=リットンの著作『来るべき種族』の中で言及される「自然の一切の現象を貫く電磁気的な力」であり、「全生命力の根源」である。

小説の中では、地底世界に住む「ヴリル・ヤ」という種族がこれを自在に使いこなしている。地底世界では、ヴリル・ロッド(ヴリルの放射装置)を使えば子どもでも大軍を殲滅できるとあって、権力や富が無意味となり、ヴリルの知識を用いたゆるやかな独裁体制が敷かれていた。主人公はこの世界を知るにつれて、ヴリル・ヤは地上の中心的人種であるアーリア人と根源を同じくするのではないかと思うようになってゆく。そして彼らが地上に進出してきた時のことを考えて恐ろしくなった主人公は、こっそりと地上へと帰還するのである。最後に、この恐るべき地底種族が地上に現れるのが、少しでも遅くなるように祈りながら。

これはリットンの創作小説の中での設定である。が、彼が〈英国薔薇十字協会〉というオカルト色の強い団体の会員、それも指導者の1人であったことから、ヴリル(あるいはその類似の力)の実在の可能性が議論されることもしばしばであった。〈英国薔薇十字協会〉から派生した〈黄金の夜明け〉団内でも議論されたこともある。

特に、インドを始めとするアジアを訪問して東洋神秘学を研究したドイツ人カール・ハウスホファーは、チベットのアガルタ=シャンバラ伝説と『来るべき種族』との間に符合する部分があるのを読み取り、アガルタ(及びそれを中心とする中央アジア一帯)をアーリア人の源流の地と確信し、アーリア人にはヴリルの力を操る能力があると信じるに至ったのである。

そうして、彼はヴリルのコントロール技術の開発を目的とした秘密結社、ヴリル協会を設立したのである。

〈立方石〉団
リッポウシャクダン
Order of Cubic Stone

現代に生まれた代表的な魔術結社

　1950年代から60年代にかけて、新しい世代の魔術師たちと、彼らが属する魔術結社が多数誕生した。

　だが、それらは明らかに前時代のそれらよりも劣化・卑小化したものでしかなかった。

　そんな中で発生したのが、ここで取り上げる〈立方石〉団[※1]である。この団体の首領たちは、当時の欧米——特にアメリカに氾濫していた多くの魔術結社のそれとは違い、有能かつ誠実であるという最大の美点を持っていた[※2]。

※1　通常は〈O∴C∴S∴〉と略される。

※2　この種の美点は、前時代の魔術師たちでもなかなか持ち得ないものであった。

戦後オカルト事情

　第2次世界大戦を前後して、欧米では東洋オカルティズムに対する関心が高まってゆくのと反比例するように、近代西洋魔術への関心——特にそれを実践しようとする者の数は著しく減少していった。

　この低迷した状況に変化の兆しが現れたのは、1951年にジョン・シモンズによってアレイスター・クロウリーの伝記が出版されてからのことである。彼の著書により、半ば忘れかけられていたクロウリーに対する関心が、徐々にではあるが復活してきたのだ。

　シモンズによる伝記が発売されたすぐ後に、クロウリーの魔術結社が刊行していた機関誌『春秋分点（イクイノックス）』や、クロウリーの著作の古書価格が急騰するようになる。

　クロウリーという綺羅星（きらぼし）（あるいは徒花（あだばな））の存在を通して、若い世代のオカルティストたちが〈黄金の夜明け〉団流の魔術大系に興味を抱くようになるには、それでも10年近い時間を必要とした。

　1960年代に入ると、西洋オカルティズムはヒッピームーブメント[※3]に相乗りする形で隆盛してゆくこととなる。

※3　自然への回帰を主張し、伝統・制度など既成の価値観にしばられた社会生活を否定する青年集団。1960年代後半に出現したカウンターカルチャー。イギリス出身のロックバンド「ザ・ビートルズ」が代表的存在。東洋に関心を抱き、インドから導師を招き、共に生活した裕福な者もいる。また、彼らの間では、ドラッグ、特にLSDを利用して悟りを開く（と彼らは信じた）「チープ・ゼン（禅）」が流行した。

前時代のオカルティストの多くは中産階級の出身で、だいたいにおいて右翼、あるいは極右の政治信条を有していた。保守的だったといってもいい。

しかし、新しい世代の彼らは、先駆者とは正反対の政治姿勢を持っていた。核廃絶キャンペーンのデモに参加した者やフラワーチルドレン[※4]も多かった。

こうした新世代の魔術師志願者たちの数はさほど多くはなかったが、魔術関係の古書類の値を暴騰させるには充分な数だったようだ。

1930年に出版されたイスラエル・リガルディの『黄金の夜明け魔術全書』の古書価格は、市場流通に乗せた瞬間に数倍に跳ね上がるありさまだった。この種の書物はもともと需要の多いものではなく、刊行部数も少なかった。なにしろ、1930年の発売から20年間をかけても、初版を売り切ることができなかったのである。60年代初頭の時点で、すでに絶版同然の状態だった。そのため、古書に需要が集まり、価格が大暴騰してしまったのだろう。

さて、このような状況の中、数多くの魔術師が生まれ、同時にその活動母体たる魔術結社も誕生していった——のだが、その質はお粗末な代物であった。

彼らが創設、あるいは継続、復活させた魔術結社は、そのどれもが活動開始からわずかな期間で口論や派閥争いなどといった低次元の喧嘩を繰り返して分裂し、分裂した組織同士によって再統合され、新たな組織と化すといった具合だった。

しかも、その活動には実のあるものはなく、ただ大仰な位階や称号を名乗って、派手な長衣(ローブ)を纏(まと)って会合を開いては無駄なお喋りや思いつきの演説に時間を浪費するばかりだったという。もちろん、魔術修行など真っ先に窓の外へと蹴り出されていた。

また、根拠らしい根拠もなく「元祖〈黄金の夜明け〉団」や「〈黄金の夜明け〉団よりも古い歴史を持つ」などといった駄法螺(だぼら)を吹聴する魔術結社も多かった。

こうした表面的模倣すらできていない魔術結社の首領の中には、「我こそはアレイスター・クロウリーの生まれ変わりなるぞ」と主張する輩(やから)が少なからず存在した。が、そうした手合いのほとんどは、前世たるクロウリーから肉体的、文学的、魔術的、

※4 反戦を唱えながら花を配り歩いた人々。ヒッピームーブメントの一環としてとらえられることもある。

会話的能力を受け継ぐことができなかったらしく、失笑にすら値しない醜態をさらしていた。

　箸にも棒にも引っかからないような連中が跋扈(ばっこ)するという状況であったが、それでもまともなものも存在していたのである。

　イギリスのミッドランド地方、ウルヴァーハンプトンを中心に活動していた〈立方石〉団がそれだ。

〈立方石〉団

　〈立方石〉団は、1960年代中盤、老齢の隠秘学者セオドア・ハワードとデヴィッド・エドワーズ、ロバート・ターナーによって設立された団体である。

　ハワードは〈立方石〉団の運営に関して積極的な役割を果たすことなく、設立後まもなく引退し、2人の若き魔術師に団を託した。というよりも、もともとエドワーズとターナーの2人がハワードを担ぎ出して首領とし、〈立方石〉団の輪郭を作り出し、また格付けようとしたと考えるほうが自然だろう。もちろん、設立や運営にあたって、ハワードの持つ隠秘学的知識が役立ったことに関しては、疑う余地などない。

　エドワーズとターナーの2人は、「魔術断絶時代」とでもいうべき第2次世界大戦後の惨状[※5]の中、どうやって魔術師と成り得たのだろうか。

　それは「自己参入」と呼ばれる手法によるものだった。

　つまり、自分自身で位階昇進に必要な儀式をおこない、自分に対して位階を授けるという方法である。この方法により、彼らは魔術結社の首領、ないしはその補佐役幹部として遜色ない程度の位階を自分自身に与えたのだ。

　この自己参入儀式の模様の一端（4＝7哲(フィロソファス)人から5＝6小(アデプタス)達(マイナー)人への昇進儀式）は、彼らが刊行していた機関誌『モノリス』[※6]に詳しく掲載された[※7]。

　抜粋するにも長すぎるため省略するが、儀式は5日間にも及び、終始幻覚のような感覚に苛まれながら執りおこなわれた。最終日には背の高い中年アラビア人のような人物の幻影と言葉を交わしている。彼は、この人物こそが自分の守護天使だったのだろうと推測していた。

　さて、〈立方石〉団が志願者に送付していたリーフレットに

※5　その惨状の程度は前述した通りである。

※6　Monoris

※7　これはエドワーズとターナー、どちらの事例であるかは不明。

よれば、この団体の目的は「修行者に儀式魔術の訓練を施し、この媒体を用いて知識を得、目標に到達することを可能たらしめる」ことであった。

また、同じリーフレットには、「我々が用いる大系はカバラに基づき、我々の教義は〈黄金の夜明け〉団系列から派生したものである」という文言も記されていた。

1960年代にあって、このように虚偽の血統を申し立てず、ただ正直に〈黄金の夜明け〉団系列の末端に位置していることを認める魔術結社は少なかった。

また、団体の指導者である3人──後に2人──は、有能で誠実であった。彼らは自分たちが実践してきたことを〈立方石〉団の会員たちに教えていた。

その有能さと誠実さは、〈立方石〉団の首領たちがおこなった講義に対するジェラルド・ヨーク[※8]の感想からもわかる。

> 「この2人の若者は、エノク魔術体系に関して本当に一流の調査をおこなっている。何より素晴らしいのは、知らないものを知らないと発言する勇気を持っている点だ」

このように誠実な2人の若者によって運営された〈立方石〉団であるが、1970年代に首領の片翼であったエドワーズが退団すると、ターナーとその夫人の私有物となった。

エドワーズは遊び心を持った人物で、年に2回刊行されていた機関誌『モノリス』がファンジン的な性格[※9]を有していたのは、彼が携わったおかげもあったのだろう。

その彼が〈立方石〉団より消えたことにより、〈黄金の夜明け〉団やクロウリーからの伝統とは疎遠になってゆき、この団体はターナーの趣味であったエノク魔術に傾倒してゆくようになった。

そのため、〈黄金の夜明け〉団以来の西洋魔術修行を志して参入した者たちは次第に幻滅してゆき、〈立方石〉団から脱退していった。脱退数はかなりのものになったらしく、『モノリス』は1978年冬号で休刊となってしまう。1983年春号で一時的に復刊するが、この号の発行と同時に〈立方石〉団は事実上の休止状態になってしまった。

現代の魔術結社の代表格ともいえる〈立方石〉団の末路は、

※8 アレイスター・クロウリーの元弟子で、傑出した人物とされている。

※9 この手の機関誌としては珍しくイラストが多用されていたかと思えば、ジョン・ディーの文献が掲載されたりするという、なかなかに「頭の軟らかい」雑誌だった。

魔術結社にお決まりのパターン──それも〈黄金の夜明け〉団のそれと相似形の末路を辿ったのである。

第3章
密儀／異端

†

Chapter 3
Secret rite / Heresy

第3章　密儀／異端

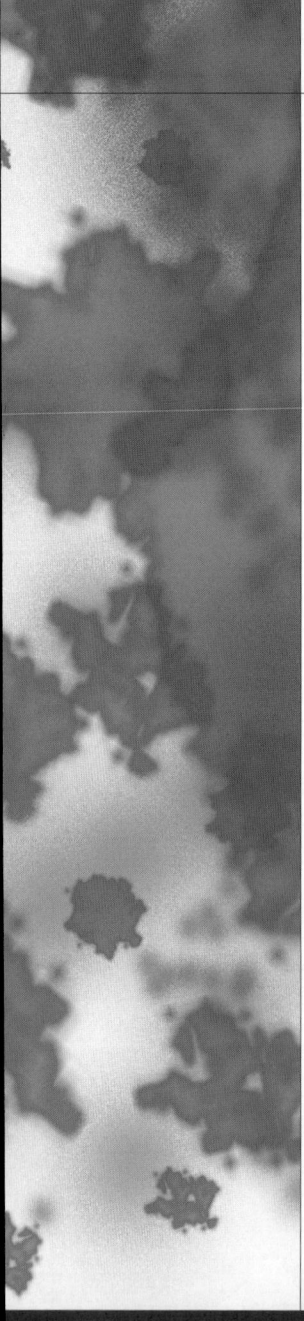

密儀

　宗教的な秘密結社を語る上で欠くことのできない要素として、密儀がある。

　密儀とは本来は「秘密儀礼」の略称で、一言で説明するならば「限られた者のみに開示される宗教的儀礼」を意味する。多くの宗教の密儀では、秘儀・奥義などと呼ばれる神秘の精髄が結集されており、密儀が授けられるということは、すなわちその宗教集団における内陣へ参入するということでもあった。

　文化や時代などにより、各密儀がどのようなものであったかは様々であり、一概にはいえないが、多くの場合においてそれは「神話を模倣することにより死と再生を体験し、儀式的に神人合一を果たす」というものだった。

　「神人合一」とは読んで字の如く、神と人とが一体化することである。古今東西の秘術者たち──つまりは密儀を授けられた内陣参入者たちは、それを奥義として目指し、修行研鑽を積んでいた。

　さて、世界の各文明・各文化には宗教や土着信仰などが存在しており、先にも述べたような理由から、それに近い数の密儀が存在する。現存しているか否かはともかくとして、古来より地上に出現した密儀のうち代表的なものとしては、ギリシア・ローマのディオニソス密儀やエレウシス密儀、オルフェウス密儀、エジプトのオシリス密儀というところだ。また、紀元1世紀から4世紀頃、ローマ帝国の版図拡大の勢いに乗って布教域を広げながらも世界宗教へと開花しそこねたミトラス教やマニ教などは、密儀的色彩が強かったといわれている。

　もちろんのことだが、日本にも密儀は存在する。というよりも、教義に顕密の両教を持つ仏教宗派（天台宗や真言宗）がそれに相当するといえるだろう。もともと仏教は密儀性の強い宗教である。人が火宅の苦悩より解放されるためには悟りを得なければならない。そのためには俗世から隔絶した現世無縁の場である道場へと入り、修行の日々を送る必要がある。こうして余人に明かされぬ秘密の教義──いわゆる秘密灌頂を伝授さ

Secret rite / Heresy

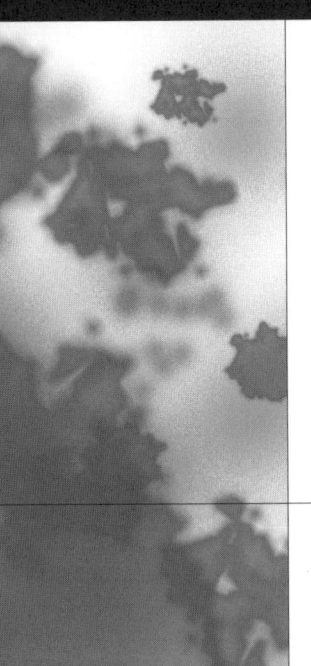

れるのだ。天台密教の秘儀「玄旨帰命壇（げんしきみょうだん）」がその典型例である。

また、日本固有の宗教である修験道（しゅげんどう）は、その宗教形態そのものが密儀であるといってもいい。基本的に在家信者を持たぬ修験道は、今でこそ体験修行などで一般人に開かれているが、本来は入信者以外に対しては極めて閉鎖的な組織である。

密儀とは限定された者のみを対象とした、「広まることを目的としない宗教集団」であり、閉鎖的な信仰形態だといえる。そして、その組織モデルが儀礼とともに後の秘密結社に取り込まれ、欠くことのできない要素となっていったのだ。

異端

「秘密結社」とは多少毛色は異なるものの、無視できない宗教的集団として異端というものがある。

「異端」――つまりは、1つの宗教の枠内にありながら、本流から外れた思想を掲げる個人ないしは集団だ。「外道（げどう）」「邪宗（じゃしゅう）」などと誹謗（ひぼう）されることもある。

多くの宗教宗派が始まりとなる根本宗派から分離・新興していったものである以上、その成立過程において異端視された時期があった。現存する宗派のほとんどは年月を経るにしたがって教義的にも組織的にも熟成されてゆき、同時に表面的な先鋭さや急進性に由来する攻撃的な側面が薄れていった。また、人の生活や判断基準などが宗教から社会性、世俗の法に重きを移すようになっていったこともあって、枝分かれ宗派側と枝分かれ元である根本宗派側の双方が「積極的に認めはしないが、積極的に攻撃もしない」というスタンスへと移ってゆく。これにより宗教的内戦は終息し、互いに「意識しつつも無視をする」微妙な力関係による共存状態＝現状になったのである。

異端派はままテロリズムと結びつく。宗教集団と暴力集団の連携、あるいは宗教集団の実行組織としての暴力集団という関係は、通常の宗教宗派ですら珍しくない。異物として排斥される異端派ならばなおさらのことだ。が、これは「宗教だから」というわけではなく、あらゆる思想集団にあり得る関係性である。

当然ながら、(前述の説明とも関連して）その異端者には「新興宗教」も含まれる。新たな宗派が誕生する背景には、カトリ

ックからプロテスタントが生まれたように宗教組織の堕落や、仏教諸派のように既存宗派とは別の教典を根本教典として選択したことによる分離というものもあるが、大多数においては「不安定な社会情勢」を原因として高まる民衆の不安と、そうした時代に望まれたかのように出現するカリスマ的指導者の存在がある。

　乱世に現れるカリスマの大半はエキセントリックな人物であり、民衆はそれに惹かれて集まってゆくこととなる。往々にしてそうした集団は規模が巨大化するにつれて先鋭化し、暴力的な傾向を見せはじめる。そして暴動や反乱が発生し、時には戦争状態へと発展してゆくのだ。特に中国では宗教と反乱との関連性が強く、その多くになんらかの形で宗教的指導者が関与していた。これは先にも述べたように、混乱・腐敗した社会情勢にさらされた民衆が宗教に救いを求め、派手で過激な言動で耳目を惹くエキセントリックなカリスマへ心を寄せてゆくためだ。

　異端宗教は発展過程の初期段階において秘密結社的な──というよりも、密儀的な閉鎖性を持つ。直接接触を持った限られた者に対してのみ宗教的参入儀礼を与えるのだ。それがある一定数の信徒を獲得した段階を境に布教の速度や範囲が爆発的に増大し、それに比例して信徒数や布教地域を増やしてゆくこととなる。この段階になると異端宗教の参入儀礼は形骸化し、密儀的要素は失われ、一般宗教とさほど変わらないものになってゆく。──あるいは一般信徒のための外陣と、高位階信徒及び高位僧職者のための内陣に分離し、内陣参入者に対してのみ密儀を授けるようになるのだ。

白蓮教

Bailianjiao, The White Lotus Society

反体制宗教結社

白蓮教。

世界史の授業で、この名を聞いたことがある人は多いと思う。

その名は知らなくとも、近代以前の時代を舞台にした香港映画を観たことがある人ならば、「白装束でお札をまきながらねり歩く集団」が画面に登場することがよくあるのは知っているだろう。その集団こそが、白蓮教徒なのである。

彼らは教団成立以降、幾度となく体制側と衝突し、後には邪教の代名詞とまで呼ばれるようになるのである。

白蓮教の成立

白蓮教は、南宋時代（1127〜1279）に江蘇省（長江下流域、黄海沿岸にある）の茅子元が阿弥陀信仰を基本として民間に普及させた仏教系の宗教結社である。

初期は阿弥陀如来による救済を信じて一つ処に集い、香を焚きつつひたすら念仏するという集団であった。東晋時代の僧である慧遠[※1]（334〜416）が作った念仏集団「白蓮社」に因んで「白蓮会」と呼ばれていた。

香を焚き、念仏を唱えるだけという簡素な信仰形態により、白蓮会の勢力は瞬く間に江南全域（長江中・下流域）に広まっていく。

だが、この勢力拡大が官憲の目をひき、教主であった茅子元は捕らえられ、流刑に処せられた。これは巨大勢力と化し、指導者としてのカリスマ性を獲得していった茅子元に恐れを抱いたというよりも、氏素性も定かでない人々が混在している上、夜間に集まり、明け方に解散する活動形態を利用して犯罪者や不満分子が活動の拠点としていたことが原因だったようだ。

指導者を失った白蓮会であったが、この組織が解散することはなく、むしろ官憲による迫害と禁令が強い団結力を生み、各

※1 浄土宗の開祖とされている。阿弥陀如来への念仏祈願を重視する思想は、確かに浄土宗のそれに酷似しているといえるだろう。

第3章 密儀 異端　161

映画などで見られる白蓮教徒の一般的なイメージ

地でさらなる信徒を獲得してゆくこととなる。同時に思想は先鋭化してゆき、民間信仰との混淆や邪教的な要素を強めてゆき、ついには地下組織化してしまったのである。

禁止令の発布や官憲による弾圧が幾度となくおこなわれたが、白蓮会は元の時代になってもなお存続していた。

この時代、廬山を拠点に活動していた僧の普度は、白蓮会の名誉回復を願い、10巻からなる『蓮宗宝鑑』を記し、組織名を「白蓮宗」と改めるなどの努力を重ねた結果、一時的にではあったが公認された。

白蓮会に貼られた邪教のレッテルは、慧遠が興した白蓮社から連綿と受け継がれてきた阿弥陀如来への念仏信仰さえも貶めていたのである。

普度の活動により公認された白蓮宗ではあったが、邪教という色眼鏡で見られ続け、また脱地下組織を図ったばかりで不明な点が多い巨大な宗教組織であったという無気味な点が災いし、すぐに再度の禁止令が出されてしまった。

現に、元朝末期に起きた紅巾の乱では、そうした白蓮宗の地下組織的な部分が利用されてしまうのである。

紅巾の乱

至正11年（1351）、紅巾の乱が勃発する。

これは白蓮教徒が中心となって引き起こした反乱のように語られることが多いが、実際には複数の組織が「紅巾」を目印とする反乱軍を立ち上げていた。

もともと紅巾は、1120年代から、金の侵入に対する民間自衛や、金と宋の間の戦闘からの自衛のための民衆武装集団の同盟が旗印として用いていたものである。宣和元年（1120）に勃発した宋江の乱を取材したとされる『水滸伝』において、梁山泊の英傑たちが紅巾を身に着けていたのも、これに影響されてのことなのだろう。

至正11年の紅巾の乱は、韓山童と韓林児の父子に率いられ、江淮を中心に活動していた集団と、彭瑩玉と徐寿輝の一党を中心とした集団に二分することができる[※2]。

このうちの前者が白蓮教に由来する集団で、「江北紅巾」あるいは東系紅巾とも呼ばれる。この集団を率いた韓山童は、白蓮会の有力信徒であった祖父を持ち、彼自身は私塾を経営し、子どもに学問を教えていた[※3]。

彼もまた祖父と同じく白蓮宗（白蓮会）で力を持つ人物で、至正9年（1349）には、従来の教えに「弥勒仏下生、明王出生」（弥勒がこの世に現れ、明王が生まれる）という説を加えて、白蓮宗を白蓮教に作り替えてしまった。白蓮教と称する集団は、この時に誕生したのである。

韓山童は賈魯河による黄河治水の失敗とそれによる民衆の不安を察すると、「天下大いに乱れ、弥勒下生す」という主旨の童謡を流行らせ、宋の徽宗（在位1100〜25）の8世の孫を自称する劉福通と手を組んで武力蜂起した。至正11年5月のことである。

韓山童はすぐに捕らえられ、処刑されるが、息子の韓林児は逃れて山中に身を隠した。一方、劉福通は潁州を占領して黄河治水の民夫を吸収し、河南・安徽の各地に勢力を拡大してゆき、至正15年（1355）には潜伏中の韓林児を迎えて小明王として皇帝に擁し、亳州を都として宋国を建て、年号を龍鳳とした。この動きに刺激されて各地の反体制的な諸侯が挙兵、元朝の勢力を南北に分断する。

※2 彭瑩玉と徐寿輝が率いた集団は弥勒教を中心としたもので、「江南紅巾」あるいは「西系紅巾」と呼ばれている。

※3 このことから、韓山童は韓学究とも呼ばれた。

洪武帝(朱元璋)

　この反乱が元朝の衰退の一因となった。そして、小明王こと韓林児を謀殺した朱元璋が明を建国し、元の息の根を止めるのである。
　その後、明朝皇帝に即位し、洪武帝となった朱元璋によって白蓮教は禁止された。

白蓮教の乱

　紅巾の乱により宋国が、そして明朝が誕生し、白蓮教が禁止された後もこの教団の命脈が絶えることはなかった。
　そして、やはり武装蜂起した。そうした反乱は大きく3つに分類できる。
　明代中期の白蓮教の乱、明代末期の白蓮教の乱、そして清朝時代の白蓮教徒の乱である。

白蓮教

明代中期の白蓮教の乱

　第1の白蓮教の乱は、明代の初期の頃に漂っていた紅巾の乱の残滓的な空気も消え去った頃に起きた。これは特定の反乱事件を指すのではなく、白蓮教徒が複数の反乱や事件を引き起こしていた。それを総称して「明代の白蓮教の乱」と呼ぶ。

　この頃になると、また新たな流民が発生するようになっていた。そうした者たちが太平道[※4]が形成されたのと同じような過程を経て集合し、反乱騒動を起こすに至るのである。

　成化元年（1465）、湖北で劉千斤・石和尚に率いられて蜂起した流民は4万人にものぼった。

　嘉靖5年（1526）には陝西を中心に布教活動していた李福達が中央政府の高級官僚を巻き込む疑獄事件を引き起こした[※5]。その後、李福達の係累に位置する蔡伯貫が四川で白蓮教を名乗って反乱を起こす。

　これらは明代に入ってから出現した白蓮教徒が起こした事件で、それ以前より続く白蓮教との関係はさほど深いものではない。

　本家白蓮教とでもいえる集団のほとんどは、明朝よりの弾圧を逃れてアルタン＝ハン統治下の内モンゴルへと移住していた。彼らは普段は農作業に従事しつつ、明国内に残った白蓮教徒たちと連絡を取って、アルタン＝ハンの軍の明侵入を援助していた。この働きにより、内モンゴルの白蓮教徒はアルタン＝ハンの保護を受けていた。

明代末期の白蓮教の乱

　第2の白蓮教徒の反乱は、天啓2年（1622）5月に起こった。

　山東の白蓮教主である徐鴻儒によって引き起こされたもので、河北で勃興した新興宗教の聞香教[※6]と手を結んでの反乱事件だった。この反乱中、街道は紅巾を被った白蓮教徒で埋め尽くされたというのだから、かなり大規模なものだったようだ。

　反乱の指導者だった徐鴻儒は自らを中興福烈帝と称し、大成興勝なる年号を定めた。そして山東各地を攻略して支配下に置き、北京への食糧や物品の供給を滞らせるという兵糧攻め

※4　第3章の「太平道」（p.168）参照。

※5　これは正確には反乱事件とは言い難いかもしれない。

※6　王森によって率いられた教団で、河南を中心に河北・山東・安徽から陝西まで勢力を誇っていた。信者からの上納金による潤沢な資金力が貧民を惹きつけた。教義的には不明な点が多いが、シャーマニズムをベースに末世思想や救世主出現説などを謳っていたのは確かなようである。いわゆる典型的な新興宗教。

第3章　密儀／異端　**165**

の作戦を取った。が、結局は3カ月ほどで鎮圧される。
　しかし、明軍によって落城した際も、西天極楽(せいてんごくらく)へ昇ることを願い、誰一人として投降しなかったという。
　このように大規模で、しかも強い結束力を持った人々による反乱となったのは、明朝が崩壊寸前で治安が乱れるという、情勢不安定な時期だったため、民衆の多くが不安を抱き、宗教に救いを求めていたからだともいわれる。

清朝時代の白蓮教徒の乱

　そして、3つめの反乱は、清朝時代に起きた。
　この清朝の白蓮教の乱が最も大規模で有名である。
　1770年代に河南と安徽の白蓮教主たちの間で計画・準備されていた反乱で、それが乾隆(けんりゅう)59年（1794）に漏洩し、華北各地で白蓮教徒狩りが起きた。
　清朝による白蓮教徒狩りは厳しく、特に湖北(こほく)や四川といった白蓮教に縁を持つ土地では熾烈(しれつ)をきわめた。これに堪え切れなくなった白蓮教徒は、まずは湖北西南部で、次いで襄陽(じょうよう)で、そして陝西と四川で武装蜂起した。翌年には華北5省全域で武装蜂起が立て続いた。参加者は述べ数十万人ともいわれる。
　彼らは「清朝を打倒し、漢人の世を招来する」というスローガンを唱えていた（清は満州族＜女真族＞で、漢民族による王朝を再興しようという意）。また、三世(さんぜ)思想[※7]に基づき、今こそ未来楽土の到来の時とし、たとえ死しても来世は楽土に生まれるとしていた。
　これが団結力を生み出したのである。
　が、具体的な政策や組織を打ち出す前に、清軍と郷勇(きょうゆう)（義勇軍）により鎮圧されてしまう。結局のところ、規模こそ巨大な反乱であったが、追い詰められて泥縄式に蜂起したものであったため、組織間の連携や統括部といったものが存在せず、数の力や団結力を活かすことができなかったのである。
　しかし、この白蓮教の乱は清朝の威信を失墜させ、国や支配層の財政に大打撃を与えたのは確かで、清朝衰退の原因の1つとなった。

※7　仏教の基本的思想。過去・現在・未来を貫く因果律とカルマの概念。また、過去世・現在世・未来世の輪廻転生も指す。

Column 弥勒教

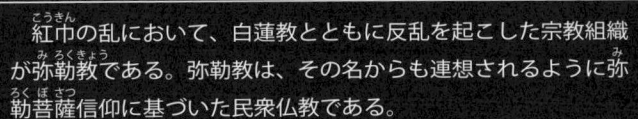

　紅巾の乱において、白蓮教とともに反乱を起こした宗教組織が弥勒教である。弥勒教は、その名からも連想されるように弥勒菩薩信仰に基づいた民衆仏教である。

　弥勒菩薩は兜率天に上生し、56億7,000万年の後に再び下生（世に現れること）して衆生一切を救済し、この世を楽土とする、とされる菩薩である。

　そこから兜率天への上生を願う上生信仰と、弥勒仏のこの世への下生を願う下生信仰とが生まれた。こうした楽土希求と世直し願望は、為政者を糾弾する理由として使われることが多く、反乱の大義名分とされることがしばしばであった。

　弥勒教にまつわる反乱の先がけとされたのは、延昌4年（515）に起きた「大乗賊（大乗教徒）の乱」である。これ以降も弥勒教徒による反乱は中国史上に散見しており、宋代に起きた「王則の乱」（慶暦7年<1047>）も弥勒教系の反乱だったとされている。権力者もまた弥勒信仰を利用しており、唐の則天武后（624〜705）などは自分が弥勒の下生だとする偽経を作らせて政権強化をはかっている。

　紅巾の乱は、至正11年（1351）8月に彭瑩玉が徐寿輝を皇帝に擁して天完国を建てたことから始まった。彼らは長江流域を基盤として湖広、江西、四川、雲南などを攻略、支配下に置いていった。しかし、白蓮教の紅巾が思想的に民衆武装集団同盟の流れを受け継いでいたのに対し、弥勒教系の紅巾はそうしたものを一切持たず、単に反乱の象徴としてそれを利用していただけだった。

　弥勒教の紅巾によって建国された天完国は、内輪もめの末、至正20年（1360）に滅ぼされる。そして陳友諒が漢国を建て、明玉珍は四川に夏国を建国する。ともに紅巾を継承したが、漢国は至正23年（1363）に朱元璋に屈し、夏国は洪武4年（1371）に明朝に滅ぼされた。

　これ以後、紅巾は反乱の象徴としてとらえられるようになってゆき、再び民族主義的な意味合いを持つようになるのは、清朝時代の白蓮教の乱まで待たなければならなかった。

太平道

Taipingtao, Tai ping dao, Tai ping diao

道教の源流

　中国の代表的宗教であり、東洋の神秘思想に大きな影響を与えた道教は、太平道と五斗米道という2つの宗教団体に源流を持っている。

　この両者は呪術的思想の許に勢力を拡大していった後漢末の時代の組織で、後には民衆を煽り、大叛乱を引き起こすこととなった。

　彼らの叛乱は20年にもわたって続き、漢王朝滅亡の一因となった。

太平道の成立と概要

　太平道は、後漢の末期（2世紀末）の頃に発生した秘密結社的な色彩を持っていた宗教団体である。

　この当時、政治の混乱や無理矢理な徴税、天災、飢饉といった絶望的状況が相継いで発生していた。これにより農民の生活は極めて貧しいものとなっていたため、家財を失うのみならず、妻子を売りに出すことも稀ではなかった。また、それすらも失った者の多くは、生まれ育った郷土、耕すべき土地を離れ、流民となってしまった。

　近代以前の世界では、流民とはすなわち不良民である。
　見つかれば罰せられた。
　彼らは家財も金銭もなく、追われる生活に疲れてゆく。
　そうした不安を抱く農民や民衆たちの中に、宗教に救いを求める者が出てくるようになったのは、いわば必然だったといえるだろう。

　彼らが心の平安を求めた先は、主に河北省南部を中心に活動していた張角という道士だった。流浪の農民たちが集い、張角が中心となってできあがったのが太平道なのである。

　太平道の指導者の張角は自ら「大賢良師」と号し、各地で

後漢末の版図と張角の主な勢力範囲(アミ部)

※1 呪符を焼いて、その灰を水に溶いたもの。これを服用して使う。

※2 「うきつ」とも読む。『三国志』にも登場し、雨を降らせている。

※3 この書物の内容は、陰陽五行説についての解説や子孫を得るための興国広嗣の術、シャーマニズムにまつわる論説など雑多なものだったという。

※4 黄帝(伝説上の古代の皇帝)と老子(古代の思想家)に対する信仰。秦王朝(紀元前221〜前207)の過酷な統治の反動として、その後の前漢時代(紀元前202〜紀元8)に隆盛した。

病気治癒の符（あるいは符水[※1]）を配ることによって教団の教理・理念を広めてゆき、わずか十数年で数十万の人々を太平道信者にしてしまった。

また、張角は弟子を四方に派遣し、自分と同じように符ないしは符水の配布によって民衆を教化していった。これにより、可南省や山東省にも信者を獲得していった。

張角が広めた太平道の教理は、山東省出身の道士・干吉[※2]が神人より授けられたとされる『太平清領書』[※3]なる書物に基づいており、中核となる教えは「病気は懺悔と呪術によって治療できる」というものだった。これは黄老思想[※4]をベースとした思想である。

巨大集団と化した彼らは、

蒼天已死
黄天当立
歳在甲子
天下大吉

第3章 密儀 異端　169

――「蒼天はすでに死し、黄天まさに立つべし。年は甲子にあり、天下大吉」などというスローガンを掲げるようになってゆく。おそらく、これは教団を維持するために、外部に敵を作ることによって結束をはかろうとしたのだろう。巨大になりすぎた新興の宗教組織では珍しいことではない。

そして彼らは中平元年――甲子年（184年）、後に「黄巾党の乱」と呼ばれることとなる大叛乱を起こしたのである。

黄巾党の乱

太平道の指導者である大賢良師こと張角には、別の名もあった。それが「天公将軍」である。また、彼は2人の弟、張梁と張宝にそれぞれ「地公将軍」、「人公将軍」と名乗らせ、組織を束ねさせていた。

張角は太平道による叛乱――黄巾党の決起の日を甲子年甲子日（184年3月5日）と決めていたが、帝都洛陽で宦官を通じて秘密工作をおこなっていた馬元義が決起直前に逮捕・処刑されてしまい、すべての計画が暴露されてしまったため、その日を待たずに叛乱の狼煙を上げた。184年2月のことである。

彼らは敵と味方との区別のため、黄色い布を身に着けて目印とした。これが後に彼らをして「黄巾党」と呼んだ由縁である。

また、16文字の先のスローガンを旗印として掲げていたという。

このスローガンにある蒼天とは漢王朝を指す。蒼とは青である。なぜ現王朝を蒼天と呼んだかは不明だが、五行において青という色は〈木〉行の象徴色であり、その獣は龍とされている。そして、龍は中国の皇帝やその一族を象徴する獣でもある。皇帝一族以外の者にとっては、龍を意匠として使うことすらも恐れ多いことであった。おそらくは、こうした象徴的関連性をもって漢王朝を蒼天と称したのだろう。

次に続く黄天は彼ら太平道（黄巾党）を指すと思われる。黄色は〈土〉行の象徴色だ。季節でいえば土用（季節の変わり目）にあたる。青に象徴される漢王朝から次なる政体に変わるための革命の担い手に――政治的な土用となろうとしたのではなかろうか。彼らが目印として黄色い布を身につけたのは、そうした象徴的理由があったのだろう。

五行相剋・相生図

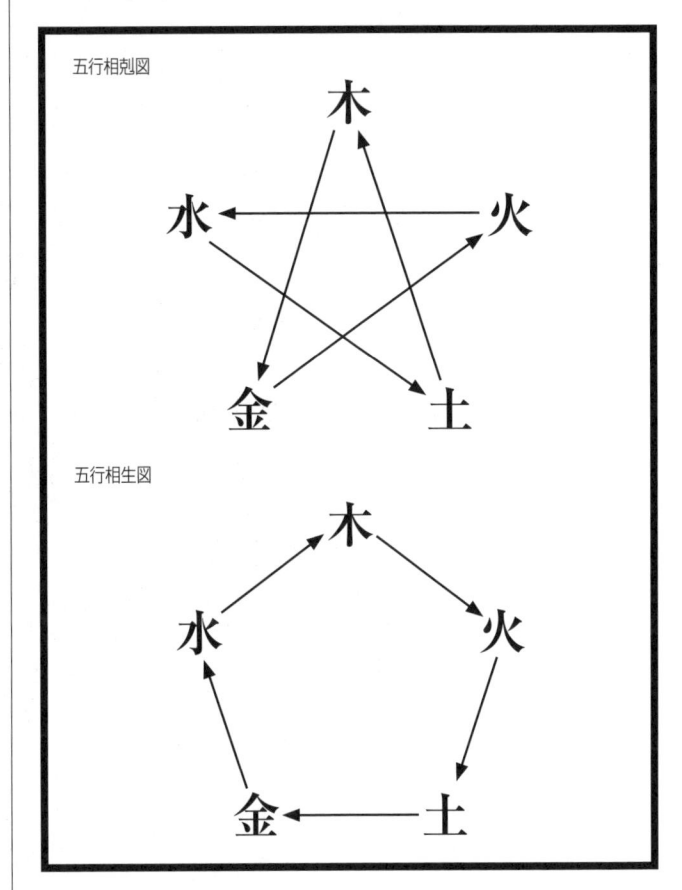

五行相剋図

五行相生図

　もちろん、彼らが黄老思想の持ち主であったこと——つまり黄帝に対する信仰を有していたことも影響しているだろうことは、想像に難くない。
　黄巾党は農民たちから直接搾取していた役所に対する襲撃を繰り返した。官軍が出動するも撃退できず、逆に苦しめられてしまう。
　叛乱は首謀者である張角が病死したことにより勢いを失ってゆく。しかし、残党による叛乱や暴動はその後も続き、完全鎮圧に至るまでは20年近くの月日が必要であった。
　彼ら太平道（＝黄巾党）の一連の叛乱により、漢王朝の版図における秩序は崩壊し、乱世の時代が訪れることとなる。
　その時代こそが、三国時代——いわゆる三国志の時代だ。

Column 五斗米道

　道教の源流となった宗教集団として、太平道と並んで名を挙げることができる団体として、同時代に活動していた五斗米道の存在を見逃すことはできない。

　五斗米道は2世紀の半ば、江蘇省の張陵が起こした呪術的な宗教団体で、入信の儀礼を授ける時に5斗（約10リットル）の米を納めさせたことから、その名がついた。また同じ理由から米賊とも呼ばれていた。

　張陵及び五斗米道について、正史では『三国志』の張魯伝に

> 「蜀に客たりて、道を鵠鳴山中に学び道書を造作し以て百姓を惑わす。従いて道を受けたる者は五斗の米を出す。」

という一文があるだけで詳細な記録はない。

　後漢末──黄巾党の乱の後、治安悪化と混乱の中で陝西省や四川省で漢民族以外の信者を獲得し、2代目教主の「張衡」、3代目教主の「張魯」の時代に全盛を極めた。建安20年（215）に曹操に降るまでは独立を維持していたことからも、その組織の巨大さが想像できる。

　彼らの布教手段は、太平道と同じく呪術による病気治療であった。やはり病は懺悔により快癒すると説いた彼らは、罪を犯した人を病気にさせたり罪厄を解消したりする神格を考え出した。この神格は半神格化された〈道〉そのものであったようだ。病人に罪を告白、反省させ、天地水の三神に三官手書という盟約書を奉じ、贖罪として奉仕勤労が課せられた。そうすることにより、病の原因となる罪業を清算、病気を治癒させていたのである。

　また、呪術による病気治療以外にも、各地に義舎という食糧を備蓄した無料宿泊施設を設置し、流民に提供したことも多数の信者を獲得できた理由の1つである

　五斗米道の教理のベースとなったのは『老子想爾注』で、そこで説かれている太上老君（神格化された老子）の教化や道誡（いましめ）の遵守による長寿が五斗米道の教えとして採用

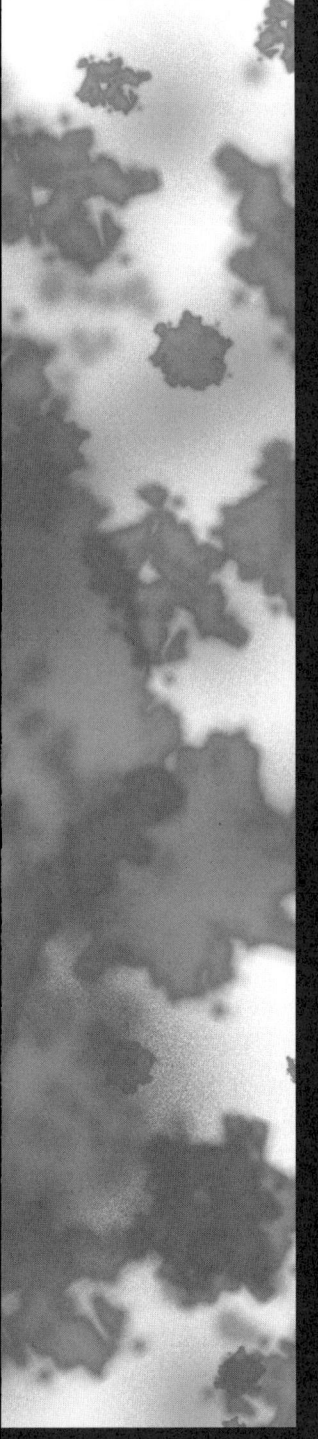

された。

　この組織は初代教主の張陵が没した後、先にも述べたように2代目、3代目の時代に勢力を拡大してゆくのだが、その際に太平道を吸収し、呪術化や迷信化が加速、神仙道をも取り込んでしまう。

　その一方で、魏や晋の王朝内部——それも上級貴族たちの中に信者を獲得するようになる。歴代教主が名乗っていた天師という称号から「天師道」と改称したのはこの頃のことで、現在の「正一教」の原型ができあがった。

拝上帝会

Baishangdikuai

キリスト教系宗教結社

日本に隠れ切支丹があったように、中国にもキリスト教系の宗教結社が存在していた。

その名を拝上帝会[※1]という。

彼らは中国的解釈によるキリスト教新派とでもいえる宗教結社で、後には清朝時代（1616～1912）の反乱の1つとして知られる「太平天国の乱」を引き起こした。

※1 上帝会と略することもある。

拝上帝会の成立と太平天国

拝上帝会は道光24年（1844）[※2]、中国南部の広西省の桂平を中心として活動していた洪秀全によって始められた。

洪秀全は嘉慶19年（1814）、広東省花県の中農の客家（中国南部に住む漢民族の一種）に生まれた。彼は25歳の時に3度目の府試[※3]に失敗し、それが原因でか病床に就くこととなる。この時、彼は昇天して高貴な老人から邪悪を斬る剣を与えられる夢を見たという。

この夢は、2度目の府試を受けた際に出会った中国人伝道師の梁発から貰った『勧世良書』というキリスト教入門書の記述と符合していたため、彼は自分をヤハウェの子、イエスの弟であり、妖魔邪怪を退ずる天命を受けたと確信。この夢がきっかけで彼はキリスト教に入信した。

そして、同志であった馮雲山とともに道光24年（1844）に拝上帝会を組織、活動を開始する。布教に使われた『原道救世歌』『原道覚世訓』のテキストはこの頃に書かれたという。

拝上帝会は、その教義においてヤハウェを上帝、イエス・キリストを天兄、洪秀全を天弟と位置づけ、呼称していた。男女平等を謳い、十戒に倣って「十天条の戒律」を定めて偶像礼拝、殺人、傷害、アヘン吸飲、賭博などを禁じた。

また、礼拝では、男女別々の列に座り、賛美歌を歌い、神の

※2 道光26年(1846)、道光27年(1847)の説もある。

※3 科挙を受ける資格を得るための学校の入学試験。全部で3段階からなり、第1段階の県試、第2段階の府試、第3の院試とある。この3つの試験の後、さらに実力を確認するために歳試がおこなわれ、それらすべてに合格すると学校への入学が許される。

洪秀全

恵みやキリストの功績に関する説話が説かれた。座席の規定以外に関しては、キリスト教他宗派と変わりはない。罪の告白と懺悔、神への奉仕が推奨されたことも同様である。

キリスト教である以上、拝上帝会でも入信者には洗礼が施された。この儀礼が授けられる際、洗礼希望者の懺悔状が読み上げられ、燃やされる。そして洗礼希望者の頭に水盤から水が注がれた。

懺悔状の朗読や焼却といった儀式次第は、他の宗派では見られない。これは符を焼いて用いることもある道教の影響によるものだろう。

このような教義に基づいて活動を続けていた彼らは、道光30年（1850）、信徒に金田村に集まるように命じ、営団[※4]を組織する。同時に大義を述べて太平天国の建国[※5]と、教主である洪秀全の天王即位（君主の称号の1つ）を宣言した。

※4 共産的な軍事組織で、男性の男営、女性の女営に分かれている。

※5 真命太平天国、天父天兄天王太平天国の別名もある。

太平天国の乱

太平天国が樹立すると、洪秀全は拝上帝会の幹部信者であった楊秀清（炭焼き出身）、蕭朝貴（貧農出身）、馮雲山、韋昌輝（客家の地主）、石達開（客家の地主）の5人を正副軍師及び五軍主将に任じて軍の指揮を執らせ、さらに永安州（現在の広東省蒙山県）占領後は東王、西王、南王、北王、翼王に封じた。

永安州の都である永安を占拠、拠点とした洪秀全は、咸豊2年（1851）から翌年までの約半年間を費やして、太平天国の軍制や官制、暦法、律法などを定めた。

この間、清軍は永安を包囲していったのだが、太平天国を運営する上で必要な法制のほとんどが制定された咸豊3年、洪秀全の軍は清軍の包囲を破り、北進を開始した。

彼らは桂林・興安・全州と転戦、全州で馮雲山が戦死する。そして湖南省の道州を占拠、「奉天討胡」（胡は中国西北の異民族、つまり清朝のこと）の触れを出したところ、数万の民衆がこれに呼応した。

このように多くの民衆の協力を引き出すことができたのは、彼らが拝上帝会——つまりは中国的に解釈されたキリスト教を革命運動の行動原理と一致させ、倫理的かつ禁欲的であったため、他の農民反乱のような無秩序な暴力と略奪を生まなかったのが理由だろう。

この後、長沙包囲戦で蕭朝貴を失った太平天国軍は岳州・漢陽・武昌・九江・安慶を占領し、咸豊4年（1853）3月に南京を陥落させる。

南京占領後はここを太平天国の首都と定め、名を「天京」と改めた。

これで事態が一応の落ち着きを見せたかといえばそうではなく、咸豊4年（1853）から咸豊6年（1855）にかけて、北伐と西征がおこなわれた。

北伐では北京まであと一歩というところまで肉迫したが、寒さと飢えのため撤退、敗北する。送られた援軍も咸豊6年には全滅してしまう。

一方、西征軍は安慶・南昌・廬州・武昌・岳州・田家鎮などで清軍と攻防戦を繰り広げた。この戦いにおいて、湖南省で

大平天国の勢力範囲
（アミ部）

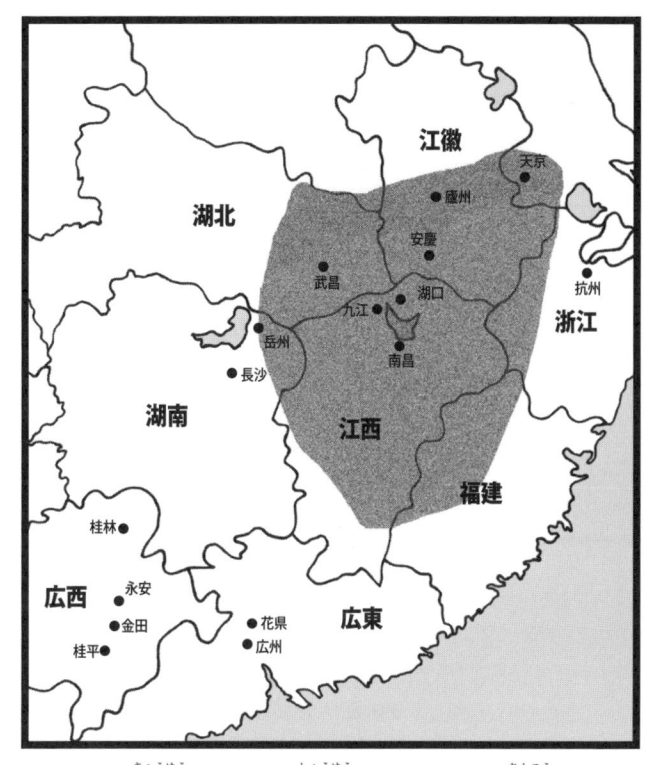

※6 咸豊11年(1861)、アメリカ人ウォード(中国名：華爾)が張坊などの上海の富豪らと契約して設立した自衛軍組織。アメリカの陸軍学校中退者という経歴の持ち主であったウォードは、1,000人の中国人を訓練して洋槍隊とし、英仏軍と連携して太平天国軍を撃退する。この功績により、清朝より「常勝軍」の名を賜る。

組織された郷勇組織である湘勇により、武昌や鎮江などが奪回されてしまう。

また、上海の目前にまで進軍するも、ウォード率いる常勝軍[※6]及び連携した英仏軍により、迎撃、撃退されてしまった。

このように、徐々に劣勢に立たされてゆく太平天国軍であったが、その頂点に立つ天王こと洪秀全は天京から動くことはなかった。

彼は軍務の一切を東王の楊秀清に委任していた。これを妬んだ北王の韋昌輝が東王の一族を惨殺する。韋昌輝は洪秀全により殺害され、翼王の石達開を軍務・政治の補佐に取り立てた。が、洪秀全は自らの一族である洪仁達や洪仁発を重用するようになってゆく。

この後、天京が湘勇に包囲される。同治3年（1864）、籠城の果てに洪秀全は病死。これで総崩れになり、太平天国の主要な指導者や洪秀全の後継者である洪天貴福などが清軍に捕らえられ、太平天国の乱は終結した。

太平天国と国外勢力

　太平天国は、拝上帝会を国教のように扱っていた。拝上帝会がもともとの活動母体だったのだから当然であるが、これが太平天国の乱という事件に影響を及ぼした。

　西洋諸国は太平天国建国当初、この国をキリスト教の国であると認識し、同情的な立場を取っていたのである。

　イギリス公使にして香港総督であったボナムは、咸豊4年に天京を訪問して中立を約束、そして太平天国が中国全土を席捲した後の香港における既得権益の保護を引き出した。この他、フランス行使ブルボン、アメリカ行使マクレーンも同様に中立を約束する。

　しかし、それは咸豊10年（1860）に北京条約が結ばれるまでのことだった。

　これは清朝がイギリス、フランス、ロシアの各国とそれぞれに締結した不平等条約で、九龍半島の一部（香港の大陸側の対岸）をイギリスに割譲することなどが定められていた。

　この条約により、清朝から有益な権益が与えられると、イギリスとフランスは清朝と連合して太平天国を攻撃するようになったのである。

　この掌返しを原因の1つ[※7]として、太平天国は崩壊したのだった。

※7　その他の理由としては、太平天国上層部の内部闘争がある。これにより国力が低下していったのだ。

真言立川流

Shingon Tachikawa-ryu

日本最大の邪宗

日本仏教史には、隆盛を誇った異端宗派が存在する。
その名を立川流という。真言宗の流れを汲む異端宗派だ。
後醍醐天皇の吉野遷幸（1936年）と光明天皇の践祚より始まった南北朝時代。南朝側天皇である後醍醐天皇の帰依を受けていた立川流の様子は、南北朝時代の歴史資料としても知られる『太平記』でも触れられている。

歴史の一時代に影響を与えた存在であった立川流ではあるが、時をおかずに邪教として排斥され、江戸時代にはほぼ完全に潰えてしまう。

後醍醐天皇に重用され、民衆の支持もあった立川流がなぜ、徹底的な弾圧を受け、淫祠邪教とされたのだろうか。

立川流の始まりと開祖仁寛

立川流の始まりは、その隆盛を見る後醍醐天皇の時代より遡ること200年。平安時代後期の真言僧、仁寛（?～1114）により創始されたものとされている。

仁寛は村上源氏の血脈を引く人物で、父親は村上源氏嫡流で左大臣・筆頭公卿の源俊房、叔父の顕房（久我源氏の祖）は右大臣、従姉妹の賢子は白河天皇の中宮にして堀河天皇の母だ。さらに兄の勝覚は醍醐三宝院流密教の開基という、当時の貴族中の貴族といえる環境の中にいた。

この頃の村上源氏は後三条天皇の第3皇子であった輔仁親王を支持しており、仁寛はその護持僧[※1]であった。

後三条天皇は次代に白河天皇、その次に輔仁親王を帝位に就けるよう遺言する。しかし、白河帝はそれを無視して自分の息子である堀河天皇を帝とし、自分は上皇として院政を敷いた。この時、白河院は輔仁親王に堀河天皇の次の帝位を約束した。が、嘉承2年（1107）に堀河天皇が夭折すると、その約束も

※1 玉体保護のため、清涼殿において祈祷をおこなう僧侶のこと。

破って、当時まだ5歳の鳥羽天皇を即位させる。

　度重ねて約束を反故にされた輔仁親王と彼を支持する村上源氏が、それを面白く思っていたわけがない。

　永久元年（1113）、輔仁親王を皇位に就けるため、鳥羽天皇の暗殺を画策した[※2]。

　それが発覚してしまい、関白の藤原忠実によって伊豆大仁へと配流される。この土地で真言密教を布教していた彼は、武蔵国立川出身の陰陽師・見蓮[※3]と出会う。この交流により、仁寛は陰陽道の知識と業を獲得することとなった。お互いの知識を交換しあい、共同でそれを研究しただろうことは想像に難くない。

　また、この頃に、仁寛は自分と境遇を同じくする観蓮、寂乗、観照という3人の僧侶と知り合い、彼と見蓮の研究結果を伝授、その伝道者とした。

　翌永久2年（1114）、見蓮に醍醐三宝院流密教の奥義を伝授した仁寛は蓮念と名を改め、城山の頂より身を投げ、自殺する。

　仁寛の墓は毎夜無気味な光を放ち続け、大治4年（1129）、朝廷は特赦令を出して彼の遺骨を京に引き取り、供養塔を建立するが、その怨念が癒されることはなかったようだ。その年は事件が多発し[※4]、異常気象が日本を襲った。

　仁寛亡き後、見蓮と3人の弟子たちが立川流の研究と実践、布教を担うこととなる。

　──と、ここまでが、仏教史的な通説だ。

　近年の研究では、仁寛と立川流との関係に疑問が提示されてきている。

　当時、白河院は己の院政体制を確実なものとするため、輔仁親王を擁する村上源氏の勢力を削ぐ必要に迫られていた。そこで輔仁親王に近しい場所に位置し、なおかつ立場的に「さほど重要ではない」仁寛がスケープゴートに選ばれた──と考えるのが妥当であるためだ。つまり、仁寛が鳥羽帝暗殺を画策したという点に関しては、まず間違いなく白河院による謀略だったのだ。そして、当時、伊豆周辺で布教され始めた淫祠である立川流と関係づけたと考えられる。

　非常に世俗的な権力争いの結果、仁寛は彼を（というよりも、彼の背景勢力を）敵視する者たちにより、真言立川流という魔

※2　発端となったのは、「輔仁親王と村上源氏が共謀して天皇暗殺を画策している」という投げ文で、暗殺は千手丸なる人物の手で実行されると記されていた。この千手丸とは仁寛の兄、勝覚に仕える稚児である。捕らえられ、尋問された千手丸は仁寛に天皇を殺すよう命じられたと白状した。仁寛も捕らえられ、尋問を受けるが否認。しかし、6日目には自白してしまう。仁寛は伊豆に、千手丸は佐渡へと流刑に処せられる。
これを「千手丸事件」という。

※3　兼蓮とも書く。

※4　白河法皇の崩御による鳥羽院政の始まりがその最大のものである。これが原因で、崇徳天皇による反乱（保元の乱）が勃発する。また、奥州藤原氏の跡目争いも起きている。

教の開祖として祭り上げられてしまったのである。

また、教義の点においても、仁寛と立川流との関係に疑問が浮上するのであるが、それについては後の項で説明する。

立川流の中興・文観

時は立川流の成立より200年を下り、室町時代初頭へと移る。弘安元年（1278）、播磨国加古群氷丘村に、立川流中興の祖となる文観弘真が生まれた。

早い時期に仏門をくぐった彼は、まずは真言律宗西大寺派（高野寺ともいう）の末寺に入門し、ついで天台宗の法華山一乗寺に移って得度したとされている。そして13歳で北条寺に引き取られ、道順玄海の許で修行を始める。

この時、道順を師としたことが、彼の道を定めた。というのも、この道順という僧は立川流開祖（とされる）仁寛直系の弟子筋にあたる人物であり、真言立川流の流儀を汲む僧侶だったのだ。当然の帰結として、弟子である文観は師より立川流の教義・奥義を伝授されることとなった。

仏教における免許皆伝とでもいうべき伝法灌頂を受けた文観は師の許を離れ、各地の霊峰・霊地を巡る山林修行の旅に出た。その過程で各地に散逸していた立川流の先達が残した文献・書簡を蒐集し、また同時に彼自身も幾多の書物を著した。

修行の旅を終えた文観は西大寺の律僧[※5]となった。さらに、生駒の竹林寺の長者におさまり、真言宗派の指導者層に食い込むこととなる。

この頃、文観は「験力無双の仁」と呼ばれていた。

この当時、宗派の指導者となり、名を成した僧の多くが、まともに寺から出たことのない学僧や世俗時代の身分といったものの力に頼る僧だった。そんな中、天を屋根、野を床にする山野修行の日々を過ごした後、その一角へと食い込んだ文観という無名の僧侶に対し、民衆が「強い法力を持っているのだ」という思いを抱いたとしても無理はないだろう。

そんな風評が後醍醐天皇の耳に届いた。

後醍醐天皇は鎌倉幕府に奪われた実権を朝廷に取り戻し、天皇親政の世を作り出そうとしていた人物である。彼は政治的、あるいは軍事的な力によってのみではなく、宗教的な力、形而

※5 世俗化していた仏教界からさらに出家隠遁し、厳しい戒律の下で修行と衆生救済の生活に明け暮れる僧のこと。

上的な力をも用いてそれを成し遂げようとしていた。そこで白刃の矢が立ったのが文観だったというわけである。

　文観は後醍醐帝に召し出され、その護持僧となった。そして帝の命に従い、数々の呪法を修し、さらには文観が得意としていた荼枳尼天の修法を伝授する。後醍醐天皇は法を修め、文観より伝法灌頂を授かった。これはすなわち、後醍醐天皇が文観に——ひいては真言立川流に帰依したことを意味している。そして、文観は帝の寵を背景として、醍醐三宝院の権僧正の位を手に入れる。

　元亨2年（1322）、文観は後醍醐天皇の求めに応じ、懐妊した中宮・嬉子の安産を祈願するため、彼と同じく後醍醐帝の要請を受けた多数の高僧、名僧らとともに、様々な加持祈祷、修法をおこなった——というのは表向きで、その実態は鎌倉幕府、特に北条高時（第14代執権）を調伏するための法を修した[※6]。

　この事実はすぐに北条高時の知るところとなり、文観は鹿児島の硫黄島への流刑に処せられてしまう。だが、彼が京を離れていた間も、立川流の信徒は増え続け、吸い上げた富は蓄積され続けた。

　元弘3年（1333）、元弘の乱で後醍醐天皇が鎌倉幕府に勝利すると、文観は京へと戻ってくる。そしてありあまる富と後醍醐帝の寵を利用し、僧正の位を獲得。さらには東大寺や東寺、金剛峯寺などの名刹に高位階の僧籍を取得する。そして東寺115代目—長者となったのである。

　東寺は高野山金剛峯寺に次ぐ真言宗の根本道場である。その長者に文観が収まるということは、立川流の侵食が真言宗全域に及ぶということでもあった。これに対して危機感を抱いた者がいた。高野山の信徒たちである。

　建武2年（1335）、高野山の宥快上人の許、決起した僧兵たちが立川流僧侶を殺戮し、収集されていた文献が燃やされた。同時に彼らは朝廷に訴状を出し、文観の職をすべて解くように陳情した。

　訴状に記された文観の罪状は以下のようなものである。

・文観は律宗出身であるので、長者となり法務に就くことは戒律に反する。
・文観が証道上人の東寺勧進の職を奪った。

※6　真の目的は呪殺祈願の儀式であったが、それでも安産祈願の祈祷を織り交ぜておこなわれていたようだ。また、この祈祷が原因で元弘の乱（元弘元年<1331>）が勃発する。

茶枳尼天

- 文観が茶枳尼天を祀り、算道を好み、呪術をおこなった。
- 文観が権力をほしいままにし、武勇を好み、兵力を蓄えて僧侶にあるまじき行為をなしている。

これにより文観は甲斐国（山梨県）へと流されてしまう。
だが、翌建武3年（延元元<1336>）の政変により、後醍醐天皇が吉野へ遷幸すると、彼はそれに付き従って吉野の地へと身を移した。そして後醍醐天皇の手足となり、再興のために働いた。その活動には修行時代に築き上げた修行者、修験者、道々の者[※7]たちとの人脈が大いに活用されたようだ。後醍醐天皇と楠一族ら南朝方武士の間に連絡が持てたのは、文観の活躍があればこそともいわれている。
延元4年（暦応2<1339>）、後醍醐天皇が夢半ばにして崩御する。『太平記』では、後醍醐帝崩御の後、文観はすぐさま吉野を離れ、流浪の果てにのたれ死んだとされている。だが、吉野に残されていた記録によれば、文観は南朝2代である後村上天皇の求めに応じ、逆賊調伏の祈祷をおこなっている。
延文2年（正平12<1357>）、文観は愛弟子たちに看取られな

※7 各種の芸人や白拍子、歩き巫女、山師、香具師など、特定の土地に定住せずに漂泊する技能者たちのこと。

がら、河内（大阪府南東部）の金剛寺において息を引き取った。最期の時まで、彼は後醍醐帝に仕えたのである。

　さて、文観と立川流の関係に対しても、仁寛のそれと同様に疑問が提示されている。
　やはり仁寛と同じく、文観も反体制側の大立者であったがために、立川流と関係づけることによって悪評を流布させようとしたのだろう。それは世俗的世界の者だけではなく、真言宗内の僧たちの利益にもつながった。
　先にも述べたが、高野山の信徒たちのみならず、仏寺の指導者たちの多くは世俗的な権力や金銭的背景、あるいは師弟関係に由来する学閥的な派閥により出世してきた者たちだった。寺という領域で区切られているのみで、その内部における地位に関するあらゆる物事は世俗社会とさほど変わらなかったのである。
　そこに、文観が割り込んできた。彼には世俗的背景はなにもない。主流の派閥に属しているわけでも、高名な法脈を汲む高僧の弟子であるわけでもない。政治的弱者である後醍醐天皇の庇護を受け、強者たる幕府に歯向かう者であった。
　そんな文観が怒濤の勢いで出世してゆき、ついには東寺の長者にまでなったのである。多くの僧は、これを面白く感じるはずはなかった。そこで、先のような次第になったわけである。

立川流の教義――赤白二渧と五色阿字

　邪教として排斥された立川流であるが、その教義はどのようなものだったのだろうか？
　立川流の題目となったのは、「赤白二渧歓喜即仏」、そして「五色阿字」である。
　この思想は真言密教の根本教典である『瑜祇経』『理趣経』『宝篋印経』『菩薩心論』に説かれているものを独自解釈したものだ。提唱したのは鎌倉時代初期の天王寺別当・真慶阿闍梨である。
　彼の説によれば、赤は経血を示し、女性を意味している。白はその逆で精液、そして男性を象徴している。また、女性はその本質を地獄に置き、梵字の「阿」に象徴される。男性は仏界

に原理を伸ばし、梵字の「吽(ウン)」で表されているとされた。

立川流の教典の1つ『阿吽字義(あうんじぎ)』によれば、

「阿」は海であり、「吽」は山である。

「阿」は真であり、「吽」は言である。

「阿」は善であり、「吽」は悪である。

「阿」は女であり、「吽」は男である。

口を開く行為は「阿」であり、閉じるのが「吽」である。

「阿」は胎蔵界曼荼羅(たいぞうかいまんだら)であり入門、「吽」は金剛界曼荼羅(こんごうかい)であり出門となる。

「赤白二渧歓喜即仏」とは、これら男女に準(なぞら)えられる2つの原理の交合により、ともに即身成仏(そくしんじょうぶつ)を果たす——という教義である。

ここで重要なのは、「ともに即身成仏を果たす」という点だ。

当時、仏教界の常識では、女性は五障三従(ごしょうさんじゅう)[※8]の宿業(しゅくごう)により救われることのない存在だとされていた。その女性に対し、仏性である男性原理と結びつくことにより成仏できるという可能性を示しているのだ。

さらに立川流では、先の書では、「阿」は慈であり、「吽」は悲としている。両者があわさることにより慈悲となる。これは仏(ほとけ)の御心であれば、すなわち男女和合して仏と成るのだ。

また『大仏頂首楞厳経(だいぶっちょうしゅりょうごんきょう)』には、

「口中好みて言う、眼耳鼻舌は皆浄土たり、男女二根は即ち是れ菩提涅槃の真処なり」

という文句があり、根拠の1つとなった。

これが「赤白二渧歓喜即仏」なる教えである。

ついで「五色阿字」だ。

立川流では、真言密教のご多分にもれず「五」という数字が聖数として扱われていた。

五色阿字とは、梵字の「阿」を仏教の五色——つまり、黄、白、黒、赤、青に分けて描いたものであり、立川流の本尊として位置づけられている。この色はそれぞれ、黄＝大日(だいにち)、白＝阿弥陀(あみだ)、黒＝釈迦(しゃか)、赤＝宝生(ほうしょう)、青＝阿閦(あしゅく)の五仏(如来(にょらい))があてはめられていた。

※8 五障は以下の5つ。
- 最も崇拝されていた梵天(ぼんてん)王になることができない。
- インドの神々の帝王である帝釈天(たいしゃくてん)になることができない。
- 人命を害し、人の善事を妨げる魔王になることができない。
- 偉大な統治者である転輪王(てんりんおう)になることができない。
- 自ら真理をさとり、他人に真理をさとらせる究極の覚者、すなわち仏になることができない。

三従は古代インドの律法書『マヌ法典』にも登場する概念で、「女人は幼少の時には父母の命令に従い、妻となっては夫の命令に従い、老いて夫と死別して後は子どもの言葉に従わねばならない」と、女性を男性の従属物として扱う思想。

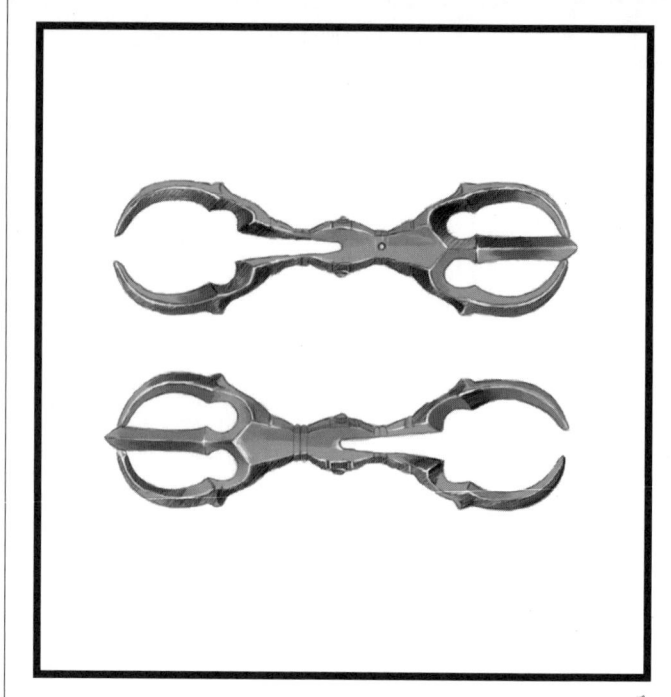

金剛割五鈷杵

　また、五色阿字を本尊として図案化する場合、台座部分に五鈷杵、衆生に見立てた独鈷杵を立てかけ、その上に三鈷杵を横渡しにして、蓮座の中に収めた五色阿字を頭とする。つまり、鈷杵と阿字で人をかたどったものとなる。

　この五色阿字は、五仏の他、五智[※9]、五蘊[※10]、正法輪[※11]、教令輪[※12]もそれぞれ象徴しているとされた。

　ちなみに、立川流で本尊として用いられる五鈷杵は、割五鈷杵（金剛割五鈷杵）と呼ばれる特殊なものである。これは2組の金剛杵（それぞれ両端が三鈷と二鈷になる）に分解される金剛杵で、五鈷人形杵とも呼ばれる。二鈷の部分が足で、三鈷が頭部と腕に見立てられているのだ。この両者を組み合わせて五鈷杵とするわけだが、人の形をした鈷杵2つを合せて1つとすることから、それは男女の和合としてとらえられた。

　すなわち立川流の教義である「赤白二渧」を具現化した法具とされ、立川流における即身成仏の象徴とされた。

※9　大円鏡智、平等性智、妙観察智、成所作智の「四智」に、四智の根本である法界体性智を加えたもの。

※10　色、受、想、行、識。

※11　正法輪身とも。金剛吼、竜王吼、無畏十力吼、雷電吼、無量力吼の5つの菩薩。

※12　教令輪身とも。不動、降三世、大威徳、軍荼利、金剛夜叉の5つの明王。

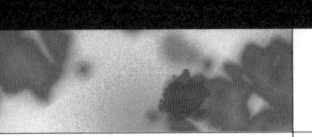

立川流の教義──荼枳尼天信仰

　立川流の本尊仏は荼枳尼天である。
　荼枳尼天のもとの姿は、インド神話における主神の1柱シヴァ神の妃カーリー女神の侍女ダーキニー女神である。それが仏教に取り込まれる際に漢音訳したのが荼枳尼天(荼吉尼天とも)である。
　仏教の荼枳尼天は、生き肝を食らい、血を啜る鬼女だったが、大日如来が大黒天に姿を変えて降伏し、ついには改心させて仏法の守護者になったとされている。その際、荼枳尼天は人間が死ぬ6カ月前に肝を取ることを許された。死期を司る女神となった荼枳尼天は、同じく人間の死を取り扱う閻魔天の眷属となったのである。
　仏教とともに日本に伝来すると、荼枳尼天は稲荷権現を通じて辰狐王菩薩(白晨狐菩薩)と同一視され、本地垂迹説では天照大御神の本地とされるようになった。後には如意輪観音や仏眼仏母尊とも同一視されるようになり、王権と深く関わりのある女神とされた。
　日本の修行者たちは、荼枳尼天を「死後の肝を捧げる代わりに、成仏を約束する往生の女神」ととらえた。そしてその法を修めれば、絶大な神通力が授かるとしたのである。多くの修行者たちが、その力と加護を求めて荼枳尼天を信仰していた。
　立川流で荼枳尼天が本尊仏とされたのも、やはりそうした呪力、そして成仏の約束を求めてのことなのだろう。
　また、先にも述べたように、立川流の教義は性愛を積極的に肯定する思想により成り立っている。そこから、立川流では性愛、男女和合の象徴的仏尊である大聖歓喜天も信仰されていた。
　よく知られているように、歓喜天はシヴァ神の息子ガネーシャ神が仏教化したものである。歓喜天は象頭人身の男女が抱き合った姿で表されることが多い。男天が大自在天の長男であり災厄をもたらす毘奈夜迦であり、女天は十一面観音が化身した姿である。
　毘奈夜迦は暴虐をふるい、人間を食らう悪鬼王であったが、女身で諫めた十一面観音に一目惚れし、その体を求めた。十一面観音は仏法への帰依を条件にそれを受け入れる。こうして毘

歓喜天。インド神話の神ガネーシャが仏教化したもの

奈夜迦は十一面観音とともに大聖歓喜天という仏尊へ転身したのだ。

歓喜天の物語は、立川流の教義「五色阿字」の理論を体現している。「阿」の善、「吽」の悪。そして両者の和合により慈悲となり、成仏する。

男女の交わりにより成仏を目指した立川流で信仰される仏尊として、歓喜天は最もふさわしい存在だったといえるだろう

立川流の教義――髑髏本尊

立川流の悪しきイメージとして最初に持ち出されるのは、もちろん文字通りの淫祠（いかがわしい神をまつった祠(ほこら)）であったことだ。

立川流の大綱である『受法用心集』には「女煩肉食を常とすべし」とまで記されており、禁欲的修行を旨とする伝統的仏教とは真っ向から対立する教義を採用していた。

だが、他の一般的仏教との違いは他にもある。その最たるものが、ここで取り上げる「髑髏本尊(どろほんぞん)」だ。

これは立川流の道場に祀られていた本尊で、文字通り人間の頭蓋骨を本尊に仕立て上げたものだ。正確には「大頭」「小頭」「月輪形」の3種類のものがあった。

仏教では、本尊仏像を製作する際、御衣木という香木を用いていた。髑髏本尊とは、人間の頭蓋骨を御衣木として作られた本尊だったのである。

その製法は以下のようなものだったという。

まず、人間の頭蓋骨を用意する。といってもなんでもよかったわけではない。等級が高い順に智者、行者、国王、将軍、大臣、長者、父、母、千頂、法界の頭骨が選ばれた。

千頂とは、1,000人の頭蓋骨をすり潰し、練り合わせたものだ。

法界は、重陽の日(9月9日)に戸陀林[※13]へ行き、集めてあった数多くの髑髏を積み上げ、荼枳尼天の神呪を祈る加持祈祷をおこない、数日後に下から自然に浮き上がってきた頭蓋骨である。これは強い気を持ち、自ら輝くのだという。

また、髑髏を選ぶ際には、霜がついておらず、頭頂部に縫合線のないものを選ぶよう指示されている。

こうして採取した頭蓋骨をもとに髑髏本尊の1つ、大頭を作る。

髑髏に下顎を作り、舌や歯をつける。その上に漆を塗り、肉づけをして生首のように仕上げる。上薬としてさらに漆を塗ってから箱に納める。次に理想の女性[※14]と交わり、その時の分泌液を120回、この髑髏に塗る。

ここまでを準備段階とし、次に進む。

髑髏に銀箔、金箔をそれぞれ三重に捺し、曼荼羅を描く。そしてさらに銀箔と金箔を捺して曼荼羅を描く。この作業過程でも、先の分泌液が用いられる。

それが終わると、人気のない場所に道場を開き、山海の珍味や酒を揃える。行者と女性のみが出入りできるこの場で舞い狂い、反魂香を焚く。毎日午前3時まで様々な祈祷を行い、4時には髑髏本尊を錦の布で七重に包み、行者の肌で温めつつ眠る。

これを8年間続けねばならない。すると髑髏本尊は言葉を発するようになり、行者に様々な神秘を語り出すようになるという。

大頭の作製が終わると、次は小頭に取りかかる。

※13 死体が葬られる山林や墓地。

※14 年は15から18歳まで、顔はやや丸顔で色は桜色をしている。目は大きく眉は厚く、鼻の間は狭くなく、ゆっくりと高くなっていること。口は小さく、歯並びはよく、白いこと。耳は長めで縁は浅い云々。

これは大頭の頭頂部を切り取り、それを面として護符を込め、曼荼羅を描き、霊木で頭を作った物で、いわば持ち運び用のものだ。作製の際には、やはり大頭作製にも用いた分泌液を使用する。

月輪形は、大頭の頂上や眉間を切り取って作製する。大頭の脳の袋をよく洗って干し、月輪形の裏に漆をふせ、その中に呪符をこめる。大頭や小頭と同じく箔押し、曼陀羅を描く。月輪形の面側に行者が念じた本尊[※15]を描き、裏に朱を注す。できあがったら、女性の経血で染めた絹で九帖の袈裟を作って包み、九重の桶に入れ、七重の錦の袋に入れ、首からさげて供養する。

こうして作られた髑髏本尊を道場に祀っていたわけである。
立川流が邪教として排斥されたのは、この髑髏本尊によるところも大きかった。
想像して欲しい。修行の場に飾りたてられた髑髏が置かれているのだ。もちろん人目のつくところにではなく、秘仏として祀っていたわけだが、だとしても多くの密教僧が道場に求めたであろう「神聖な場」というイメージに沿うものではない。それが彼の流派に邪教のレッテルを貼らせた原因であったと考えるのは、さほど間違ってはいないと思われる。
だが、この髑髏本尊をして邪教と呼んだのには、やはり文観や立川流に対する政治的工作であったようだ。
というのも、不動明王を始めとするシヴァ神由来の仏尊の多くは、その修法において人間の髑髏を用いていたのである。反立川流を掲げる宗派でも、そうした仏尊の法を修する際には髑髏を使っていた。
「髑髏を使っている」ことは、特に排撃すべき事柄ではなかったのである。
また、髑髏は荼枳尼天とも関わりがあった[※16]。荼枳尼天は稲荷権現と同一視されている。稲荷権現は白狐として顕現する。狐は人を化かす。その神通力を発揮する際に、狐は頭に髑髏を載せるのだ。後にこれは藻になり、木の葉、馬沓になっていった[※17]が、文観らが活躍していた頃には、まだ狐は髑髏を使って神通力をふるっていた。
天狐を使いとしていた荼枳尼天を祀る立川流にとって、その

※15 多くは荼枳尼天か、性愛を旨とする歓喜天だったようだ。

※16 もちろん、荼枳尼天(ダーキニー)はシヴァ神に関わりを持つ女神である。

※17 「狐は人を化かす神通力を持っている」という説は、中国より伝来したものである。中国神仙道に関する書物『抱朴子』によれば、狐は300歳を越えた頃より人に化ける妖術を使うようになる。夜には尾を打って火を出す。人に化ける方法は、髑髏を頭の上に戴き、北斗七星を礼拝し、落ちないようになると人になれるという。こうして狐は人間の姿を借りるわけだが、その際には常に女性になった。というのも、陰陽説において狐は陰の獣だったからである。髑髏もまた陰気の器物であり、狐とは相性がよかったのかもしれない。

神通力の源たる髑髏はなくてはならなかったのだと思われる。

さらに、人間には三魂七魄の霊性が宿っており、死後三魂は遺骸を離れて天へと帰り、六道のいずれかへと転生する。一方、七魄は現世にとどまり遺骸を護る鬼神となる。そこで、この髑髏をうまく祀り、養うことができれば七魄は喜んで行者のために働き、福徳を授けるという[※18]。

これは本来密教の思想ではなく、中国神仙道や道教での教えである。だが、成立や伝承の過程に民間陰陽師が深く関わっていたため、その影響を強く受けたのだろう。

※18 中国の活死人として有名な僵尸も、死体を護る七魄を使役する呪法である。

立川流のその後

文観が没し、後亀山天皇により南朝が北朝と統一（1392年）した後も、立川流は命脈を保ち続けた。もちろん、それまでのような――特に文観存命中の如き栄誉栄華を誇っていたわけではなく、細々としたものだった。

しかし、それでも追撃の手は緩まなかったようだ。

江戸時代には幕府による徹底的な弾圧があり、その中で残されていた文献や僧が失われ、幻の宗教と化してしまう。

だが、立川流はそれで完全に消滅してしまったのだろうか。

現実にはそうともいえないのである。立川流の残滓ともいうべきものは、幾多の宗派の内部に残された。

その代表的なものが、浄土真宗の異端派である秘事法門や天台密教の秘密灌頂の玄旨帰命壇である。これらは立川流の影響下で成立したとされている。

Column 玄旨帰命壇

　天台密教の異端に「玄旨帰命壇」という秘密灌頂がある。
　これは天台宗における邪宗とされたものだ。やはり性愛的なイメージの強い宗門で、鎌倉から室町時代にかけて最隆盛していたという。その後も、徳川家康に仕えていた天海僧正がこの秘法を修めていたと囁かれている。
　玄旨帰命壇は、厳密には「玄旨」と「帰命壇」の2つの灌頂より成り立っている。
　玄旨とは天台密教究極の秘密法門で、その教えは「煩悩即菩提」「凡聖不二」といった相則不二論に基づく現世肯定である。「煩悩即菩提」とは、煩悩妄念それそのものを悟りの縁とする教えである。一方の「凡聖不二」は凡人も聖人も本質は同じであるというものだ。これ自体は異端でもなんでもない。だが、玄旨帰命壇では、これを独自解釈して秘伝化、口伝化したのである。
　また、中国の天台大師智顗が主張した「一心三観」の教えを採用していた。
　これは、天台宗における真理のとらえ方で、真理を空とする「空観」、現象界（現世）は真理の本体が仮に現れたものとする「仮観」、そして両者にとらわれない「中観」の三観に、それらを真理の現れ方の違いとしてとらえ、人の一心により見え方が変わるというものだ。
　そして帰命壇である。玄旨帰命壇には、帰命壇の教えを端的に表す歌が伝わっている。

　　「短か夜の天なる台に憧れて
　　　露の命を帰る壇」

　ここからわかるように、帰命壇では人は星より下りきたものであり、その生が終わると再び星へと帰還するとされていた。ここで人が帰るべき星がどこであるかは諸説あるが、北斗七星であるとする説と金星であるとする説が有力である。
　玄旨帰命壇の経典の1つ『玄旨壇秘鈔』によれば、父母が性

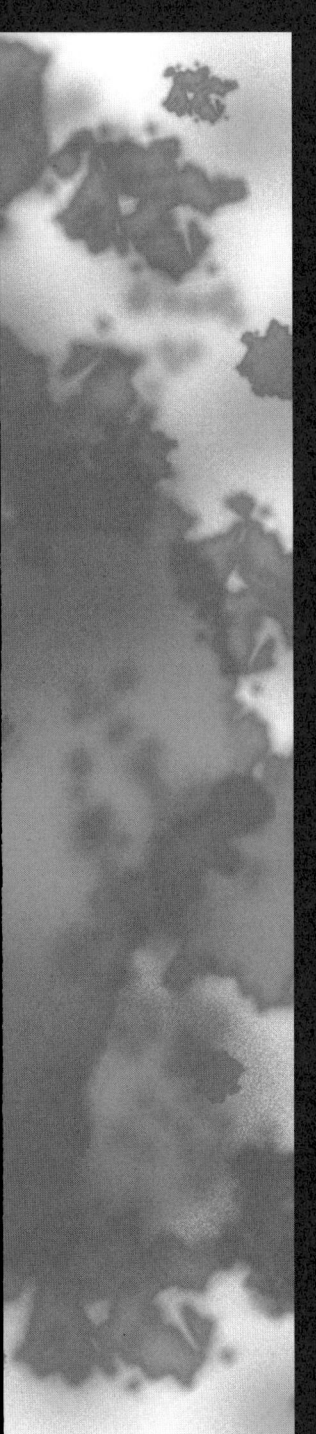

交すると、北斗七星より本命星と元神星が母の胎内に降臨する。そして1カ月の後に赤白二水となって、人間を始めとするあらゆる生物へと変成してゆくのだ。

また同じく『玄旨壇秘鈔』では、日・月・金星は一切の衆生の生死を司っているとされている。またこれらの天体の魂が衆生の心のもととなったという。

こうしたことから、人間は北斗七星ないしは金星に由来するとしていたのである。

さて、玄旨帰命壇の本尊仏は、摩多羅神という神である。

この神は慈覚大師円仁が唐より帰国する遣唐使船の上で感得した神で、この時、摩多羅神は「我は障礙の神である。我を祀らなければ、往生の願いは達せられないと知れ」と、脅しのような文句を述べたとされる。

天台宗の仏典『渓嵐拾葉集』には、摩多羅神は摩訶迦羅天（大黒天）であり、荼枳尼天であると記されている。つまりは、玄旨帰命壇も荼枳尼天信仰に多大な関わりを持つ宗派だったのだ。

徳川家康に重用されていた天海僧正が存命中は教勢を維持していたが、その死後には邪教として排撃されている。17世紀の頃だ。その理由としては、摩多羅神と同一視されていた荼枳尼天が神通力修行者たちの帰依を受ける神（＝現世利益的な神）であったこともあるが、それ以上に摩多羅神に侍る二童子に理由があった。

爾子多、丁令多という二童子は、摩多羅神の両脇に侍り、それぞれ「ソソロソニ、ソソロソ」、「シシリシニ、シシリシ」と囃し立て、摩多羅神の叩く鼓にあわせて踊るのである。

この童子たちの囃子が、大便道の尻（シシ）、小便道（ソソ）──シシは男色を、ソソは女性との交わりを表しているとされたのだ。当時、仏僧の男色・女色は公然とおこなわれていたものであったが、戒律破りであることに違いはない。そのため、なかばスケープゴートとして攻撃されたのだろう。

ヴードゥー秘密結社

Secret society of Voodoo

幻想の魔教

　甦った死者が夜の町を彷徨い歩き、人々を襲撃しては仲間を増やしてゆく——。

　ハリウッド映画でこのような一場面を目にしたことのある人は多いと思う。

　それら「ゾンビー」と呼ばれるその活ける屍は、ハイチの国民宗教であるヴードゥーの秘儀により生み出された存在である。が、「ゾンビー物」という一ジャンルとして成立するほどに知れわたった存在であるが、実像とはかけ離れたものである。

　ゾンビーを作り出すのは、ヴードゥー教の司祭だ。

　ヴードゥー教という宗教は「秘密結社」という形態でハイチに根付いている。

ヴードゥーの発祥

　一般にヴードゥーと呼ばれている宗教を一言で説明すれば、「西アフリカより輸入された黒人奴隷たちが故郷の土地より持ち込んだアニミズム的な精霊信仰に、カトリックを習合したもの」となる。

　黒人奴隷たちが売買品目となった背景には様々なものがあるが、現地の部族間闘争により捕らえられ、奴隷となった者を、ヨーロッパ人へ武器購入代金の代わりに差し出したという理由が多くを占めていたようだ。

　彼らを直接買い上げていたのは、イギリスやフランス、スペインといった当時の列強国——つまりはアフリカ西海岸、現在のナイジェリアを始めとするギニア湾沿岸に位置する植民地諸国の宗主となっていた国々だ。それらの国の武器商人や奴隷商人たちが仲介して、独立前で各国の植民地がひしめきあっていたアメリカ大陸やその周辺地域へと輸出されたのである。この輸出事業は独立後も続き、その様子はアメリカ古典小説で垣間

見ることができる。

こうしてアメリカ大陸に連れてこられた黒人奴隷たちの多くは、南部の農園主に買い上げられ、その許で労働させられた。

この時、彼らが故郷より持ち込んだのが、古来より伝承されてきた精霊信仰である。農園に集められた黒人奴隷は、異なる部族出身の者たちがごちゃまぜになっていたため、一口に精霊信仰といっても差異が存在していた。

しかし、過酷で劣悪な労働環境[※1]が異部族出身者たちの社会化を促した。彼らは奴隷商人や主人の手によって喪失した民族や言葉、文化といったものを取り戻そうとしたのである。それは、アメリカ大陸という「新世界」においてアフリカを再編成しようとする動きでもあった。

雑多な部族からなっていた新世界アフリカ共同体は、「ギネー＜guinè＞」という統一概念を生み出した。アフリカ人としての思いや誇りが概念化されたこれは、彼らの日々の鍛錬（つまり新世界における公用語＝宗主国語＝スペイン語やフランス語の教育）や過酷な労働の中でも失われることはなく、むしろそれらのおかげで彼らの裡に強く根付いていったのである。

この「ギネー」の語源となったのは、彼らの祖先の地ギニアである。彼らはこの地を「生を終えた後に帰る魂の故郷」と位置づけ、自らを「ギネーの子＜ti ginin＞」と呼ぶようになった。

また、新世界での黒人共同体には、常に新参の奴隷（ボサール）が加わり続けることにより、ギネーの内容はより深化し、豊かになっていった。

彼ら黒人奴隷たちは、基本的に宗主国の言葉を日常的公用語として使用するように教育されていたが、宗主国の変遷などから、フランス語、スペイン語、それにアフリカ起源の諸言語が混合したハイチ・クレオール語を生み出すに至った。

こうした中で発生したのが、ヴードゥー教である。

文化人類学者シドニー・W・ミンツはヴードゥー教に関して、「宗教もアフリカのものが持ちよられ、『継ぎ合わせ』られて形成されていったと考えていいだろう。記憶、洞察、信念を持ちより、かれらは未来に向けて出発した」と評している。

ヴードゥー教もまた、ギネーの概念と同じくアフリカの雑多な精霊信仰を混合、再構築したものだった。成立過程からギネーとは密接な関わりを持っており、その一部であるといっても

※1 彼らは日の出とともに働き始め、日の入りまで──時には夜中の10時から11時まで働いた。作業時は裸同然の姿で、休息らしい休息も与えられず、疲労にへたり込むと老若男女の区別なく、監督が鞭をふるった。
また、彼らに用意された住居は家畜小屋にも等しいもので、時には実際にそこで豚を飼っていることもあった。食事は粗末で量も少なかったため、わずかな休息時間や休日を自給用の野菜の栽培にあてなければならなかったという。

カリブ海広域図

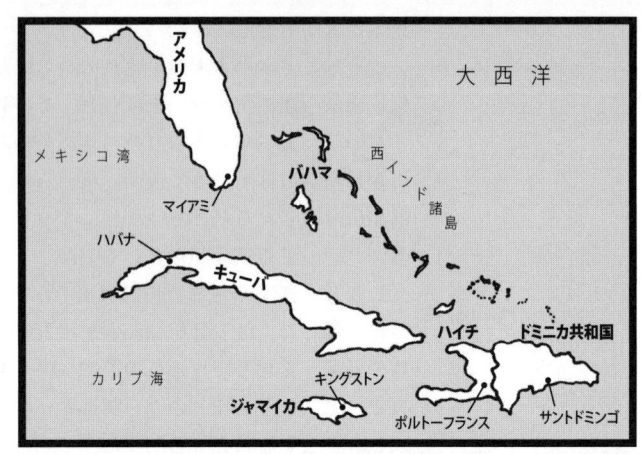

ハイチ詳細図

いいだろう。

　雑多なアフリカ諸部族の信仰や伝承をヴードゥー教として再構築する上で中核となったのは、新世界における黒人奴隷の多数派を占めていたフォン族[※2]やヨルバ族[※3]のそれである。
　こうして出現したヴードゥー教は、すぐさま黒人奴隷の間に広まってゆき、彼らから切り離すことができないものとなっていった。

※2 現在のベニン(ベナン共和国)の民族。当時はダホメー王国と呼ばれていた。

※3 現在のナイジェリア連邦共和国の民族。

ヴードゥーとハイチ革命、独立

新世界の黒人奴隷たちとは切ってもきり放せない存在となったヴードゥーは、次第に政治的色彩を帯びてゆくこととなる。

政治的ヴードゥーの担い手となったのは、逃亡奴隷たちだった。彼らは「野生に帰った家畜」を意味するスペイン語で「シマロン＜cimarròn＞」と呼ばれていた[※4]。これが、後にクレオール語に「マルーン＜maroon＞」として取り入れられてゆく。

※4 この言葉はフランス語のマロン＜marron＞、英語のマルーン＜maroon＞の語源となった。

彼ら逃亡奴隷たちは遠方へ逃亡することもあったが、土地勘があり、仲間からの支援が受けられる農園の近隣へ潜伏することが多かった。また、植民地で生まれ、ハイチ・クレオール語に堪能な者は自由黒人を装って都市部に紛れ込むこともあったようだ。しかし、逃亡奴隷たちの大多数は、彼らが作り上げた共同体へと合流していた。

逃亡奴隷たちの共同体は主に山間部などに拠点を設け、そこで菜園などを作り、時には商店や輸送隊などを襲撃しつつ、黒人奴隷の解放を求めて活動したのである。

こうした共同体組織の構造的手本は、西アフリカに数多く存在していた結社だといわれている。それらの結社は、基本的に部族単位で成立していながらも、同時に同じ境遇にあるすべての者（部族内外を問わず）で共有されていた。新世界の植民地に出現した逃亡奴隷共同体も、同じ性質を有していたのである。そのため、他の逃亡奴隷共同体や農園に残る奴隷たちと思想的、文化的、あるいは物質的、経済的な交流が絶えることがなかった。そして、逃亡奴隷や黒人奴隷たちは各地で自主的に秘密集会を開くようになっていった。

この時、黒人間で結束を強め、政治的意識の高揚に使われたのがヴードゥー教である。当時、植民地では白人たちの支配力が強すぎ、奴隷たちはそれに対する抵抗、反乱を企てようと思うことすらできなかった。その心理的制約を打ち破るため、宗教という道具が必要だったのである。

その証拠にマルーン共同体の指導者たちの多くは、思想と暴力行為の指導者であると同時に宗教的な指導者でもあった。

それを示す端的な例として、ヴードゥー教の儀式でよく歌われた歌の歌詞を掲げる。

エー！　エー！　ボンバ！　エー！　エー！
　私は黒人に誓う
　私は精霊たちに誓う！
　あなたも彼らに誓いなさい。
　白人と白人の財産を破壊することを誓う。
　この誓いが守れぬくらいなら死んでしまおう。

　代表的なマルーン共同体の政治的指導者であり、ヴードゥー教的指導者であった人物に、フランソワ・マカンダルがいる。彼はハイチ北部のランベ地方の逃亡奴隷だが、元はマンディゴ族[※5]のイスラム信徒の名家に生まれついた。裕福な良家の出である彼がなぜ奴隷となったのかは不明である。ハイチに売られてきたマカンダルは、農作業中に農機具に腕を巻き込まれ、片腕を失ってしまう。

　彼が逃亡マルーン共同体と接触を持つようになったのは、これ以降のことだとされている。やがてマカンダルもまた農園より逃亡し、その組織へと身を寄せることとなった。そこで彼はヴードゥー教の司祭になり、人々から預言者、神の使いとして知られるようになってゆく。

　マカンダルは、それまで宗教的色彩を帯びただけの山賊（さんぞく）同然だったマルーン共同体を戦略的、組織的に運用し、革命家としての名声も獲得していった。

　宗教的、政治的カリスマとなったフランソワ・マカンダルに対する当時の評価ぶりは、まさに「魔術師的な人物」と呼ぶにふさわしいものだった。

　人々は、彼は動物や鳥、魚、昆虫など様々な姿に変身することができ、夜出歩く時には黒山羊の皮を被（かぶ）り、左右の角（つの）に松明（たいまつ）を燈（とも）していると信じていた。特に緑色のイグアナや夜行性の蛾（が）、見かけない犬、場違いなところにいるペリカンなどは、すべてマカンダルが変身したものだと思われていたのである。時には羽を着けて空を飛び、ある時は鰓（えら）を持って水を泳ぎ、そして風のように疾駆するかと思えばのろのろと這（は）い進む。そんな変幻自在の呪術妖術をもって農園に残る奴隷たちに目を光らせ、ハイチ島の黒人奴隷たちを支配下においていった。

　彼はマルーン共同体を組織的かつ効果的に運用し、白人の経営する農園の襲撃を繰り返した。

※5　現在のリベリアからギニア、そして中央アフリカにかけた地域を生活圏とする民族。マカンダルはギニア出身。

Secret society of Voodoo

焚刑に処せられるフランソワ・マカンダル。このとき彼が、呪文を唱えると、その身を縛りつけていた縄が切れ、蛇に変身して飛び去っていったという

　こうした抵抗活動、あるいは反白人活動を、本格的な革命に押し上げようと考え始めたのは、1757年頃からのことだったようだ。また、黒人共同体のネットワークを利用して、白人の飲食物に毒物を混ぜるというテロ「マカンダル事件」での白人の死者は、実に6,000人にものぼったという。

　大戦果を挙げたマカンダルではあったが、白人の経営する農園の近くで泥酔していたところを逮捕されてしまうという失態を犯した[※6]。

　逮捕された彼は焚刑に処せられるのだが、この時、マカンダルがなにやら呪文を唱えると、その身を縛りつけていた縄が切れた。そして彼は蛇に変身して飛び去っていったという。

　これ以後、マカンダルの名はヴードゥーの儀式や呪文の中で何度となく唱えられるようになった。そうした文脈の中で彼の名「マカンダル」が出現する時は、魔除け、毒、毒殺者、魔術師といった意味を持つことが多かったようだ。

　そして彼は、その死後に起きた1791年の奴隷一斉蜂起でも重要な役割を果たす。彼の名は黒人奴隷たちの蜂起、そしてそれに続く革命における民衆の精神的支柱となったのである[※7]。

※6 この逮捕劇の裏には、マカンダルの仲間の裏切りがあったとも、少女奴隷が処刑された際に彼の名をさけんだためともいわれているが、正確なところは不明である。

※7 後にフランソワ・マカンダルは土着化したハイチ・カトリック教会において聖人に列せられ、「ロア神父」と呼ばれるようになる。

第3章　密儀／異端　199

この奴隷の一斉蜂起は、1791年8月14日の夜、ルノルマン・メジという農園の近所、ボワ・カイマンの森の中で開かれた集会に端を発しているといわれている。この集会はヴードゥー教の儀礼に則っておこなわれ、後には「ボワ・カイマンの祭儀」としてハイチ史に語り継がれることとなる。
　「ボワ・カイマンの祭儀」は悪天候の中でおこなわれたが、100以上の農園から約200人の黒人奴隷たちが集まった。
　そしてその数日後、最初の農園が襲撃に遭い、焼き討ちされる。
　反乱はすぐさまハイチの北部全域に飛び火し、5万人もの叛徒により白人居住地の多くが焼かれ、2,000カ所に及ぶ砂糖工場やコーヒー工場が破壊された。そして最終的には奴隷の他、自由黒人や混血（ムラート）、女子どもも加わり、ハイチ全土で実に10万人もの参加者を数えることとなる大反乱へと発展してゆくこととなる。
　心理的に反乱を支えたのはヴードゥー教であった。小さなナイフや農耕具といった貧弱な武器しか持たない彼らは、ヴードゥー教の司祭職であるウンガンの太鼓や法螺貝（ほらがい）の音にあわせて行動した。時には、白人の持つ銃は竹で火薬は土にすぎないと信じ、また銃弾をはね返すという牛の尻尾を護符として携えて闘う者もいたという。
　宗主国であるフランスの国民議会はムラートに政治的権利を与えることでこの革命を鎮圧しようとするが、白人入植者たちの根強い反対により頓挫する。また、ハイチ革命が激しさを増していった1793年のフランス本国は、2月から3月にかけてイギリスやオランダ、スペインに宣戦布告、俗にいう「フランス革命戦争」[※8]最中（さなか）の混乱した状況にあった。
　そのため、ハイチ革命にスペインが介入、革命の指導者であったジャン＝フランソワやビアスーが、スペイン軍の将校として取り立てられる。大国の後援を受けたことにより、それまで長期化の様相を呈していた革命に、1つの転機が訪れたのである。
　1793年8月、ルカプで王党派の反乱により革命派であるソントナクスが全滅の危機に瀕するという事件が起きる。ハイチ革命勢力はソントナクスに助勢して反乱を鎮圧する。この借りを返すため、ソントナクスは奴隷制廃止の宣言をおこなわざるを

※8　1792年から1802年まで。ナポレオンが英雄の階段を登る足がかりとなった一連の戦争である。

えなくなってしまう。翌月には、ハイチの南部や西部でも同様の宣言がなされた。

　1801年には議会が立ち上げられ、憲法が制定された。しかし、経済の立て直しが急務となっていたハイチでは、プランテーションは解体されることなく維持され[※9]、かつてほどではないにせよ、黒人たちには厳しい規律が課せられた。カトリックが国教と定められ、革命の原動力となったヴードゥー教も禁止された。

　植民地政府がフランス寄りの政策をとったことが、ムラートや自由黒人たちの反感を呼び、各地で反乱が起きるようになった。

　また、フランスの盟主となったナポレオン・ボナパルトは植民地の復活を望み、エスパニョーラ島に軍を送った。フランス軍と黒人たちの間で戦争が起こり、植民地政府の指導者トゥサンは捕らえられ、捕囚のうちに生涯を閉じた。

　その後、植民地統治を任されたフランス軍に編入されていたジャン＝ジャック・デッサリーヌ[※10]とアンリ・クリストフが軍を離脱し、ムラート軍の指導者アレクサンドル・ペションと合流、反フランス抵抗運動を展開する。

　そして1803年、熾烈な抵抗運動の末に植民地からフランス軍を撤退させることに成功する。

　1804年1月1日に正式に独立を宣言、「ハイチ」という国号と国旗を制定、10月にはデッサリーヌが初代皇帝（ジャン・ジャック1世。なんとフランスを真似て帝国を名乗った）に即位した。

　こうして、世界でも類を見ない、奴隷の反乱による黒人共和国が誕生したのである。

※9　収益の1/4を労働者に分配することで、白人たちと同じ植民地政策を維持しようとした。そして、それは実際に効果を挙げたのだが、専制的であったことから労働者や民衆の不満が溜まっていった。

※10　トゥサンの元部下である。

パパ・ドク

　ハイチ共和国樹立の後も、この国は安定を見ることがなかった。

　社会で上位に立っていたのは、革命軍人や教育を受けたムラートたちであり、植民地時代と比較しても、単に彼らが白人に成り代わっただけだったのである。

　彼らはヨーロッパ——特に旧宗主国であったフランスの文化

バロン・サムディの姿をした
フランソワ・デュバリエ
（パパ・ドク）

※11 グリオとは、西アフリカにおいて口伝伝承を伝える職業的語り部の名称。ハイチの政治的活動組織としてのグリオは、ヴードゥー教の再評価と、ハイチ社会でのアフリカ性の強調の確認を主目的としていた。

様式を積極的に取り入れ、生活習慣から知識、言語、政治手法に至るまでをフランス化しつつ、一般民衆を農地に縛りつけ、農業による利益を上げることに執着した。

　デッサリーヌにより発令されたヴードゥー教禁止令は続行され、弾圧を逃れるために秘密結社化する。

　そうした中で出現したのが、フランソワ・デュバリエであった。

　彼はアフリカ主義的組織グリオ[※11]のスポークスマン的存在であり、そのカリスマ性により農民やヴードゥー教徒たちの支持を受け、1957年に実施された大統領選挙に出馬、当選した。

　彼が大統領に就任したことにより、ヴードゥー教の正統性が認められ、弾圧・禁教といった状態から解放される。実に、ハイチ独立より150年もの間、ヴードゥー教は政治的原動力となりつつも、その存在は抑圧されていたわけである。

　就任当初の彼は、国民福祉を重視する進歩的な政策を推進し、さらにそれまでムラートたちの寡占状態にあった公職・要職を黒人たちに開放した。また外国人司祭を追放し、国内のアフリ

Secret society of Voodoo

力色を強めていった。こうした政策から、民衆から「パパ・ドク」[※12]と呼ばれるほど慕われたが、徐々に独裁色を強めていった。すべての反対政党を非合法化し、デュバリエに対して批判的な人物を多数投獄、処刑した。一説には、3万人以上の殺害に関与したともいわれている。1964年には大統領の再選を禁止する憲法を一方的に修正し、自ら終身大統領に就任する。

彼はヴードゥー教秘密結社や農民社会の政治性を巧みに利用し、これを自らの独裁権力の強化、民衆掌握に役立てた。

この中で出現したのが、トントンマクート[※13]と呼ばれる秘密警察だった。

トントンマクートには、愛国心や信仰心の熱いウンガンやボコール(双方ともヴードゥー教の祭司者)、秘密結社の首領や構成員が数多く参加し、宗教的側面からもデュバリエによる独裁支配を助けた。共同体の指導者という立場からの働きかけももちろんだが、呪術をふるっていたという伝説もある[※14]。

1971年に彼が没すると、息子のジャン=クロード・デュバリエ[※15]が父の後を継いで大統領に就任、父フランソワ・デュバリエの独裁恐怖政治体制を受け継いだ。1983年には父と同じく終身大統領就任を宣言するが、1986年2月、食糧危機が発端となった国民暴動から逃れるようにフランスへ亡命する。

この政変の背後には、体制と、デュバリエ一族によるハイチ支配をよしとしないウンガンたちによる魔術的闘争があったとも伝えられている。

ヴードゥーの神と秘密結社

ヴードゥー教では、「秘密結社」という形で宗教的共同体が形成されている。

先にも述べたように、これは西アフリカ地域の諸部族が有していた形式を踏襲したものである。

それと同時に、ハイチにおけるヴードゥー教の持つ歴史に由来している部分もあると考えるのが自然だろう。

歴史とはつまり、ヴードゥー教という宗教的共同体が革命勢力のネットワークとして利用されていたという事実だ。体制維持、そして騒乱鎮圧の責任を持つ為政者からすれば、革命勢力=反体制勢力はテロリストであり、そうした者たちを狩り出す

※12 この愛称は、彼が医者でもあったことに由来する。

※13 ハイチの民間伝承上の「子どもの誘拐魔」がその名の由来。

※14 デュバリエ自身、自らボコール(邪術師)であったと喧伝しており、公衆の前に現れる時は決まってヴードゥーの神の一柱バロン・サムディをイメージした扮装をしていた。
バロン・サムディとは、ヴードゥー教における死者の神であり墓地の神。山高帽に燕尾服の上着を身に纏い、下半身は裸、髑髏顔、黒眼鏡をかけ、煙草か葉巻をふかし、胸には短剣が刺さっている――という姿をしている。もちろん、デュバリエは下半身の露出や胸の短剣までは真似ていなかった。

※15 通称「ベビー・ドク」。

義務を持つ。ゆえに、反白人勢力たる革命勢力は地下へ潜り、姿をくらませる必要があったのだ。

　もちろん、部族内の共同体としての秘密結社としての色彩も色濃く残っている。こうした共同体内共同体とでもいうべき結社は、存在が隠されることはない。部族共同体に属する者であれば、その存在は消極的ではあるが明示的に知らされている。いわば青年会のようなもので、年齢や資格など、ある一定の条件をクリアしたものを迎え入れることにより、代々維持されてきた組織なのだ。

　ヴードゥー教の母体となったのは、その宗教形態の原型である西アフリカ地域、それもギニア湾沿岸地方に居住していた諸部族──特にフォン族の伝承や信仰が中心である。延長線上に存在するヴードゥー教には、そうしたものの影響が強く残っている。

　そもそも「ヴードゥー」という言葉自体、西アフリカのフォン族に由来する言葉で、自然の事象と人間の諸活動に対応する、極めて細分化された神々を指すものであった[※16]。

　ヴードゥー教で信仰の対象とされるのは、「ロア」と呼ばれる神だ。神というよりも精霊に近い存在である。その数は実に400柱にも達し[※17]、時にはミステールと呼ばれることもある。

　だが、このロアという存在は、実は比較的下位に位置する神格であり、地方によってボン・デュー、またはボンディエと呼ばれる上位存在が神として君臨している。この神は最高神であるが、あまりにも絶対的な存在であり、そして遥か遠くの世界に住むため、人間とは一切関わりを持たない存在とされている。

　下位の存在であり、人間との間に交渉を持つ神であるロアは、「ラダ群」と「ペトロ群」に大きく分けられている。

　ラダ群のロアとは、その源流となった部族の出身地ごとに「民族（ナシオン）」として分類されているロアである。代表的なナシオンはラダ・ロア、ワルゴン・ロア、シニキ・ロア、ナゴ・ロア、イボ・ロアといったところである。が、伝統的な由来を持つロアは、最大派閥であるフォン族由来のラダ・ロアに吸収されてゆき、総体として新世界におけるアフリカ共同体の神話的思想を象徴するものとなった。

　そしてペトロ群のロアは植民地時代の苛烈な支配の中で生まれた神で、ハイチにおいて出現したものや、コンゴ生まれのも

※16　ヴォドゥンとも呼ばれていた。

※17　現在もロアは増え続けており、「自動車のロア」や「電話のロア」といった文明の利器を司る神まで存在しているという。

のとされている。

　ラダ群のロアが慈愛や幸福、豊饒、勝利といった正の属性を持った存在であるのに対し、ペトロ群のロアは復讐や暴力、死、猥雑といった負の指向性を有している。ペトロ群のロアの儀礼は多分に過激なものとなっており、秘密結社の儀礼とも密接に結びついているという。

　人々はこの両者を同時に信仰の対象としているが、はっきりと区別されており、同一の儀礼や祭壇が用いられることはない。

　ラダ群の神は高貴で純潔な存在であり、人々にとって善良な行いしかしないが、のんびりしていて力も弱い。一方、ペトロ群の神は恐ろしく邪悪だが、力強く俊敏である。そしてペトロ群の神は邪悪な行いをなすが、同時に善良なこともできるとされていた。そのため、なにかを手に入れたい、達成したいという願望を持つ多くの者に信奉されていたのである。

　ペトロ群の神々は邪悪であるが、ラダ群の神々と二元論的な対立構造にはない。ペトロ群の神々は邪悪で、ラダ群の神々は善良ではあるが、それは属性的なものであって、本質的な善悪とは無関係なのである。彼らが善をもたらすか悪となるかは、神々と交流し、力を借り受ける人間次第ということだ。

　それは、以下に挙げるビザンゴ秘密結社（ヴードゥー教秘密結社）の儀礼の歌からも明らかだ。

「われは善に仕える、悪に仕える
　われらは善に仕える、悪に仕える
　ワヨ　オオ
　われに禍（わざわい）がかかれば、われは彼らに霊を呼ぶ」

　また、ヴードゥー教の秘密結社には教義や思想を統制する中央組織が存在せず、各秘密結社での信仰や神に対する解釈が微妙に異なっているため、たとえ同じ名の神であっても厳密に同一の神であるとは言い難い。これは儀礼についても同じだ。

　地域や秘密結社によって、信仰対象とする神は独自に取捨選択されていたが、通常はロアの「国」を選び、それを儀礼的枠組みの中に組み入れていた。

　北部のナンスクリではコンゴ由来の神——古代コンゴ王国の記憶を伝えるバズー王と女王マンボ・イナンというロアが奉じ

られている。一方、フォン族の影響の強い地域では、フォン族の最高神であったマウ＝リサがロアとして信仰されていた。

　こうして信仰されたロアの多くは、カトリックの聖人と結びつけられていた。これは植民地時代にキリスト教に出会い、それまで本来形を持っていなかったロアを図案化するという概念を得たことが一因としてある。ロアを聖画に描かれる聖人になぞらえ、視覚化したわけである。

　また、ハイチ独立後のヴードゥー教禁教時代に、ヴードゥー教徒たちが自らの信仰を隠し持ち続けるための仕組みとして、日本の隠れ切支丹たちがマリア観音を拝んでいたように、聖人を摸した姿のロアを崇拝していたと考えるのは、さほど間違っていないだろう。

　その証拠に、キリスト教聖人とロアとの間の関連性は、付随するものや視覚的イメージを形作る装飾の共通性に由来するものであり、それ以上のものはない。ロアを聖人に仮当てしていただけといってもいいだろう。

ヴードゥー教の組織

　ヴードゥー教の秘密結社では、祭司者であるウンガン（男性）やマンボ（女性）が指導者として、儀礼や組織運営を取り仕切っている。彼らはロアから完全なる権威を与えられており、時には、ウンガンは「パパ」または「パパ・ロア」、マンボは「マンマン」または「ママ」と呼ばれ、信徒たちからの崇敬を集めている。

　彼らが取り仕切るヴードゥーの儀礼は、降霊／交霊によるロアとの交流が中心となる。その儀式の多くは歌や演奏、ダンスと結びつけられている。

　これは彼らの故郷の地アフリカより新世界に持ち込まれ、植民地時代の「教育」によって絶えることのなかった黒人文化である。というよりはむしろ、植民地の農園主たちは黒人奴隷たちのレクリエーションとして、労働の障害にならない範囲で音楽やダンスに興じることを推奨した。

　もちろん、農園主たちは、それが黒人奴隷たちの新世界アフリカ主義思想ともいうべきギネーと結びついたものであるなどとは知らず、当然ながらその結実であるヴードゥー教、さらに

は革命勢力がそのネットワークを利用していたなどとは夢にも思っていなかった。

さて、こうしたヴードゥー教の降霊儀式において、ロアやその他の精霊を身体に降臨させる霊媒は、ウンシと呼ばれる聖職者である。ウンシとは「ロアの配偶者」という意味のフォン語に由来する言葉であり、ヴードゥー教秘密結社におけるそれは、ロアの僕として憑依される資格を持つ信者として位置づけられている。

ウンシにはいくつかの階級があり、新米の信者はウンシ・ボサルという。一方、上級の聖職者はカンゾやラベテットなどと呼ばれている。上級聖職者になるには、松明や焼いた石を手に持つ「火の試し」なる試練を通過しなければならない。

こうした聖職者の育成もウンガン（及びマンボ）の使命である。

また、宗教的指導者として以外にも、ウンガンは民衆と関わっていた。他の多くの文化圏における宗教者／呪術者と同様、ウンガンは伝統的な薬草医を兼任していることが多かったのである。薬草医として、それを専門分野としたウンガンはドクト・ファーユと呼ばれていた。

人々が自らの知識や技術、あるいは一般の医療機関では手に負えないと判断された場合、ウンガンの出番となる。彼らは患者に対して占いや伝統的診断法を用いて病気の原因を探り、それに応じて薬品の調合をおこない、また沐浴やマッサージなどもおこなう。この時、ウンガンは薬草の知識を持つとされるロコやゲデといったロアに伺いを立てることもあるという。

占いやロアに伺いを立てた結果、病気の原因が超自然的なものであると断定されることもある。ロアによる懲罰や悪質な霊の仕業などだ。こうしたケースの場合、ウンガンはロアに助力を求め、被害者を神殿に隔離したり、ロアに生け贄を捧げるなどして災厄を取り除く。その過程で必要に応じて魔除けや薬、防御の呪文などが用いられる。

そうした超常的原因による障害──いわゆる霊障の場合、その背後にはボコールと呼ばれる邪術師がいることもある。邪術師といっても、ウンガンとボコールは対立する存在というわけではない。ラダ群のロアとペトロ群のロアが矛盾なく共存しているのと同じように、秘密結社の長や有力な祭司者の多くは両

※18 ウンガンとボコールは左右の手に喩えられる。ウンガンは「右手で仕える」のに対し、ボコールは「左手で仕える」のである。これは汎世界的な古典的表現であり、右手は正道を、左手は邪道を表す。

者を兼ねている[※18]。

　ボコールとは呪いを生業とするヴードゥーの呪術者だ。彼らのかける呪いは強力で、時には人間を死に追いやるほどだと信じられている――だけでなく、ボコールの呪いにより殺された者は、生者に災いをなす悪霊へと変じてしまうとまでいわれている。

　また、ヴードゥー教の代表的イメージであるゾンビーも、ボコールの取り扱う技能に含まれている。

　ボコールや秘密結社がふるう邪術は、個人的理由によるものもあるが、ほとんどの場合は社会的制裁を目的として――共同体のタブーや法を犯した時、彼らの呪術が発揮される。ヴードゥー教が浸透しているハイチ社会では、ボコールもまた必要とされる存在なのだ。

　ヴードゥーの秘密結社が日常的儀式を執り行うのは、主に「ウンフォ」と呼ばれる神殿だ。ウンフォは共同体住民の生活と密接な関係にある施設で、集会所や医療施設などを兼ねている。これらはウンフォの敷地内の独立した建物であることも、宗教施設としてのウンフォと同じ建物の内部に併設されていることもある。

　祭壇は「ペ」と呼ばれ、地面に長方形を描いただけの単純なものから、いくつもの祭壇を擁する豪奢なものまで様々である。ウンフォの中には、「バギ」という小部屋に仕切られた中にそれぞれの祭壇を設置した集合住宅的なウンフォも存在しているという。

　ヴードゥーの儀式はラダ群やペトロ群によって、さらには個別のロアによりその形式が異なる。

　一般的には夕方から夜にかけておこなわれ、時には夜が明けるまで続く。

　儀式には数人のウンガンやマンボが立ち会う。彼ら祭司者たちには、以下のような階級が与えられ、それぞれの役割が割りふられることが多い。

アンペルール
皇　帝
プレジダン・ディフィニティフ
正　大　統　領
プレジダン・オノリフィク
名誉大統領
ヴィス・プレジダン
副大統領

<ruby>創設大統領<rt>プレジダン・フォンダトゥール</rt></ruby>＝皇帝
<ruby>女性大統領<rt>プレジダント</rt></ruby>
<ruby>第一女王<rt>プルミエル・ラ・レーヌ</rt></ruby>
<ruby>第二女王<rt>ドゥジエム・ラ・レーヌ</rt></ruby>
<ruby>第三女王<rt>トロワジエム・ラ・レーヌ</rt></ruby>
<ruby>導く女王<rt>レーヌ・ディリジュール</rt></ruby>
<ruby>空飛ぶ女王<rt>レーヌ・ヴォルティージュ</rt></ruby>（<ruby>狼憑き<rt>ルー・ガルー</rt></ruby>）
<ruby>旗の女王<rt>レーヌ・ドラボー</rt></ruby>
<ruby>結社の母<rt>メール・ラ・ソシエテ</rt></ruby>
<ruby>将軍<rt>ジェネラル</rt></ruby>
<ruby>大公<rt>プランス</rt></ruby>
<ruby>首相<rt>プルミエ・ミニストル</rt></ruby>
<ruby>顧問<rt>コンセイエ</rt></ruby>
<ruby>法律顧問<rt>アヴォカ</rt></ruby>
<ruby>書記官<rt>スクレテール</rt></ruby>
<ruby>主計官<rt>トレゾリエ</rt></ruby>
<ruby>准将<rt>ブリガディエ・ジェネラル</rt></ruby>
<ruby>監督官<rt>シュペルヴィズール</rt></ruby>
<ruby>行政官<rt>アンタンダン</rt></ruby>
<ruby>長官<rt>シュランタンダン</rt></ruby>
<ruby>規律長官<rt>プレフェ・ド・ディシプリーヌ</rt></ruby>
<ruby>少佐<rt>マジュール</rt></ruby>
<ruby>指導官<rt>モニトゥール</rt></ruby>
<ruby>執行官<rt>エグゼキュティフ</rt></ruby>
<ruby>処刑官<rt>ブーロー</rt></ruby>
<ruby>追跡官<rt>シャッスール</rt></ruby>
<ruby>護衛官<rt>シェフ・デタント</rt></ruby>
<ruby>見張り<rt>サンティネル</rt></ruby>
<ruby>兵卒<rt>ソルダ</rt></ruby>

　また、儀式の進行を取り仕切る祭司は「ラ・プラス」と呼ばれ、アソンという鳴り物（中に小石や種子、蛇の骨などを入れた、乾燥させた<ruby>瓢箪<rt>ひょうたん</rt></ruby>）を持つ。
　先にも述べたが、ヴードゥーの儀礼において中心となるのは、降霊／交霊である。これはウンシにロアを降ろすことによっておこなわれる。この時、ウンシは人格を失い、ロアそのものに

なる。ロアの人格と力を帯びたウンシは、ロアの言葉を語り、ロアそのものとしてふるまう。時には灼けた炭を頬張り、火の上を歩くが、ロアであるため、それにより傷つくことはない。

ロアが憑依する現象は、儀式の中で叩かれる太鼓のリズムに合わせて歌い、ダンスすることによって、トランス状態へと導かれてゆくことにより引き起こされる。

このような憑霊現象は、世界中の様々な文化圏のシャーマニズム的儀式に見られる現象であり、ヴードゥーの儀式でおこなわれるのと同様、トランス状態に陥った霊媒は、通常であれば大ケガを負うようなパフォーマンスをおこなうことが少なくない。そして、やはり同じように、それによって重度のケガを負うことはないのである。

ロアの神降ろしを中心とした儀礼は、ハイチの黒人共同体で培われてきた伝統的な祭儀である。ヴードゥー教の実戦において、信仰の中心は祭司者ではなく、あくまで信者たちにあった。ゆえに、ロアは祭司ではなく、信者に降りるのだ。

ヴードゥー教徒はいう。

「カトリック信者は神について語るために教会へ行くが、ヴードゥー教徒は神になるために踊る」

Column ハイチ以外のヴードゥー

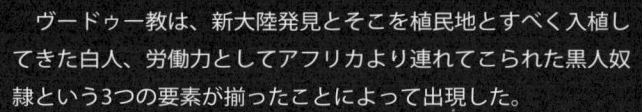

　ヴードゥー教は、新大陸発見とそこを植民地とすべく入植してきた白人、労働力としてアフリカより連れてこられた黒人奴隷という3つの要素が揃ったことによって出現した。

　当然ながら、白人たちが入植した新世界はハイチだけではない。カリブ海沿岸や中南米にも大々的に入植し、大農園を作り上げ、黒人奴隷たちを労働力として投入していた。

　そして、そこでもヴードゥー教の近似値的な宗教が発生していたのである。

　キューバの「サンテリア」、ジャマイカやバハマの「オービア」、トリニダード・ドバコで「シャンゴー」、ブラジルの「カンドンブレ」が代表的な「新世界でのアフリカの精霊信仰」だ。

　さらに革命（1959年）前夜のキューバでは、独裁者バティスタが、フランソワ・デュバリエがやっていたようにヴードゥー教のウンガンたちに反政府集会を開かせ、民衆を掌握しようとしたこともあった。キューバがハイチからの移民を大量に受け入れていたが故に有効な手段だと思われたのだろう。結果は歴史を見れば明らかであるが。

　これらのアフリカ由来の精霊信仰は各地に深く根付き、宗教や生活習慣以外にも、音楽やダンスといった文化的資産となり、現在では世界各地に輸出されるに至っている。

　また、こうした植民地では、ハイチのマカンダルと同様、アフリカ精霊信仰宗教を背景とした革命英雄が生まれた。

　ジャマイカのタッキーがその代表的例である。

　彼はガーナの白人入植地クロマンティーからジャマイカへと輸出された人物で、ジャマイカにおける同郷者たちのリーダー格であった。その彼が1760年に一地区で起こした暴動がジャマイカ全島を揺るがす大反乱（タッキーの反乱〈タッキーズ・レベリオン〉）へと発展し、様々な経緯を経て、ジャマイカ版ギネーともいうべきラスタファニアリズム（ラスタ音楽の思想的基盤である）を生み出し、黒人解放へと到達するのである。

　タッキーの反乱において黒人たちを団結させたのが、オービアだったのだ。

第3章　密儀／異端

オルフェウス密儀

Mysteres de Orphee / Orphism

ギリシアの代表的密儀

　人類は古来より自然や人の営みの中に神の存在、その姿を見出し、それに対する畏敬、崇拝の念を持ってきた。
　そうした念が宗教を生み、発展していった。さらに、宗教は複雑化・階層化してゆき、限られた者のみが参入を許される「密儀」と呼ばれる内陣組織が誕生する。
　このような密儀はギリシア文明でも、ディオニソス密儀やエレウシス密儀を始めとして数多く見られる。その中でも代表的なものは、本項で取り上げるオルフェウス密儀である。
　これは琴座の由来となったオルフェウスの神話にまつわる宗教で、オルフェウスの黄泉下りを主題として魂の輪廻転生を説き、信者たちは菜食主義を貫いた。

オルフェウス神話

　オルフェウスはギリシア神話に登場する詩人にして英雄だ。
　彼は太陽神アポロンと詩神カリオペ（ムーサイ）の間の子[※1]で、オリュンポス山にほど近いトラケ地方出身のアジア人であり、ビストニア人とマケドニア人とオドリュサイ人[※2]の王子あるいは王とされている人物だ。だが、彼は詩人・音楽家として知られ、その演奏は人や神々ばかりではなく、動物や植物、さらには岩や地水火風までもを感動させたという。
　オルフェウスにはエウリュディケという妻がいたが、蛇に咬まれて死んでしまう。彼は冥府に下り、そこで竪琴を弾いて冥神ハーデスの「鉄の涙」を誘った。それによりハーデスの許しを得たエウリュディケはオルフェウスに引き渡され、再びの生を与えられた。
　だが、これには1つの条件があった。それは、彼ら2人が地上へと帰り着くまで、後ろを振り向いてはいけないというものだった。オルフェウスはこれを守り、地上まであと少しという

※1　アポロンではなく、河の神オイアグロスを父とする説もある。

※2　ビストニア人とオドリュサイ人は、トラケ地方の民族。

Mysteres de Orphee

ギリシア神話中の
オルフェウス

ところまできたが、エウリュディケがついてきているか不安になった。そして、その不安に耐え切れず、ついに振り返ってしまったのだ。

　この瞬間、オルフェウスは妻を永遠に失ってしまった。

　彼は妻を失った悲しみのあまり、他の女性を無視するようになった。この態度に傷つけられた女性たちは復讐心を抱くようになり、ディオニソス祭の興奮に乗じ、オルフェウスを八つ裂きにしてしまった。

　この時、オルフェウスの頭はヘブロン川に転げ落ち、レスボス島へと辿りつく。首はそこで神託を下す存在となった。

※3　その一部である。オルフェウスにまつわる神話には、英雄イアソンの遠征も含まれている。彼もまたアルゴ探検隊の一員として、金の羊皮を求めて旅をしたのだ。

　以上がオルフェウス神話と呼ばれる物語の概要[※3]である。

　このような「妻を失った英雄が地下にある死者の国にゆき、妻を取り戻すが、途中で言い付けに背いてしまい失ってしまう」という神話・伝説は、日本神話の伊弉諾尊(イザナギノミコト)の黄泉下りを始めとして世界各地で見ることができる。

　オルフェウスの神話がその代表格であるため、文化人類学や神話学の世界では、これを「オルフェウス型神話」と呼ぶ。

ギリシアの密儀

　古代ギリシア社会は、「ポリス」という都市を一単位として運営されていた。
　これは今日でいう「市」に近い規模の都市であったが、それぞれが完全独立した行政組織と税収機構などを擁しており、都市ごとに社会体制が違うことも多かったことから、一般的な日本語訳では「都市国家」とされている。
　ポリスでは神殿を築き、守護神を祀っていた。古代ギリシアは多神教社会だったため、ポリスごとに重点がおかれた神殿は違うが、同じポリスでは同じ宗教暦が用いられた。ポリスではこの宗教暦に従って各神殿で祭儀が執りおこなわれた。
　アテネを例にとると、数カ月の準備期間を費やして大々的におこなわれる「パンアテナイア祭」や、ディオニソス密儀の一部が公開された「アンテステリア祭」、女性のみが参加できる「テスモフォリア祭」（豊饒の女神デメテルの祭り）などが代表的なところで、これらの他にも細々とした祭事が催されていた。
　このような祭儀はすべてのポリス市民に公開されていたが、中には限られた者に対してのみおこなわれていた祭儀もあった。それを「秘密儀礼」という。一般的には、略語である「密儀」と呼ばれ、これを核とした宗教体は「秘密宗教」と呼ばれている。
　密儀は原則非公開であり、参加するには秘密宗教に参入しなければならない。密儀には、この参入儀礼（イニシエーション）[※4]も含まれている。
　秘密宗教に参入できるか否かは、地位や資産の有無といった世俗的な条件に左右されない。参入資格は、あくまで参入希望者の熱意や霊的な成長度合いによって与えられる。
　そして、公開祭儀がポリスという共同体単位でオリュンポスの神々を畏れ敬い、供犠を捧げるなどしてその加護を願ったのに対し、密儀は1対1で神と向き合うものだった。きわめて私的なものだったのである。
　古代ギリシア——特に紀元前7～6世紀頃は、各ポリスの貴族制度が揺らぎ、僭主制に移行しつつ様々な社会改革がおこなわれた時期である。この頃に古代ギリシアの密儀の多くが生まれた（あるいは隆盛した）のは、社会変化に伴って人々の意識も変化し、旧来の公開祭儀に満足できなくなっていった結果だと

※4「秘儀参入」と呼ぶこともある。

もいえるだろう。

　こうした密儀は古代ギリシアが発祥の地だったわけではない。およそ神話が存在するあらゆる地方に存在する。地球上に出現したほぼすべての神話では、「死と再生」をモチーフとした伝承が語られている。最初は豊饒を願う農耕儀礼としての公開祭儀にそれが取り入れられ、さらには個人的な願い——特に不老長寿を達成するための神人合一の儀式として採用された。

　また、密儀の論法は、後には近代西洋魔術へと発展してゆく。

　近代西洋魔術では〈召喚〉という魔術儀式がある。これは心霊の秘力を己の身に呼び込むことにより願望達成を目論む魔術である。この時、魔術師は強固な意志力によって秘力を借りる神格と己を同一視し、意図的に意識の変容を引き起こして神人合一を果たすのだ。

　古代より続く秘密宗教の密儀は、後世の魔術にも大きな影響を——むしろその基礎となったといっても過言ではないだろう。

オルフェウス教の世界観

　オルフェウス教は、独特の宇宙観を持っていた。

　それは宇宙の創世段階から複数の説があり、統合されることなく採用されていた。

　代表的なものとして、「アリストファネス[※5]の説」「アテナゴラス[※6]とダマスキオス[※7]の説」の2つがある。

(1) アリストファネスの説

　アリストファネスの説は、彼の喜劇『鳥』において公表されている。それによれば、彼の宇宙創世説は次のようなものだ。

　世界の最初には、「混沌」と「夜」、漆黒の「幽暗」と広大無辺の「奈落」があった。しかし、「大地」も「大気」も「天空」も存在していなかった。

　エレボスの懐の中で黒い翼を持つニュクスが、風を受けて無精の卵を生み、四季を巡る中で黄金の双翼を持つ「愛」が誕生した。

　エロスはタルタロスの中で有翼のカオスと交わり、「鳥の種族」を生み出した。鳥の種族はカオスにより、昼光の中に連れ

※5　前445頃〜前385頃。古代ギリシアの最大の喜劇作家。「アカルナイの人々」「蜂」「蛙」「女の平和」が代表作。

※6　2世紀頃の人物。初期のギリシア人キリスト教父。『キリスト教徒のための請願書』を記す。

※7　468〜533。新プラトン主義者でアカデメイアの最後の学頭。

出された。また、エロスがありとあらゆるものを混ぜ合わせたことにより、様々な不死の種族が生まれ、それらがさらに交じり合うことでウラノス、オケアノス(大洋)、ガイア、そして滅することなき神々の種族が生まれた。

　この「鳥の種族」とは、いわゆる鳥類のことである。『鳥』という喜劇では、鳥類こそがオリュンポスの神々や彼らが作り出した秩序に勝る存在だとされていた。一説には、この宇宙創世説は、劇中においてそれを主張するための仕掛けでしかないとも疑われている。

　(2) アテナゴラスとダマスキオスの説
　アテナゴラスの説はその著書『キリスト者のための弁護』に記されている。これは『旧約聖書』の「創世記」の冒頭の言葉である「始めに神は天と地を造った」という言葉の解釈を論じた書物だ。
　また、ダマスキオスはアテナゴラスの『キリスト者のための弁護』に対し、「ヒエロニュモスとヘラニコス」なる正体不明の人物（？）の説を引き合いに比較論を展開した。
　アテナゴラスの説の概要は次のようなものだ。

　「水(ヒュドール)」はあらゆるものの始源であり、それから「泥(イーリュス)」が生まれた。両者の結合から「蛇(ドラコーン)」が生まれた。このドラコーンは獅子の頭を持ち、その中央には「ヘラクレス」「時(クロノス)」と名付けられた神の顔があった。
　ヘラクレス（クロノス）は「とてつもなく大きな卵(ヒュペルメゲテスオーオン)」を生んだ。この卵は、生み落とした者のあまりに強い力により2つに別れた。その一番高いところからは「天空(ウラノス)」が、下部からは「大地(ガイア)」が生まれた。またそこからは「双胴の神(ディソーマトス)」も生まれたという。
　ウラノスとガイアの交わりからは、まずクロト、ラケシス、アトロポスという娘が、そして百腕巨人(ヘカトンケイル)[※8]と単眼巨人(キュクロプス)[※9]が生まれた。
　ウラノスは息子たちにより自分が追われることを恐れ、タルタロスへと幽閉してしまう。これに怒ったガイアは巨人族(ティタン)を生み出した。

※8　ギュゲス、コットス、ブリアレオスの3人。

※9　雷鳴(ブロンテス)、雷光(ステロペス)、閃光(アルゲス)の3人。

ダマスキオス（が紹介した「ヒエロニュモスとヘラニコス」の説）によれば、ドラコーンには牡牛と獅子の頭が生えていて、その中間に神の顔があるとされていた。両肩には翼があり、「老いを知らぬ時(クロノス・アゲーラオス)」または「ヘラクレス」と名付けられていた。

さて、ここでウラノス、ガイアとともに出現した「双胴の神」に注目したい。この神はギリシア神話では言及されていない、オルフェウス教独自の存在である。名前を「ファネス」という。

彼は時(クロノス)が持つ「白日の下にさらす」という性質を体現した存在で、時が生まれ、万物の存在を許容できる世界の始まりとともに出現した。

その姿は「女であり父親である」ことから、両性具有にして2重の体を持つ存在であった。このため、ファネスは「最も普遍的生物」と呼ばれていた。さらに4つの目、牡牛、牡羊、獅子、蛇の頭を持ち、背には黄金に輝く翼を有していたという。

ファネスには、父であるドラコーンの特徴が受け継がれている。そのことから、クロノスはファネスに吸収されたとも考えられている。

また、ファネスが持つ多様性は、彼の持つ名の多様性にも表れている。彼はプロトゴノス、エリケパイオス、エロス、メティス、ディオニソスといった名を持つ。

プロトゴノスとは「最初に生まれた者」の意で、ファネスの性質そのものを表す名だ。

エリケパイオスという名の意味は不明だが、ファネスの女性としての面を考慮して「生命を与える者」とする見方もある。

エロスは宇宙の統治者としてのファネス、プロトゴノス、エリケパイオスを統合した呼称だ。

メティスは専門的な智慧(ちえ)を意味する言葉であるが、ゼウスの最初の妻とされている。が、オルフェウス教では、ゼウスはファネスの性質を吸収するためにメティスを貪り食らい、世界を再開させる。ゆえに、男神であるメティスは「神々の種をもたらす神霊(ダイモーン)」であると解釈されていた。

ディオニソスは、メティスを食らい、世界を再構築し終えたゼウスより王権を受け継いだ存在とされる。

アリストファネス、アテナゴラス及びダマスキオスの両説で共通して登場する概念がある。それは、世界の形成に先立って

オルフェウスの卵。卵は哲学者の魂、ヘビは密儀を表し、オルフェウス密儀のシンボルとされる

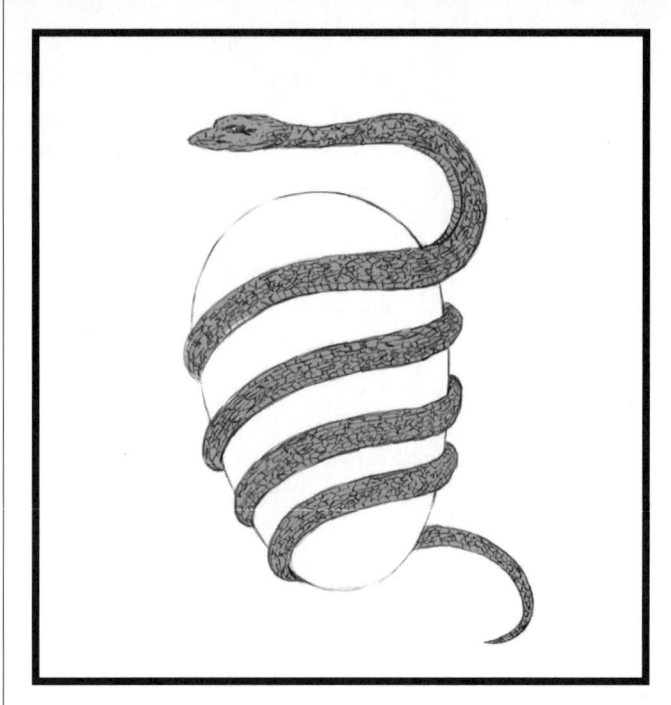

出現する「卵」の存在である。
　この卵は物質の存在を許容し得る世界の始まりに先立って出現し、そこから誕生した神——エロス、あるいはファネスが様々な物質、存在を生み出したという点で、共通した役割を持つ。
　卵は"時（クロノス）"が具現化した寓意的存在である。その球形は自ら生じた時の完全性を表し、白さは時の持つ「白日の下にさらす」性質を、そして不透明さは時の持つ「大いなる深淵」を示している。そして卵は宇宙の過去、現在、未来すべてのありようを内包する存在だ。ここでいう「ありよう」とは人間を支配する秩序である。
　また、オルフェウス教における人間とは、ヘシオドス[※10]や古代の哲学者たちが抱いていた「神罰の前には、人間は取るに足らない存在でしかない」というものではない。原初の（悪をも含む）豊かな性質を受け継ぐ存在であり、最終的には「最初に生まれた者（プロトゴノス）」の父たる"時（クロノス）"より救いの手が差し伸べられるとされていた。
　ここまでが、オルフェウス教における大まかな世界観、宇宙観である。

※10　紀元前700年頃のギリシアの詩人。主な著書に、天地の生成と神々の系譜を歌った『神統記』がある。これが今日「ギリシア神話」と呼ばれているものの基礎となっている。

オルフェウスの密儀

オルフェウス教徒は、菜食を旨としていた。

それは、供犠にまつわる神話に由来している。

ギリシア神話では、人類が初めて神々に供犠を捧げる際、プロメテウスの入れ知恵により、屠った牡牛を2つに分け、骨を脂身で包み、肉と内臓は胃袋に隠した。ゼウスは脂身に誘われて骨を選び、神々が残した胃袋（肉と内臓）は人間のものとなった[※11]。これ以後、骨は神々に捧げ、肉は人間が食するようになった――とされている。

オルフェウス教では、プロメテウスの教唆により神々を謀るという罪を犯した人類は、生まれながらの罪を背負っているとされた。それゆえに、魂は肉体という牢獄の囚人であり、肉体が滅んだ後こそが本当の生活だと説かれていたのである。

といっても、これは天国のような世界へ迎えられるということではなく、魂の不死・不滅性と輪廻転生を説いたものだった。

死した後、魂は生前の過ちと徳が審判にかけられ、それにより新たな肉体へと転生する(メテンソーマトーシス)ことになる。この転生先には植物が選ばれることはなく、常に人間か動物であった。

オルフェウス教徒の菜食主義――というよりも肉食拒否は、「人間の魂を持っているかも知れない動物を食する」のを忌避した結果だといえる。

また、オルフェウス教で説かれていた神話の1つに、「ディオニソス＝ザグレウス神話」がある。

ゼウスとレア（あるいはデメテル）、またはゼウスとその娘ペルセフォネとの間に生まれた少年神ザグレウスは、ゼウスの正妻であるヘラの嫉妬の的となった。ヘラが嫉妬深い女神であったこともあるが、太母神ガイアが「ゼウスとレア（あるいはペルセフォネ）との間に生まれた子が全世界の支配者となり、ゼウスの正統後継者となるだろう」という予言を下していたためだ。

ヘラは子守りをしていた侍女たちの注意を他に引きつけ、その間に玩具と鏡を使ってザグレウスをおびき寄せ、ティタンたちに八つ裂きにさせてしまう。ティタンたちは子どもの肉を切り分けて、手足を茹で、焼き、そして貪り食らった。これをま

※11 実際には、ゼウスはプロメテウスの企みを察知しており、敢えて食べることのできない骨と脂身を選んだとされている。この時から、人間は祭壇で骨を焼き、神々に供犠を捧げるという義務を負った。

ぬがれたのは心臓だけで、アテナがそれを拾い上げ、ゼウスに届けた。

　怒り狂ったゼウスは、平原にいたティタンを灰になるまで雷で打った。この灰から人間が生まれた。

　その後、ゼウスは神水(ネクタル)にザグレウスの心臓を混ぜたものをカドモス王の娘セメレに飲ませた。するとセメレは懐妊し、ザグレウスの生まれ変わりたるディオニソス[※12]が誕生したのである。

※12 「ディオニソス」とは「二度生まれた者」の意である。

　このディオニソスの神話は、オルフェウス教徒には重要なものとなった。

　人間の創造に使われたティタンの灰には、彼らが口にしたザグレウス（ディオニソス）の欠片──つまり神性が含まれていたのである。

　ただ問題は、人間の魂にディオニソス的な性質が残っているにしても、同じく人間の材料となったティタンの性質も混ざっていることだった。

　そこでオルフェウス教徒たちは考えた。魂からティタン的要素を削ぎ落としてゆけば、人間の魂はディオニソス的要素のみが残り、それと等しいものとなれるのではないか、と。

　ティタンの罪は、なにをおいても「ザグレウスを殺し、その肉を食らった」ことである。これが先に述べた供犠の神話と結びつき、オルフェウス教徒たちの肉食拒否をより一層強固なものとしただろうことは、想像に難くない。

　また、彼らの禁欲さは、単に「肉を食べない」ことだけに留まらなかった。生物の殺害も忌避しており、神々への生け贄(にえ)を捧げる祭儀[※13]への参加も避けていた。彼らも密儀において供犠を捧げるが、それは生物ではなく麦粉菓子や果物の蜂蜜漬けなどであった。

※13 ほぼすべての公的祭儀があてはまる。

　さらに、オルフェウス教における食事制限の1つに、「ソラマメの禁止」というものがあった。この禁忌は「ソラマメは人間の種子に他ならない」とするピュタゴラス主義者の説がオルフェウス密儀に取り入れられたことによる。ソラマメは睾丸に類似するとされ、生殖を象徴している植物だと思われたのだ。また、ソラマメは茎(くき)に節のない植物であることから、蝶番(ちょうつがい)のない冥界の門に似ているとして食するのを避けた。オルフェウス

教では死を新たな誕生への循環の転機としてとらえている。それゆえに、ソラマメは生命の起源に深く関与しており、罪で穢れているとされた。ソラマメを口にするということは、必然的に人肉食につながると考えたのである。

オルフェウス教では自殺を禁じていた。先に述べた殺傷の禁忌の延長線上にある禁忌である。これは「人間の体がディオニソスの延長である」からに他ならない。先にも述べたが、オルフェウス教においては、人体は魂の牢獄である[※14]。自殺による魂の解放は禁じられ、同時に自然死もオルフェウス教徒的生活(ビオス・オルフェイコス)による浄化がない限り、それ以上のものはないとされた。自殺も自然死も、肉体から魂を解放できないという意味において等価とされていたのだ。しかも、自殺は自らを殺害するため、二重に禁忌を犯すこととなる。

死没したオルフェウス教徒を埋葬する時は、遺体を羊毛で包んではいけなかった[※15]。毛皮は動物の延長線上にあるためだ。亡くなった者への気遣いだが、同時に葬儀に参加するオルフェウス教徒が禁忌に触れないためでもあった。

オルフェウス教における密儀とは、こうしたすべての禁忌を指す。通常の——たとえばエレウシス秘教[※16]などでは一度参入儀礼(エポプティア)を受けてしまえば、あとは戒律を意識することなく普通通りの生活を営めた。だが、オルフェウス教では規則を守り、オルフェウス教徒的生活から外れることのない生活を続けなければならなかった。多分に享楽的であったギリシアにあって、参入者に厳しい戒律を課した宗教や思想団体はオルフェウス教以前は皆無といってよかった[※17]。

さて、オルフェウス教では参入儀礼の際、金板を授かった。これはキヅタの葉をかたどった金の薄板で、死後の魂が辿るべき道程の案内書の役割を持つ。内容としては、冥界の地図の他、冥界の監視者たちへの合言葉や女王であるペルセフォネへの挨拶の仕方などが詩の形式で収録されている。そして、冥界の先にある「神聖なる牧場」へと到達するようになっている。循環を終止させ、悪しき境遇から息を吹き返す——つまり、魂が地上で新たな肉体に宿ることなく、不死なる魂が本当の生を得るために。

※14 受肉(インカルナーティオー)は投獄(インカルケオー)であった。

※15 古代のギリシアでは、埋葬の際に遺体を羊毛でできた屍衣で包む風習があった。

※16 豊饒の女神デメテルの秘密宗教。ペルセフォネの冥界下りを主題とした密儀を持つ。

※17 オルフェウス教以後、厳しい戒律生活を参入者に課すスタイルはピュタゴラス主義に受け継がれてゆく。

Column ディオニソス密儀

　オルフェウス密儀に並び、古代ギリシアで名を知られた密儀にディオニソス密儀がある。

　その名から連想できるように、「ディオニソス＝ザグレウス神話」に由来する密儀だ。酒神ディオニソス（Dionisus）は、別名をバッコスという。だが、この名は本来、ディオニソスに与えられた名ではなかった。彼の信徒集団をバッコイ（女性形はバッカイ）と呼んだことから派生して名付けられたものである。

　このバッコイこそが、ディオニソス密儀を担った者たちであった。

　ディオニソスは酩酊と狂乱に関連付けられる神でもある。これは酒神としての性質に由来する性質だといえるだろう。

　僭主制が導入され始めた紀元前6世紀頃、アテネでは年に4回、ディオニソスに捧げられる祭儀が執りおこなわれていた。その祭儀アンテステリア祭は2〜3月におこなわれた。その第1日目に葡萄酒がディオニソスに捧げられ、2日目に飲み比べとディオニソスの凱旋行進が、そして最終日には死者に祈りを捧げ、ともに粥を食した。

　が、こうした祭儀は、ディオニソス密儀の一部が公開されただけのものにすぎなかった。

　本来のディオニソスの密儀は、人里離れた森や山中で女性信者によって執りおこなわれた。特定の祭壇や神殿を持たない信女たちは、大地そのものが祭壇であるかのように歩き、踊り回った。そして、狂気に駆られたかのように、素手で生け贄を八つ裂きにし、その生肉を食らったのである。まさに、幼いザグレウス（ディオニソス）がティタンたちによって成されたように。

　この信女たちの行為は、神霊の憑依や宗教的熱狂からくる恍惚、あるいはヒステリー発作として解釈されることが多い。だが、信女たちが引き裂き、食らう動物をディオニソスと同一視し、ディオニソスの死を再現することにより、神との交流を実現するという解釈も存在する。

Column

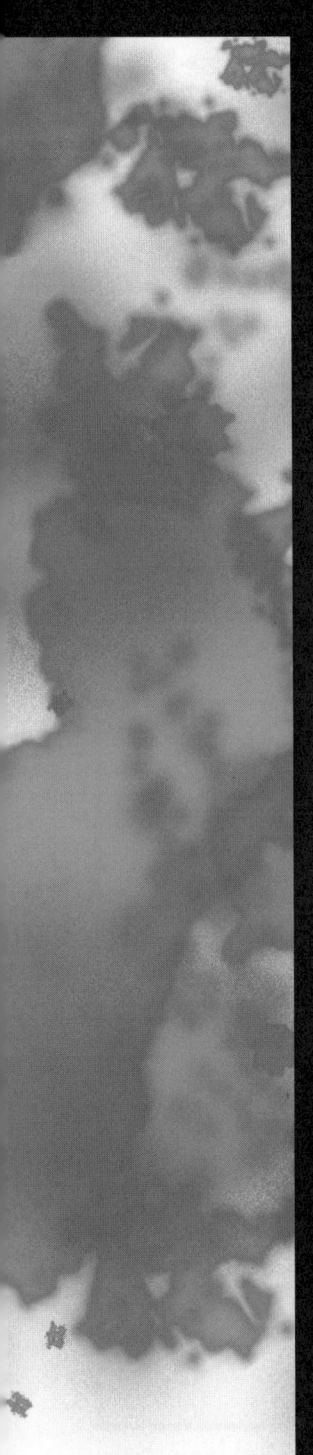

彼女ら（あるいは彼ら）がディオニソスの死を繰り返し再現し、その死のあらましを確かなものとして記憶してゆくうちに、その行為そのものが密儀化していったのだろう。そして、ディオニソスと同一視された生け贄獣を食らうことにより、神力を己が身に呼び込み、神との合一を果たそうとしたのである。

ディオニソス。豊穣とブドウ酒の神

第3章 密儀／異端

クムラン宗団

Qumran

一躍有名になった密儀

『死海文書』[※1]という言葉を知っている人は多いと思う。

1995年に放映され、社会現象を引き起こしたTVアニメーション『新世紀エヴァンゲリオン』の劇中において重大な意味を持つキーワードとして登場したことにより、それまでは一部のキリスト教系宗教学者や隠秘学者、オカルトマニアの間でしか知られていなかったこの文書の存在を世に知らしめられた。

その『死海文書』を教義としていたのが、死海の畔(ほとり)で禁欲的な生活を営んでいた宗教的・生活的な共同体のクムラン宗団である。

※1 「しかいもんじょ」とも。『死海写本』『クムラン文書』『クムラン写本』『Q文書』などとも呼ばれる。

死海周辺の広域図

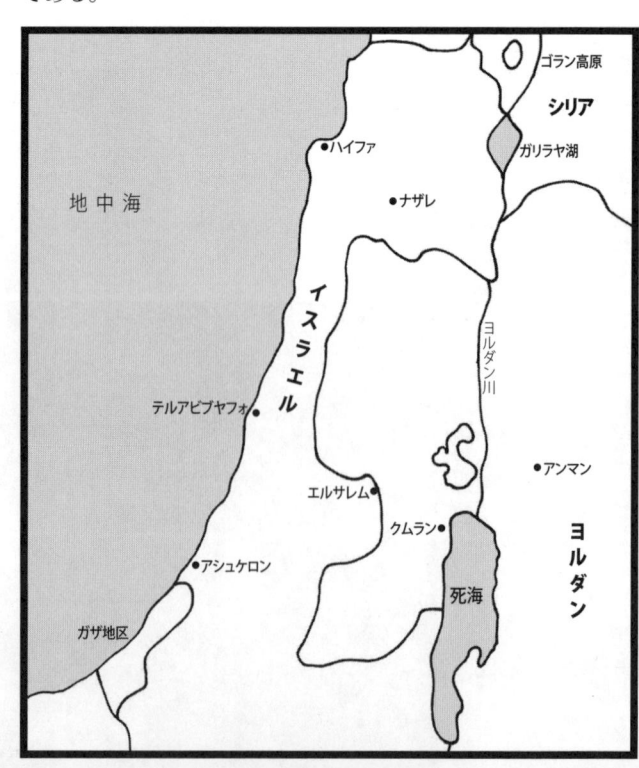

クムラン宗団とエッセネ派

1947年、中東ヨルダンとイスラエルとの国境にある塩湖・死海の畔で暮らす羊飼いのベドウィン少年によって、1つの洞窟が発見される。そこには亜麻布に包まれた素焼きの壺7つが納められており、中からは羊皮紙の巻物が発見された[※2]。

これを契機として、ワーディ・アルダリアやワーディ・ムラッバート、ナハル・ヘベル、マサダなど死海周辺地域の多数の遺跡から、同じように壺や箱などに収められた羊皮紙の巻物写本が数多く発見されることとなった。

これらの巻物文書を残した宗教的団体がクムラン宗団である。

この教団は、ユダヤ教の一派であったエッセネ派(Essenes)であった(あるいはその係累に属する一派)とするのが定説とされている。彼らはユダヤの伝統的な戒律を厳格に守り、自給自足と財産の共有をおこなっていた禁欲的な団体で、その信徒は生涯を独身で過ごしていた。

その中心となっていたのは〈義の教師〉と呼ばれる教師[※3]である。

紀元1世紀のユダヤ人歴史家フラウィウス・ヨセフスの『ユダヤ戦記』及び『ユダヤ古代誌』によれば、当時のユダヤ教内において、人間の営みについて異なる見解を持つ3つの宗派[※4]があり、エッセネ派はそのうちの1つとされていた。エッセネ派に属する者の4分の3は預言者であり[※5]、その多くはエルサレムに居住していたようだ。彼らは出来事の一切は運命により定められ、人生において経験するすべては運命の定めるところにより生起するものと主張していた。

クムランの洞窟が発見されるまでは、ヨセフスの『ユダヤ戦記』『ユダヤ古代誌』に記された短い説明のみが、エッセネ派に関する情報のすべてといっても過言ではないほどに曖昧模糊とした存在でしかなかった。

彼らの(ヨセフスのいうところの)預言者が〈義の教師〉と呼ばれる宗教的指導者であったことや、後世の修道院的な宗教的かつ生活的な戒律を持った教団組織であったことなど、エッセネ派の詳細情報が判明するのは、『死海文書』の発見後のことである。

※2 このベドウィンの少年が発見した巻物を家に持ち帰ったところ、彼の家族はそれを切り刻み、市場で売ってしまった。『死海文書』の修復が難航しているのは、腐食や劣化といった自然現象の他、こうした理由によるところも大きい。

※3 神父や牧師のような宗教的指導者。

※4 他の2宗派は、人生で経験する出来事の一部のみを運命の仕業とするパリサイ派(Pharisees)と、運命そのものを認めないサドカイ派(Sadducees)である。

※5 平信徒よりも指導者のほうが多くなる計算になってしまうが、これは、エッセネ派が修道会的な宗教団体であるためである。

『死海文書』

　クムランの遺跡(キルベト・クムラン)より発見された『死海文書』により、かつては多くの謎に包まれていたエッセネ派に関係する事柄の多くが判明した。

　では、その『死海文書』とはどのようなものなのだろうか。『死海文書』と呼ばれる文書は、その多くが『旧約聖書』の写本及び翻訳、『旧約聖書』の典外書（偽典及び外典）、そして『旧約聖書』の注釈書である。

　『死海文書』発見以前、現存するヘブライ語の諸文献で最も古い物はロシアのサンクトペテルブルグ（旧レニングラード）の博物館に収蔵されている「レニングラード写本」であった。これは1008年に製作された写本である。

　が、『死海文書』が書かれたとされているのは、紀元前167年から紀元233年[※6]。「レニングラード写本」よりも、750年から1,000年以上も古い文書なのである。

　当然、最古の文献資料である『死海文書』と「レニングラー

※6　これは放射性炭素（炭素14）を用いた年代測定法による測定結果。同じく炭素14を用いたタンデム型加速器質量分析法（AMS法）では紀元前200年頃から紀元50年頃のものという結果が出ている。

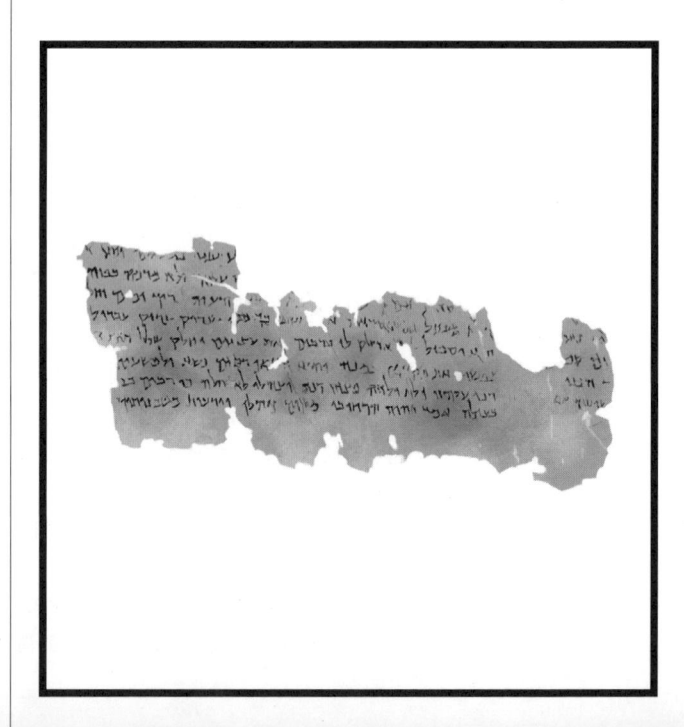

死海文書の断片

ド写本」との比較がおこなわれた。その結果、この両者には大きな違いがないことが判明する。これは、最長で1,000年近い年月による聖書解釈に、さほど大きな変化が生じていなかったことを意味している。

『死海文書』に含まれていたのは、『旧約聖書』関連の写本や注釈書だけではなかった。

エッセネ派(＝クムラン宗団)の教義や戒律に関する文書や、「ダマスコ文書」[※7]の断片、数々の詩篇、セレウコス朝シリアの王アンティオコス4世に略奪されたエルサレム神殿の宝物のリストや、理想のエルサレム神殿建設のための規定文書などの他、『光の子と闇の子の戦いの規則』が含まれている。

『光の子と闇の子の戦いの規則』と題された文書は、エッセネ派の思想——特に彼らの持っていた終末観を如実に表すものである。

この文書では、エッセネ派の創設者〈義の教師〉が没してから40年の後に勃発した、悪魔ベリアルに率いられた「闇の子」と天使ミカエルが指揮する「光の子」の戦いが描かれており、その戦いは預言者に導かれた「アロンとイスラエルの2人のメシア」が闇の軍勢を打ち破って終焉を迎える。そして、理想的なエルサレムと神殿を築き、そこを中心として永遠に栄える神の国の建築が説かれる。

これは『新約聖書』の「ヨハネの黙示録」にも見られる典型的な終末思想である。

が、これには純粋に神話的な戦いを描いた文書とは言い難い部分がある。

ユダヤ教の大司祭は代々、ユダヤの12氏族の1つであるアロン族——その中でもツァドク家が継承する取り決めがなされていた。ところが、エッセネ派が出現したと思われる紀元前110年前後の時代では、その地位は同じアロン族のハスモン家が独占していた。

これには少々長くなるが、次のような理由がある。

セレウコス朝の支配下にあった時代、アンティオコス4世エピファネス〈顕神王〉（在位前175〜前164か前163）と、彼の権力によって大司祭となった非アロン族のメネラオスによる苛烈な支配——ゼウス信仰の強制や律法に則ったユダヤ伝統の生

※7 地方在住者のための訓誡書。

活の禁止など——に対して、アロン族のハスモン家出身の司祭マタティアが反乱の狼煙（のろし）を上げたのである。マタティアの反乱はすぐさま各地に飛び火し、ユダヤ及びサマリア全土のハシディーム〔※8〕、そして一般のユダヤ民衆が呼応した。

マタティアが没すると、その第3子ユダ・マカバイ（マカバイオス）が反乱の指揮を執った。反乱軍はセレウコス朝シリアの軍を次々に打ち破り、エルサレムを解放、紀元前164年にはエルサレム神殿からゼウス像を取り除き、ユダヤ教徒の信仰を奪回する。そして、アンティオコス4世の後を継いだアンティオコス5世と講和を果たし、ユダヤ教禁令を正式に撤回させた。こうした活躍から、この反乱戦争は「マカバイ戦争」〔※9〕と呼ばれた。ユダ・マカバイはシリアとの講和と同時に、当時シリアと対立状態にあったローマ帝国と手を結んだ〔※10〕。

ユダ・マカバイはこの後、再び起こったシリアとの戦いで戦死する。が、彼の弟でありマタティアの第5子ヨナタンがユダヤ軍の指揮を引き継ぎ、紀元前152年、シリア王アレクサンドロス・バラスと講和する。この時、王の指名によりヨナタンがエルサレム神殿の大司祭に就任した。

このような由来により、前述したようにエルサレム神殿の大司祭職はツァドク家からハスモン家の権益となったのである。

だが、大司祭職を得たことにより、ハスモン家はシリアの王権と密接な関係を持つようになってしまう。俗な言い方をすれば「擦り寄った（すり）」のである〔※11〕。これによりユダヤの人心はハスモン家より離れてゆき〔※12〕、同時にハシディームはパリサイ派とエッセネ派に分かれ、共に離反していった〔※13〕。

そのエッセネ派では、創設者を〈義の教師〉〔※14〕と呼んでいる。そして、その対極者として〈邪悪な司祭〉なる存在を設定していた。この〈邪悪な司祭〉こそがハスモン家出身の大司祭なのである。

このことから、エッセネ派の創設者をツァドク家の血統に属する人物とする説がある。

俗な話になってしまうが、『光の子と闇の子の戦いの規則』には、このような利権闘争の敗者の恨み節的な側面がなかったとは言い切れないのだ。

※8 偶像崇拝を拒絶し、ヤハウェへの信仰を死守したユダヤ教徒のこと。単数形はハシダイで、通常は「敬虔者（けいけん）」と訳される。

※9 「マカバイオス戦争」とも呼ばれる。

※10 ローマはシリアに対抗するため、ユダヤ人と手を結んだ。が、これが後に、ローマによるユダヤ人支配につながってゆくのだから、歴史とは皮肉なものである。

※11 マタティアの第2子シモンが大司祭になると、セレウコス朝のデメトリオス2世と同盟関係を締結、それを後ろ盾としてユダヤの「民族統治者」を名乗るようになる。また、彼の孫であるアリストブロスは後継者指名されていた自分の母親を殺害し、自ら王を名乗った。

※12 これは、ハシディームの闘争やマカバイ戦争を取材した「ダニエル書」にも表れている。「ダニエル書」では、ハスモン家の闘争をさほど高く評価していない。

※13 パリサイ派は「分離派」を意味するヘブライ語ペルシームを語源としている。ちなみに、サドカイ派は裕福層の保守派であったが、同時に現実主義的・迎合主義的であったため、セレウコス朝やハスモン家の支配をある程度許容していた。

※14 後にエッセネ派の宗教的指導者の総称として拡大適用されるようになる。

エッセネ派とキリスト教

『死海文書』出現により生じた説の1つとして、洗礼者ヨハネ——ひいてはイエス・キリストとエッセネ派とが密接な関係性を持っていたというものがある。

これは、イエス・キリストに洗礼を授けた洗礼者ヨハネが、エッセネ派の〈義の教師〉であったとする仮説で、ヨルダン川で彼より洗礼を授かり、その弟子となったイエス・キリストはエッセネ派と強い関係を持つようになったというものだ。

しかし、前者はほぼ定説といってもいいほどに受け入れられた説であるのに対し、イエス・キリストとエッセネ派の関係については、状況証拠から導き出された仮説以上のものではない。とはいうものの、エッセネ派の宗教的指導者たる〈義の教師〉の弟子であった以上、イエス・キリストがエッセネ派との関係を有していなかったと考えるほうが無理がある。

前述したように、「ヨハネの黙示録」に代表されるキリスト教の終末観は『死海文書』に含まれている『光の子と闇の子の戦いの規則』との類似性が強い。光と闇——神と悪魔の軍勢の戦いという枠組みはもちろんのことだが、新たなエルサレムと神殿の建設をもって神の国の到来の始まりとする点や、新たに出現したメシアによって戦いに終止符が打たれる点など、似た部分は少なくないのである。

また、ユダヤ人の多くが物理的・政治的な手段によって神の国——もっとあり体にいえば、ユダヤ教徒が栄耀栄華を謳歌する楽園を地上に現出させようとしていたのに対し、エッセネ派ではそれは精神的な手段によって到来するものとされていたところも、キリスト教のそれと共通している。

この他、エッセネ派に属するクムラン宗団の遺跡には多くの貯水槽や浴槽の遺構が発見されており、彼らが水を用いた儀礼——禊や聖別、洗礼などを非常に重要視していたことがわかっている。これもまたキリスト教へと受け継がれたものの1つといえるだろう。

もちろん、イエスの教え、あるいは『新約聖書』に影響を与えたであろうものは他にも数多く存在する。たとえば「ダニエル書」がそれだ。同書では、他文明の影響を受けず、ユダヤの教えを守ったハシディーム[※15]たちは、たとえ死したとして

※15 「ダニエル書」が書かれたのは、ユダヤがセレウコス朝シリアの支配下にあった時代である。多くのユダヤ人が否応なく、あるいは自ら進んでヘレニズム化していった時代であり、厳格に律法を守るユダヤ教徒たちは、宗教的な危機感を抱いていた。

も神の国で復活を果たすと説いている。これが「最後の審判における死者の復活」という思想へとつながっていったのだろう。

　こうした類似性を見せるエッセネ派とキリスト教の世界観ではあるが、『新約聖書』では、ユダヤ教3大宗派のうち、サドカイ派とパリサイ派についての言及はあるものの〔※16〕、エッセネ派に対しては一切触れられていない。名前すら登場することがないという、まるで初めから存在していなかったかの如き扱いを受けているのだ。

　これがなにを意味しているのかは不明であるが、サドカイ派・パリサイ派の両宗派とも否定的な論調で言及されているところから察するに、エッセネ派については「敢えて触れない」ことで消極的な肯定の評としていたのかもしれない。

　あるいは、イエス・キリストやその弟子たちは、イエス・キリストの教えを受け入れた信徒たちによる教団を、エッセネ派の外陣団体（アウター）にしようとしていたのかもしれない。この団体で見込みのある人物を発掘し、内陣（インナー）たるエッセネ派に参入させようとした──という仮説を立てられないことはないだろう。

　だが、もっと俗な、意地の悪い考え方をすることもできる。『新約聖書』は、イエス・キリストの生涯と教えを綴り、諸書をまとめたものだ〔※17〕。そして、この宗教の新規な点──いわゆるウリは、イエス・キリストが〈神の子〉であったところにある。神の代行者を教主に戴く新宗派としては、ユダヤ教の神を崇めるにしても、既存宗派との差別化を図るため、思想の類似性や教義の流用などは積極的に知らしめたいものではない。

　そこで、歴史的・思想的に明示的に攻撃しても問題のないサドカイ派やパリサイ派については否定的論調で言及し、それをおこなうことで自己矛盾をはらんでしまうエッセネ派に対しては黙殺することで存在を完全に無視し、切り捨てていたのではなかろうか。

　彼らが聖なる言葉をもって宗教的・道徳的な思想を広めようとしていたのは確かだろうが、同時にしょせんは人間なのである。食べなければ生きてはゆけないし、そのためには信徒たる追従者を獲得しなければならない。

　つまり、『新約聖書』においてエッセネ派に関する記述が見当たらないのは、教団の勢力拡大のため──という側面がなかったとは言い切れないのである。

※16　サドカイ派は「マタイ伝福音書」「マルコ伝福音書」「使徒行伝」の数カ所で言及されている。一方のパリサイ派はサドカイ派よりも頻繁に触れられている。

※17　現在キリスト教諸派で正典として扱われている『新約聖書』は、4世紀末に編纂された『70人訳聖書』である。

Column ユダヤ戦争と離散（ディアスポラ）

　紀元前129年前後に成立したハスモン家によるハスモン王朝は、結局は王位後継者争いの果てにローマ帝国の介入を招き、ユダヤ全土をその属国へと転落させてしまった。

　この忍従の時は長く続き、それがユダヤ人たちの抱く救世主（メシア）待望論へとつながってゆく。そしてその期待と希望を受けて出現したのが、イエス・キリストである。だが、イエスの言葉はユダヤ人の求めるそれとは違っていたために認められず、裏切り者とされたユダの手を通じてローマの官憲に引き渡され、ローマより派遣されたヘロデ王とユダヤ総督ピラトーにより、磔刑（たっけい）に処せられた。これが紀元30年頃のことだとされている。

　こうして当時のユダヤ人たちにとっての偽救世主だったイエス・キリストが没したわけである。

　ユダヤ人はイエス・キリストの死後も救世主の到来、そしてローマ帝国よりの解放を待ちわびた。

　そして紀元60年代、ユダヤ人は武力蜂起した。その中心となったのは「熱心党」とも呼ばれたゼロテ党である。彼らは急進的な終末思想の持ち主で、神が救世主を派遣して悪魔の手先であるローマ帝国を撃退し、ユダヤ人とエルサレムを完全救済すると説いていた。

　ゼロテ党による反乱はすぐさま他派に伝播、サドカイ派やパリサイ派、エッセネ派の3大宗派を含む全ユダヤ教徒がゼロテ党に呼応して蜂起する。が、しかし、この反乱は68年に鎮圧され、70年にはローマ軍によるエルサレム再占領と第二神殿の破壊という事態を招いてしまう。

　だが、エルサレムを撤退したとはいえ反乱軍の活動は続いた。彼らは各地に散ってローマ軍と戦ったのである。その中でも激戦を繰り広げたのが、マサダ要塞での攻防戦である。ここには短剣党員（スィカリ）を中心とした約500人のユダヤ人が立て籠（こも）り、73年まで戦ったものの最後には玉砕した。

　この要塞は長らくその所在が知られていなかったが、1956年に発見された。ここからも『死海文書』の一部が発掘されている。

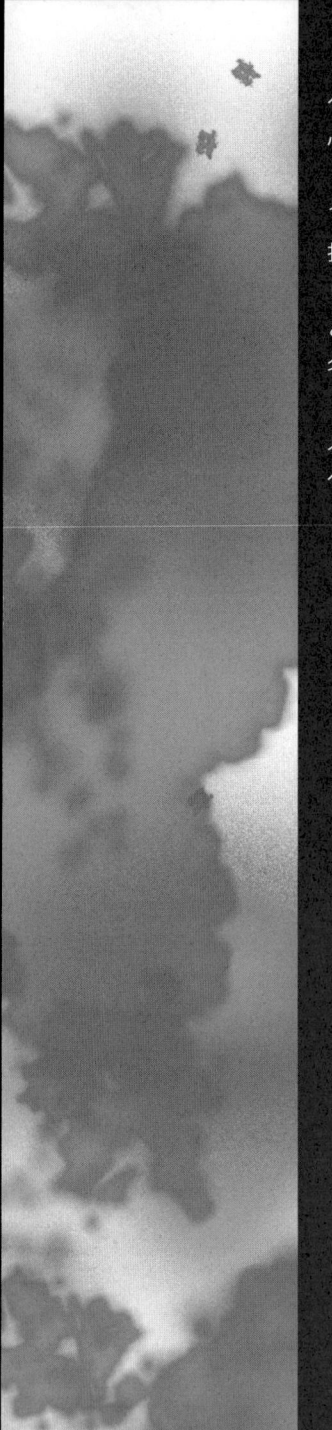

こうした戦いがあった一方で、パリサイ派の指導者ヨハナン・ベン・ザカイは自らを死体と偽ってエルサレムを脱出。彼を中心として、今日(こんにち)のユダヤ人共同体の基礎が築かれた。

この反乱の後もローマに対するユダヤ人の抵抗は続いた。132年には新たな救世主と目されたシメオン・ベン・コシバの指導の許で反乱を起こすも、その3年後、135年に鎮圧されてしまう。彼が救世主とされたのは、彼もまたイエス・キリストと同じく、空にベツレヘムの星が輝く時に生まれたためで、別名である「星の子(バル・コクバ)」はそれに由来している。

ともあれ、シメオン・ベン・コシバの反乱を最後に、ユダヤ人たちはローマ帝国への抵抗を止めた。彼らは追放され、各地へと離散(ディアスポラ)していった。

グノーシス主義

Gnosticism

世界は悪による

　原始キリスト教の異端宗派として、グノーシス主義というものがあったことを知っている人もいると思う。
　「グノーシス<Gnosis>」とはギリシア語で「知識」あるいは「認識」を意味する言葉だ。
　彼らは世界を悪に由来するものとして考え、それを元に独特の解釈をおこない、贖罪による魂の救済をおこなう者たちであった。
　これは世界を創造した神をも悪に加担する者としてとらえることから、教会は彼らを異端として弾劾した。
　グノーシス主義といっても思想的流れを汲む者は多く、「グノーシス派の教師の数だけ体系がある」とまで言わしめるほど、その姿は多種多様なものだった。

グノーシス十字

ローマの密儀とグノーシス主義

マケドニアのアレクサンダー大王により世界の版図が広がり、花開いたヘレニズム文化を受け継いだ古代ローマ帝国は、周辺世界を貪欲に飲み込んでいった。人や物の流通が活発になり、中央であるローマと地方、隣接する周辺国が相互に影響を与えあった。が、これは物質的な意味だけではない。異国の文化思想とともに、神話や神学、神秘学といった隠秘学的知識の交流も始まった。その結果、ローマ帝国ではエジプトのイシス、小アジアのキュベレーといった辺境や異国の神格[※1]が信仰されるようになっていった。

当然、ローマ帝国版図の広大化とともに、ローマ国内の密儀も変化してゆく。当初はギリシアより受け継がれたディオニソス密儀やエレウシス秘教、オルフェウス教、あるいはピュタゴラス主義などが密儀の主流を占めていたが、エジプトを始めとする周辺国からの思想が流入してくると、旧来の密儀と融合し、新たな密儀・秘密宗教が誕生していった。

その1つの結実が、グノーシス主義だったのである。

グノーシス主義の始祖に関する定説はないが、『新約聖書』の「使途行伝」第8章で言及される魔術師シモンことシモン・マグス[※2]がそれにあたる人物であるとする一派が存在する。

シモン・マグスは「邪悪なグノーシス教師」「すべての異端の父祖」と呼ばれ、キリスト教会から敵視された人物である。

このことからもわかるように、グノーシス主義という思想が出現したのは、遅くともキリスト誕生から1世紀以内というのが有力視されている。

グノーシス派には大きく分けて2派が存在していた。シリア派とアレキサンドリア派[※3]である。シリア派はシモン・マグスの流れを汲んでいたが、アレキサンドリア派ではエジプト人キリスト教徒バシレイデスなる人物が重要視されていた。中にはバシレイデスこそがグノーシス主義の真の始祖だと主張する者もいるほどだ[※4]。

この両派からは、ヴァレンティノス派や拝蛇派(オフィタエ)など、多くの流派が分岐していった。こうしたグノーシス主義の思想的流派は異端として弾圧され、その多くは3世紀前後には断絶してしまった。

※1 このように輸入された神の多くは女神だった。

※2 生没年不詳、1世紀頃の人物。サマリア人たちに大魔術師と謳われた人物。使徒フィリッポがサマリアにキリストの教えを伝えると洗礼を受け、常にフィリッポのそばに付き従うようになった。そして、使徒ペトロと使徒ヨハネが洗礼を受けたサマリア人たちに聖霊を降ろしに訪れると、金を持ってきて自分にも聖霊を呼ぶ力を与えて欲しいと頼んだ。ペトロはそれを拒否し、呪いの言葉を吐きかけた。シモンはすぐに改心した、と「使徒行伝」では言及されている。

※3 プトレマイオス派とも呼ばれる。

※4 実際には、バシレイデスの1世紀ほど前にシモン・マグスが根本的原理の多くを打ち立てている。

グノーシスの世界観

　先にも述べたように、一口に「グノーシス主義」といっても、「グノーシス派の教師の数だけ体系がある」とまでいわれたほど多種多様な流派が存在していた。
　しかも、そのベースとなった宗教・信仰も1つではなかった。当時のローマ及び周辺地域に存在したあらゆる神への信仰が、グノーシス主義と融合していた。キリスト教グノーシス主義及びユダヤ教グノーシス主義をその代表格として、ペルシア系宗教のグノーシスやマニ教など。同じグノーシス主義といっても、ベースとなった宗教が違えば、その主張も違う。
　だが、それでも共通するものがあった。
　それが、「悪しき創造主(デミウルゴス)」にまつわる神話である。
　先に述べたように、グノーシス主義では、我々の世界(コスモス)は悪に由来するものとして考えられていた。この世界を作り出したのは「善性の至高神」ではなく、「悪しき創造主」であったためだ。悪より生まれたが故に、この世は悪である——ということだ。
　グノーシス主義者たちがこのような考えに至ったのは、善なる神が作り出した世界に悪徳が満ちているという矛盾を解消しようとしたためだろう。世界を作り出したのが完全なる神ではないのだから世界は完全ではない。ゆえに悪がはびこる、と。
　彼らグノーシス主義者は、まず世界の創造に先立ち、「宇宙的なアイオーン[※5]（または至高のアイオーン）」より初めも終わりもない流出物があったと主張する。この流出物は、把握不可能な「沈黙(ビュトス)」という1つの「根」より生じた。流出物の1つは上方より出現するもので、「偉大なる力」「宇宙を支配する宇宙的精神」「男性原理」。もう1つは下から現れるもので、「偉大なる意志」「女性原理」だった。
　この2つの流出物が結びつき、不可知の「風」と「父」という中間的存在を生み出した。これらは「充満(プレーローマ)」と呼ばれる。このプレーローマが個体となったものの1つが、デミウルゴスなのである。
　デミウルゴスの他にも創造物が出現した。これは3組の対立物[※6]で、「永遠の一者」[※7]より流出したものだ。
　最初の2つは「叡智(ヌース)」と「思念(エピノイア)」、次に「声(フォーネー)」と「名(オノマ)」、そして「推理(ロギスモス)」と「考察(エンテュメーシス)」となっている。

※5　アイオーン(aion/aeon)は、古典ギリシア語では「期間」「時代」「世代」などを意味する。プラトンにより「永遠」を意味する単語としての用法が与えられた。

※6　別の説では、「原父」（別名「深淵」）と「静寂」（別名「思念」）、「叡智」（別名「独り子」）と「真理」、「言葉(ロゴス)」と「生命(ゾーエー)」、「人間(アントローポス)」と「集会(エクレーシア)」の八組系であるとされる。

※7　これは「宇宙的アイオーン」ないしは「至高のアイオーン」と同一のものである。

第3章　密儀　異端　235

※8 このアルコーンという言葉は本来「支配者」の意であり、ローマ帝国における上級役人を指す言葉でもあった。

　この6者と永遠の炎が結びつき、天使たち（アルコーン）[※8]が生まれた。そして、デミウルゴスの命令に従い、低次世界──つまりは我々の世界が創造されたのである。
　デミウルゴスは第1のアルコーンであるヤルダバオトと同一であり、ユダヤ教グノーシス主義においては、ヤハウェと同一視されていた。キリスト教グノーシス主義では、ユダヤ人のヤハウェとキリストが祈った「父なる神」は別の存在とされており、この「父なる神」こそが善なる至高神──至高のアイオーンであると考えた。
　この至高のアイオーンを中心に高次のアイオーンが取り囲み、充満界圏域（プレーローマ）を構成している。

　グノーシス主義では、人間は3つの要素から成り立っている。
　1つは、物理的に存在し、地上において腐敗し、滅び、塵へと還る「肉体」（サルクス）。
　2つめは、わずかな神性を持ちつつも、やはり滅びの運命を持つ「魂」（プシュケー）。
　そして3つめは、真の神、そして永遠の救済世界を起源とし、永遠にして神性なる「霊」（プネウマ）である。
　これからもわかるように、人間の霊はデミウルゴスにより創造されたものではなく、充満界の至高のアイオーンによって作り出されたものとなっている。
　人間の霊は真なる神性の破片であり、最終的には悪しき世界より脱し、魂の故郷とでもいうべき充満界へと帰還し、悪しき宇宙を離れ、善なる永遠の宇宙へと旅立ってゆく──とされる。
　しかし、人間の霊は魂と肉体という牢獄（とら）に囚われてしまい、さらにはデミウルゴスにより人間は己の裡（うち）に神性を秘めているという真実を隠蔽（いんぺい）され、善なる至高神と救済を忘却させられてしまった。そこで至高のアイオーンは「真理の開示者」を地上へと降臨させ、人類が忘れてしまっている叡智──すなわち、世界の真実を想起させ、真実の認識を促し、その裡なる神性の救済をおこなおうとする。
　そして、この「真理の開示者」こそが救世主と呼ばれる存在なのだ。キリスト教グノーシス主義では、イエス・キリストがそれにあたる。グノーシス主義では、救世主より真実の叡智を授かることにより、人間は救済されるとしていたのだ。

グノーシスの
至高神アイオーン

グノーシス主義者にとって、真理を授けるキリストは「叡智」が人格化した存在でもある。高次アイオーンより流出した「叡智」は、ヨルダン川で洗礼を授かったイエスの裡に降臨し、磔刑に処せられる前に立ち去った。そのため、グノーシス主義者たちは、キリストは磔にされていないと主張している。

別の説では、「叡智」はキュレニアのシモン[※9]をイエスに似せ、イエスの代わりに磔になったとして、やはりイエス・キリストが磔にされていないとしている。

※9 『新約聖書』でいうクレネ人のシモン。イエスに代わって十字架を背負い、ゴルゴダの丘まで運んだ。

グノーシス主義では、人間は3種類に分類されていた。

第一の人間は、ただ目に見える自然を崇拝する原始的信仰の持ち主。もちろん、彼らの崇拝する自然はデミウルゴスの諸作であり、神性を持たない。

第二に分類されるのは、デミウルゴスを崇拝する者。先に述べたように、デミウルゴスを神として信仰するユダヤ人も含まれている。

そして第三がグノーシス主義や、同様の祭儀をおこなっている者たちである。彼らは「叡智」及び高次のアイオーンが放つ霊的な光を信仰しているのだ。

アブラクサス——もう1つの神的存在

グノーシス主義——特にアレキサンドリア派は、先に説明したアイオーンの他に1つの神的存在を打ち出していた。

それが「アブラクサス（Abraxas）」である。

この存在の概念を生み出したのは、アレキサンドリア派グノーシス主義の重要人物であったバシレイデスだったといわれている。彼は自分の弟子や信奉者たちにエジプトのヘルメス学、オリエントの隠秘学、カルデアの占星術、ペルシアの哲学を伝授していた。彼は伝授する際に、それらの密儀を原始キリスト教と結びつけていた。おそらく、その過程において統合の中心的要素としてアブラクサスという神性の存在を求めたのだろう。

バシレイデスは宇宙の諸力は365の霊的周期（アイオーン）に分かれており、それらすべてを統合したものが「至高の父」であるとした。彼がこの「父」に与えた秘教的な名がアブラクサスなのである。この名は神的諸力、神徳、流出物のすべてを数霊術的[※10]に象徴する。

また彼は、永遠の父たる神（つまりアブラクサス）は最初に

※10 数霊術とは、数秘術とも呼ばれる。カバラにおける暗号変換法の一種で、文字を数価に変換し、（基本的に）合計することによって意味を見出す。この数価変換法を「ゲマトリア変換」と呼ぶ。

グノーシスの神的存在の1つ アブラクサス

「叡智」を生み出した。「叡智」は「言葉（ロゴス）」を、「言葉」は「思慮（フロネーシス）」を生んだ。そして「思慮」からは「知恵（ソフィア）」と「力（デュナミス）」が生まれたのである。

そうしたアブラクサスの性質は、その姿にも表れていた。

アブラクサスは人間の体と牝鶏の頭、そして両足が蛇という姿で描かれ、両手には鞭と盾を持っている。人間の体が神性を表すのによく使われる表現として、両足の蛇は「叡智」と「言葉」であり、牝鶏の頭は「思慮」、鞭は「力」、盾は「知恵」を意味していた。

この神の姿は、グノーシス主義団体の儀礼に用いられる宝石や護符などにも刻まれていた。また、グノーシス主義者個人がアブラクサスの名や姿を刻んだ宝石類を身に着けていることもあり、グノーシス主義者間での符牒としても機能していたようだ。

身分証明の道具として使われた品に刻まれたアブラクサス図は小さく、目立たないものであった。

そうした品の多くは、貴金属や宝石といった材質の「商業的価値」により、主にグノーシス主義者たちを糾弾した教会によって保存された。

ナグ・ハマディ文書とグノーシス

1945年12月。ナイル河畔ナグ・ハマディの洞窟にて、エジプト人農夫ムハンマド・アリー・アッサンマーンは壺に納められた13冊のパピルス書物と、多くのパピルス古文書を発見した[※11]。

それが"ナグ・ハマディ文書"と呼ばれているコプト語[※12]の書物である。

ムハンマド・アリー・アッサンマーンは父を殺された復讐で殺人を犯すのだが、その際、彼がキリスト教神父に一時預けていたパピルス書物は古美術商を通じ、裏社会の市場へと流出してしまった。

エジプト政府はこれに気付き、押収したが、1冊だけはそれを逃れ、アメリカへと渡ってしまう。そして、様々な遍歴を経て、その1冊はユング財団の手に渡る。

ユング財団の所有になった1冊を調査したところ、これに含

※11 これらのうち、パピルス文書のほとんどは、ムハンマド・アリー・アッサンマーンの母により焼き捨てられてしまった。理由は不明。

※12 古代エジプトの後裔にあたる言語。祈祷言語としては現在も用いられているが、実用言語としては16世紀に死滅している。

まれていた「トマスの福音書」から冒頭部が欠落していた。残る12冊が所蔵されていたエジプトのコプト博物館での調査で、その冒頭部が発見される。同時期に発見された『死海文書』と同様、キリスト教関係者──特に神学者たちを震撼させた。
　それは次のような一文だったのである。

　「これは隠された言葉である。これを生けるイエスが語た。そして（イエスの）双子の兄弟のユダ・トマスが書き記した。」

　グノーシス主義ではイエスに双子の兄弟がいたとする一派があったとされているが、それはこの一文の存在があったからなのだろう。ギリシア語の「トマス」はアラム語の「トーマー」に相当する言葉であり、その意味は「双子」であった。
　また、ナグ・ハマディ文書には「真理の証言」という文書が含まれている。そこでは『旧約聖書』「創世記」の"エデンの園のくだり"が「蛇」の視点で描かれていた。
　この「真理の証言」によれば、エデンの園においてアダムとイヴを唆（そそのか）して知恵の実を食べさせた蛇こそが真の神なのだという。グノーシス主義の思想では、通常は楽園とされているエデンの園は、偽の創造神であるデミウルゴスが作り出したものでアダムとイヴを真実に近づけないためのものであった。そこで真の神が知恵の実をアダムとイヴに食べさせることにより、真実の知識を与えたのである。
　このコプト語版「トマスの福音書」は基本的に『新約聖書』の外典（がいてん）である。「コプト語版聖書（新約・旧約の双方）」は正典とされる『70人訳聖書』の底本となった「ギリシア語版聖書」と食い違う記述が多いことで知られている。
　ナグ・ハマディ近辺には、パコミウス共同体という原始キリスト教の宗団が存在していた。この団体が掲げる教義は正統派ともグノーシス派ともつかない、曖昧（あいまい）なものだったという。ナグ・ハマディ文書がパコミウス共同体によるものか否かは不明であるが、コプト語版「トマスの福音書」は、グノーシス主義の影響下に記されたと考えるのは、発想の飛躍とは言い切れないだろう[※13]。
　ナグ・ハマディ文書には、こうしたグノーシス主義に影響さ

※13　パコミウス共同体がグノーシス主義的教義を有していたと仮定した場合、先に述べた「デミウルゴス・人間・救世主」の関係の相似形であるところから、これはそれを説明するための「創世記」再解釈神話であったとも思われる。

れた聖書外典が多く含まれていた[※14]。その他にも、キリスト教とは直接的な関係を持たない「雷・全き叡智」「シェーム釈義」「マルサネース」などのグノーシス文書、宇宙の流出の理論を説いた「アスクレピオス」を始めとして、「第八のものと第九のものに関する講話」「感謝の祈り」といったヘルメス文書、グノーシス主義ともキリスト教とも関わりのないプラトンの著作や格言集といった古文書が含まれていた。それらを合計すると52文書になる。

　これらの文書にはギリシア語の原本があり、そのコプト語版の写本がナグ・ハマディ文書だとするのが定説となっている。

　また、ナグ・ハマディ文書ではないものの、ギリシア語のグノーシス文書には「マリアの福音書」なる偽典(ぎてん)が存在する。この文書では、第一使徒ペテロではなく、マグダラのマリアがイエスより秘伝を伝授された者として描かれている。これにならい、キリスト教グノーシス主義の諸派では、マグダラのマリアをイエスの特別な3人の弟子[※15]の1人としてとらえ、特に高位な存在――後継者と見なしていたところが多かった。

　キリスト教グノーシス主義は、正統派キリスト教会が抑圧していた女性原理に光を当て、「思念」という「叡智」の対なるものとして位置づけた。

　シリア派のシモン・マグスは、女性を愛し、求めない者は誰であれ真理に到達できず、救済されることはないと唱えた[※16]。

　こうした言動により、グノーシス主義は教会より弾圧されることとなったのである。

※14　『新約聖書』からは「トマスの福音書」「フィリッポの福音書」「エジプト人福音書」「ペトロと十二使徒行伝」「シルウァイスの教え」など。こうした文書は、正典あるいはギリシア語版のそれとタイトルだけが同じというものも多かった。
また、『旧約聖書』にまつわる文書としては「アダムの黙示録」「セツの3つの教え」などがあり、やはりタイトルのみが『旧約聖書』との関わりを持つ偽典が多くを占める。

※15　マリア、トマス、マタイの3人。正統派のキリスト教ではペテロ、トマス、マタイとなる。

※16　逆に、過剰なまでに異性を拒絶し、生殖行為そのものをサタンの業として批難する一派も存在した。

Column マニ教

　グノーシス主義はローマ帝国版図全域、そして境界を接する土地にまで広まっていた。当然、ローマ帝国と境界を接していたササン朝ペルシアでも、グノーシス主義色の宗教が誕生していた。

　その宗教をマニ教という。

　マニ教はゾロアスター教の流れを汲む宗教で、バビロニアに生まれたマニ（216頃〜277頃）によって開かれた。

　伝説では、マニの父はキリスト教グノーシス主義の一派に帰依しており、息子のマニをその宗教的環境の中で育成した。しかし、マニが24歳の時、「天国の光の王」より啓示を受け、加わっていた宗派より離脱、遍歴を始めた。

　インドを訪れたマニは、そこで「魂の転生」という概念を獲得し、それにペルシア古来よりの思想であり、グノーシス主義の中核思想であった善と悪、光と闇といった二元論と終末思想を組み合わせ、独自の教義を作り上げた。

　彼の思想は、「2つの原理と3つの瞬間」に要約される。「2つの原理」とは光と闇である。そして「3つの瞬間」は、次の3つである。

- 世界の存在が確立しておらず、光と闇が分離した状態にあった「前の瞬間」。
- 世界が成立し、闇が光の領域に侵入し、攻撃を始めた「中の瞬間」。
- 光と闇が再び分離し、原初の神的秩序へと回帰する「後の瞬間」。

　人間の魂は「中の瞬間」の闇に侵された光と同じ状態にあるのだから、その救済のためには「後の瞬間」へと導いて光と闇を分離し、神的秩序を得なければならない。そのためには、世界現出以前の「前の瞬間」の「霊的知識（グノーシス）」の獲得が不可欠である──とマニは説いた。

　マニはササン朝ペルシアの第2代皇帝（諸王の王）シャープー

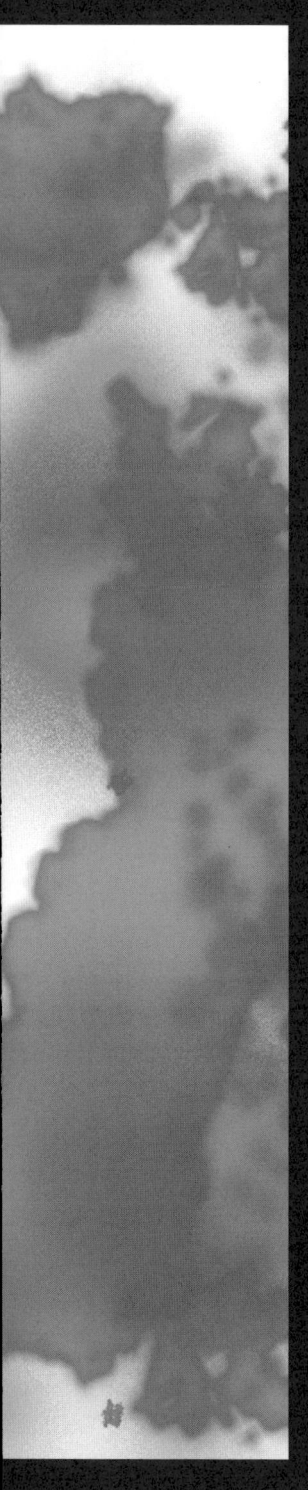

ル1世（在位241〜272）に侍医として重用されるようになるとともに、ペルシア国内で信徒を増やしていった。

　しかし、ペルシア内での勢力が大きくなりすぎたため、皇帝の後継者争いに巻き込まれてしまう。そして、シャープール1世の後継者ホルミズド・アルダシール（在位273〜276）によりマニは投獄され、277年に獄中死することとなる。死体は切り刻まれて犬の餌にされ、首は城門にさらされたという。

　彼の教えは後継者により組織化、主にバビロンを中心に布教された。キリスト教を国教と定める以前のローマ帝国全域で信仰された他、ウィグルでは国教となり、唐代の中国でも信仰（摩尼教、末尼教などと書かれる）されていた。中世初期までは世界宗教だったが、現在では信徒は絶えてしまっている。

テンプル騎士団

Ordre des Templiers

幻想の異端騎士団

　ヨーロッパの異端や秘密結社の歴史を語る上で、テンプル騎士団は欠かすことのできない存在である。
　「緋色の十字架を染め抜いた純白のマント」という印象的な姿をした騎士集団である彼らが地上に出現したのは、第1回十字軍が聖地奪回を果たしてから12年後、1118年のことである。彼らはエルサレム王国の王宮に一室を与えられるようになるほどに厚遇された。
　しかし、その後、彼らには異端の烙印が捺されてしまう。
　栄耀から転落、そして後世に様々な幻想をもってその名が囁かれるテンプル騎士団の実態について触れてゆきたい。

武装したテンプル騎士。モデルは総長ジャック・ド・モレー。

Ordre des Templiers

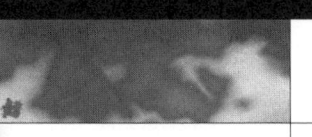

テンプル騎士団の成立

　1095年、クレルモン公会議において教皇ウルバヌス2世は、聖地奪回の再征服(レコンキスタ)を呼びかけた。
　この呼びかけは、これより20年前、1074年に発せられたビザンツ皇帝からの救援要請に遅まきながら応えたものである[※1]。
　が、教皇の呼びかけに対し、神聖ローマ帝国皇帝やフランス国王は口を閉ざし、半ば無視を決め込もうとした。これに応えたのは封建領主たちで、彼らは独自に兵力を拠出した。そして1096年8月15日を出発の日と定め、聖地に向けて進軍した[※2]。
　これが第1回十字軍である。
　この出発の日より3年の後——1099年7月15日、十字軍は聖地エルサレムをセルジューク朝トルコより奪回した。
　イスラム教徒のトルコ人より奪い返したエルサレムには、フランス人ゴドフロワ・ド・ブイヨンを指導者[※3]としたフランク王国であるエルサレム王国が建国される。翌年にゴドフロワ・ド・ブイヨンが没すると、彼の兄のボードワンが後を引き継ぎ、エルサレム王国の初代王ボードワン1世となった。
　エルサレム王国建国後、十字軍の兵士の多くは国許へと帰ってしまったため、王国内の治安は不安定なものとなる。このため、聖地を訪れる巡礼者たちは危険にさらされることとなった。この当時、巡礼は途中までは海路を使用するのが一般的で、その区間の安全は比較的確保されていた。だが、上陸してからエルサレムまでの道程では盗賊や猛獣といった危険が巡礼者たちを待ち構え、襲いかかってきてしまう。
　その状況を憂いたユーグ・ド・パイヤンが仲間を募り、1118年、「キリストの貧しき騎士」を名乗る修道会を設立した。船を降りた巡礼者たちに助力して彼らの身を守り、道中の安全を確保することを使命としたのである。
　パイヤンらの活動はたちまち高い評価を受けるようになり、エルサレム国王ボードワン2世の目にとまった。そして、1119年、彼らに王宮の一室を与え、半公認の団体とした。
　彼らが「テンプル騎士(タンプリエ)」「テンプル騎士団」と呼ばれるようになったのは、この頃からである[※4]。
　そして1127年の秋頃、パイヤンと5人の仲間は海路でローマを訪れ、教皇ホノリウス2世に修道会としての公式認可と独自

※1　エルサレムは3つの宗教(キリスト教・ユダヤ教・イスラム教)の聖地であり、それを巡る対立は古来より続いてきた。この争いは領域を接するビザンツ帝国とトルコとの間で特に激しく、歴史上幾度となく、エルサレムの支配権は両国の間をいったりきたりしていた。
第1回十字軍のそもそもの発端となった1074年の救援要請は、これより3年前の1071年、ビザンツ軍がセルジューク朝トルコに敗れたことに由来している。

※2　彼らの多くはフランドル人、フランス人、シチリアのノルマン人であった。今日的な国境線で語るならば、ウルバヌス2世に応えた封建領主の多くはフランスとイタリアの領主たちだったことになる。

※3　彼は自らを「聖墳墓教会の守護者」の地位に就け、王位は固辞した。

※4　これは、エルサレム王宮が、ソロモン王の建築した大神殿(テンプル)の跡地に建てられていたためである。また、同様の理由から「神殿の戦士(ミリティア・テンプリ)」とも呼ばれていた。

第3章　密儀・異端　245

※5 これ以前の彼らは、便宜的に聖アウグスティヌス会則に従っていた。これは当時、俗世にあって修道士的な活動を営んでいた聖堂参事会が採用していた規則で、共同生活と財産の共有を基本とするものであった。

※6 サンス、ランス、トロワ、オクセールの4区。このうち、サンスとランスは大司教区。

の会則制定を懇請した[※5]。これは受け入れられ、翌年の1月にはシャンパーニュ領の首都トロワで高位聖職者を集めた公会議が開催される。会議にはシャンパーニュ領内の大司教区及び司教区の代表者4人[※6]に、さらにシトー大修道院長が出席し、ホノリウス2世からの特使がその議事進行を執りおこなった。

　この会議でテンプル騎士団の最初の会則が取り決められた。ラテン語で書かれていたことから、それは「ラテン語会則」と呼ばれている。そしてその12年後には、今度はフランス語で書かれた会則が作られ、後世まで使用された。

　教会からの公認を受け、会則による独自性を与えられたテンプル騎士団は、ここに本格的に活動を開始するのである。

テンプル騎士団の会則

　正式版ともいうべき1140年にフランス語で作成された会則によれば、テンプル騎士団もまた、当時存在した多くの修道会と同様、いくつかの階級・階層に分かれていた。

　花形とでもいうべき騎士であるが、彼らは厳密な意味における戦士（軍人）であった。そのため、当時の騎士制度のしきたりに従い、貴族階級に属する者のみを採用した。世俗一般の騎士との区別のため、「修道騎士」とも呼ばれていた。

　修道騎士はみな同じく定められた服装・武装をしなければならないと会則によって決められていた。

　それによれば、彼らは白黒または灰茶色の服を身につけ、白いマントを羽織らなければならなかった。この白という色は「勇気と肉体の健全を保証する」色とされ、その色を用いる着衣は「まったく飾り気がなく、たかぶったところが一切ない」ものでなければならなかった。つまり、あらゆる動物の毛皮の使用も、どのような流行を取り入れることも許されなかったのである。彼らの修道士的側面（清貧性）を端的に表していたといえる。

　また、彼らには馬被い1枚、シャツ2枚、ズボン2枚、下着2枚を持つことが許され、特に暑い時には麻のシャツ1枚の所有が認められた。財産を共有するテンプル騎士団にあって、これが数少ない私物だったのである。

　会則によって定められたテンプル騎士団の完全武装は、鎖甲

（鎖帷子）と兜（あるいは鉄帽）の装着を基本として、羽織りや肩当て、鉄製短靴の装備が定められていた。武器は剣（カルヴァリ十字型の剣）や槍、鉄槌、盾が与えられた。この他、彼らは3種の短剣を常に身に着けていた。1つは戦闘用のもので、残る2つはパンを切るためのナイフ、そして雑用に用いるポケットナイフである。

テンプル騎士団の象徴として知られる白マントの衣装[※7]は、彼ら修道騎士たちのみが着用を許されていたのである。

騎士の補佐役である「従士（セルジャン）」と「盾持ち（エキュイエ）」は平民や都市民から募った。たとえ彼らが罰するに値する罪を犯しても、騎士の一存で殴ったりしてはならないと会則で定められていた。これは、信賞必罰の権が総長（メートル）にあったこともあるが、会則に「仲間に対して怒りを抱き続けてはならない」旨が提示されているためだ。

一口に従士といっても、細かく分類されていた。武器を持って付き従う「武器係従士（スー・マレシャル）」、城館内の規律の監督補佐をする「風紀係従士（ゴンファノニエ）」、城館で供される料理を作る「炊事係従士（キュイジーニエ）」、馬の蹄鉄の製造や装着をおこなう「蹄鉄係従士（フェルール）」などが代表的なところである[※8]。

司祭は礼拝と秘跡授与といった儀礼的職分を受け持つ者として、当然ながら教会に正式な認可が与えられた者のみに資格が与えられた。

会則では老いや病で弱った会員の看護のため、主要な城館には「看護士（アンフィルミエ）」が置かれ、より専門的な治療を施すために外部の「医師（フィジシアン）」が依嘱されていた。

これら軍事的・宗教的な作業とは関わりを持たない下僕や雑役夫については、特に募集資格を設けることはなかったが、その多くは下層民から採用されていたようだ。

また、彼ら──特にテンプル騎士たちは、巡礼者護衛の任にある時は常に戦士として扱われ、そのように行動していたが、平時にはあらゆる意味において修道士であった。彼らの生活は清貧、貞潔、祈りの三語に代表される修道会の厳格な枷がはめられていた。それが後に彼らを危機に陥れるのだが、これについては後項におく。

さて、彼らの指揮を執っていたのは、「総長（メートル）」という位階を持つ人物であった[※9]。テンプル騎士団の会則では、総長は手

※7 もう1つの象徴である「赤い十字」は、1147年にパリで開かれた参事総会において、教皇エウゲニウス3世より、「彼らがこの勝利の徽章を盾として、いかなる異教徒の攻撃からも逃げることのないように」下賜されたものである。

※8 彼らのように「有能な」従士には、2頭の乗馬が割り当てられていた。

※9 近代では、なぜか「大総長（グラン・メートル）」と呼びたがる手合いが多いが、テンプル騎士団の会則には、大総長なる言葉は一切登場しない。

に杖と鞭を持たなければならなかった。杖で弱き者を助け、義務を怠る者には鞭をもってその悪習を罰する――という比喩的な表現でもある。力によって規律を順守させるという意志表明であるわけだが、これらは「正義への愛」によってしか、ふるうことが許されなかった。

　総長は顧問会議に補佐され、テンプル騎士団の会員は彼の命には絶対服従しなければならなかったが[※10]、修道士の新規参入や土地の贈与を受けるなどといった重要な決定を下す際には、すべての参事を招集しての協議が必要とされていた。絶大な権力を有してはいたが、決して独裁ではなかったのである。

　総長を補佐する顧問は騎士の中から選ばれた。選出基準は「賢明で適切な助言ができる人物であること」だったという。

　次席として総長に次ぐ権力を有していたのは「副総長（セネシャル）」である。副総長の主な仕事は総長の補佐であるが、最も重要な任務は総長不在時の騎士団を取り仕切ることであった。

　この他、軍務長官（マレシャル）という役職もあった。文字通り、軍事に関して強い権限を持つ役職で、テンプル騎士団が所有する城館や、そこに収蔵されている武器、軍用馬にまつわるすべて（運用や購入など）を取り仕切るのが職分であった。

　各地に点在していたテンプル騎士団の支部ともいうべき修道院や城館の管理・運営は、「司令（コマンドール）」に任されていた。

　衣服を供給する役職である「被服長官（ドラピエ）」も重要な存在だった。被服長官はテンプル騎士団の会員の着衣類の供給を一手に引き受けていた他、城館の会計や所有物の管理を担当していた。会員の生活や身なりの監督なども、彼らの職分だったようだ。

　これらは会則で定められていたことである。そして、他の多くの組織と同様、テンプル騎士団にも運営してゆくうちに様々な慣例が生まれていった。それらの慣例は1165年に成文化され、「慣習律（ルトレ）」と呼ばれた。

※10　テンプル騎士団の会員は、総長の許可がなければ外出することすらできなかった。

テンプル騎士団の慣習律

　慣習律（ルトレ）には総長（メートル）にまつわるものが多い。

　たとえば、慣習律では総長のしるしを「印章と巾着」としていた。印章とはテンプル騎士団の公印、巾着は金庫である。

　公印はテンプル騎士団の公文書に捺された他、騎士団所有の

軍団旗ボーサン

財産の処分を始めとする外部との契約に使用されるため、自然と総長の支配下に置かれる。

　一方の金庫であるが、テンプル騎士団は軍事的側面はあるものの、基本的には修道会である。その会員になると財産は共有物となる。もちろんそれは総長に対しても例外ではなかった。が、それは建前上のもので、総長は私物の貴重品を収めておくための金庫を持つことが慣習的に許されていたのである。

　こうしたことから、「印章と巾着」の支配権を有することが総長の証として採用されたのである。

　この他にも、総長は4頭の専用馬を持ち、遠征時には、乗用に上等なトルコ馬を2頭、荷役用の動物（馬、ロバ、ラクダなど）を2頭連れてゆくことが慣習律において許されていた。また、この他にも2人の修道騎士、司祭、秘書役の聖職者、従士（セルジャン）、従僕、蹄鉄係従士（フェルール）、サラセン人書記（通訳）、トルコプル（キュイジーニェ）[※11]、炊事係従士が1人ずつ随伴していたという。さらに歩卒の従兵（ア・ピエ）2人を所有していた。

　慣習律には、遠征時の総長が使用する陣営についても言及されている。

※11　現地人から徴募されたと思しき兵士。軽装騎兵で、一説にはテンプル騎士団が所有する現地人補助部隊の人員だったともいわれる。

※12 パリで参事総会が開催された1147年以降は、この白旗部分に赤い十字が描き加えられた。

※13 聖務日課は次の8つ。
　1：午前6時前の朝課（マティネス）
　2：賛課（ロウデス）
　3：午前8時頃の一時課（プリメ）
　4：午前9時頃の三時課（テルセ）
　5：正午の六時課（ゼクステ）
　6：午後3時頃の九時課
　7：日没時の晩課
　8：就寝時の終課

彼の宿営には円形の天幕が張られ、テンプル騎士団の軍団旗である「ボーサン」という幟（のぼり）が掲げられた。ボーサンとは「白の上部に黒」の意を持つ紋章用語で、上半分を白旗、下半分を黒旗とした長方形の旗である［※12］。戦闘の際には、この幟がテンプル騎士たちが結集する目印となっていたという。

テンプル騎士団の生活と規律

　テンプル騎士団の会員の生活は、基本的には他の多くの修道会のそれと同様である。つまり、質素で静寂に包まれたものだ。
　会員の生活は、午前6時前の朝課（マティネス）から始まる。
　テンプル騎士団に所属する戦士である修道騎士たちは、戦士であると同時に修道士なのである。そのため、彼らもまた修道士たちと同様、8つの聖務日課［※13］を果たさなければならなかった。もちろん、戦闘を始めとする急用によりそれを果たせなくなった際には、「主の祈り」を13回唱えればよい。各時課で7回、晩課（ヴェプリス）に9回、そしてさらにそれらすべてを一度に済ませてしまうことを推奨していた。
　また、聖課を告げる鐘が鳴らされた時は、なにがあろうと駆けつけなければならないとされていた。例外は小麦をこねている者、鍛冶場で鉄を打っている者、馬に蹄鉄を付ける作業をおこなっている者、そして洗髪中の者だけである。
　彼らは全員でミサや聖課に出席し、ともに跪（ひざまず）き、祈り、そして立ち上がるのである。
　もちろん、先に挙げたように急務を命じられた者や、老人、それに病人は例外だった。老人は体が弱っていても敬意を払われ、病人には慈悲の手が差し伸べられた。
　修道会的な生活というと、厳しい戒律（かいりつ）と苦行に縛られたものを連想しがちだが、テンプル騎士団では会則の、それも最初の章で、過度の苦行をしないよう警告されていた。
　聖課における詩篇の朗読中は、最初の「招詞（インヴィタトリウム）」の時、それに朝課の締めくくりに「テ・デウム」と唱える時だけ起立すればよいとしていた。
　こうした「緩やかな苦行」は、食事にも適用された。
　彼らの食事は聖書の朗読の中でおこなわれる。この時、会則では「物静かに、そっと」慎重な態度で必要とするだけの食事

※14 騎士に対しては日曜に2枚の肉皿が与えられたが、従士や盾持ちなどは一皿だけだった。

※15 中近東の暑い気候のせいで、のぼせてしまうことがよくあったらしい。

を要求することができた。また、会員は2人で1枚のスープ皿を使うが、酒を注ぐゴブレットはそれぞれに配膳された。肉は週に3回、1皿ずつ供された[※14]。

この時、鼻血[※15]や戦闘準備が発令された時以外には、なにがあろうと食事の席を立ってはならないとされていた。

手をつけた料理で残ったものは、多くの修道会でのそれと同じように貧者への施しとされた。

晩課の後、「城館の指導者層の自由裁量」によって、その日最後の食事が出される。それを食し終えると終課(コンプリエ)の祈りが唱えられ、他の修道会と同様、それ以後は沈黙を守らなければならなかった。

会員には就寝具として藁布団(わらぶとん)、敷布(ランスール)、薄布(エタミーヌ)（または掛け布団）が定められており、これにベッドカバーとして黒の無地か縞目(しまめ)の絨毯地(カルピット)が配布されていた。

テンプル騎士団領

テンプル騎士団の主な任務は、巡礼者の護衛である。

その働きがエルサレム王に認められ、王宮に一室を得、そして教会の公認を受けた修道会となった。

テンプル騎士団の発展が加速したのは、この頃からである。

彼らが管轄する地域が広範囲になると、エルサレム王より下賜されたエルサレム王宮の岩のドームと呼ばれた「主の神殿(テンプルム・ドミニ)」及び隣接するアレニアクサ・モスクを総本部「領主館(シェヴテーヌ)」とし、エルサレム王国内はもとより、隣接するトリポリ伯領やその先のアンティオキア公領などに支部を設けるようになった。

そこには「司令」という支部長を置き、城館(メゾン)が築かれた。これには会員専用の礼拝堂が付随していた。そして騎士団の管理領土の一単位として「騎士団領(コマンドリー)」と呼ばれ、城館を中心とした周辺地域の領域警備などを受け持った。

騎士団領に付随する礼拝堂は、教会ではなくテンプル騎士団の管理下におかれ、そこで祭礼を執り行う司祭も大半は騎士団に所属していた。

これは、1139年3月に発布された教皇インノケンティウス2世の勅令「オムネ・ダートゥム・オプティムム」によって許されていた。その理由は「誓いを立てた修道士が教会にゆき、罪

テンプル騎士団の主な所領地（⛨と✝印）。南仏（上）と中東（下）。

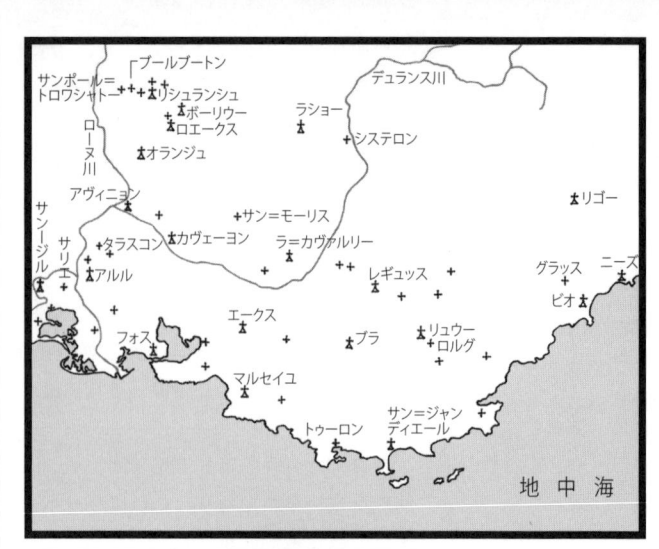

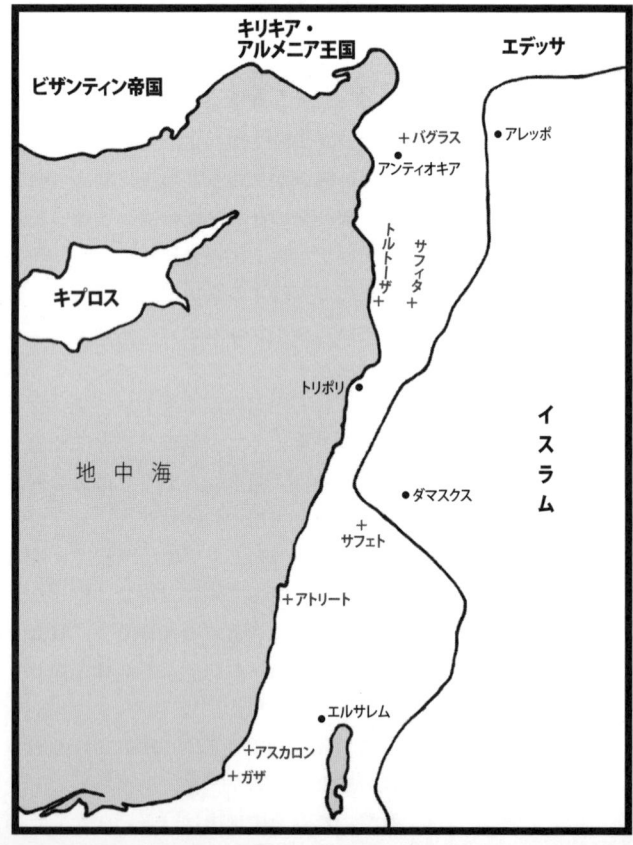

南仏の地図：
サンポール＝トロワシャトー、プールブートン、シュランシュ、ボーリウー、ロエークス、ラショー、デュランス川、システロン、ローヌ川、オランジュ、アヴィニョン、サン＝モーリス、リゴー、サリエ、タラスコン、カヴェーヨン、ラ＝カヴァルリー、サン＝ジル、アルル、レギュッス、グラス、ニーズ、フォス、エークス、ブラ、リューロルグ、ビオ、マルセイユ、トゥーロン、サン＝ジャンディエール、地中海

中東の地図：
ビザンティン帝国、キリキア・アルメニア王国、エデッサ、バグラス、アレッポ、アンティオキア、キプロス、トルトーザ、サフィタ、トリポリ、地中海、ダマスクス、イスラム、サフェト、アトリート、エルサレム、アスカロン、ガザ

人や、女性と交際する人々の群れに混じるのははしたなく、また危険だから」であった。

最初の騎士団領とでもいうべきエルサレムの総本部には、総長(メートル)の他に2人の重要な司令が居住していた。1人はエルサレム市の治安管理を受け持ち、巡礼者の警護の統括を任務とする者。もう1人は、エルサレム王国及び王国内のテンプル騎士団領の責任者で、中東全体の騎士団領を管理下に置いていた[※16]。

こうした騎士団領は加速度的に増加してゆき、テンプル騎士団の活動範囲は中東だけではなくヨーロッパ各地に拡大していった。背景にはヨーロッパ各地の封建領主たちからテンプル騎士団への土地の寄進がある。十字軍へ向けられていた宗教的熱狂は、エルサレム王国建国後は巡礼者の守護者たるテンプル騎士団へと向けられたのである[※17]。

こうして爆発的勢いで増殖したテンプル騎士団領は、ヨーロッパ全域に約9,000、そのうち約3,000が現在のフランスにあった。特に南フランスのプロヴァンス地方にあった騎士団領は重要視されていた。ここで生産された飼葉や小麦といった農産品を始めとして、馬や各種の物資がローヌ川を下り、マルセイユから聖地へ向けて搬送されていた[※18]のである。

数多くの騎士団領を持つようになると、複数の騎士団領をまとめて「管区」とするようになった。フランス管区、イギリス管区、ポワトゥー管区、プロヴァンス管区、アラゴン管区、ポルトガル管区、アプリア管区、ハンガリー管区などである。

中東の騎士団領は戦闘のための城塞機能が優先されていたのに対し、ヨーロッパに置かれたそれは、中東の騎士団領と同様、城館の周囲に会員専用の礼拝堂が接地されていた他、農園や果樹園、鳩舎などが併設されていた。そうと知らされなければ、通常の農場と見分けがつかない騎士団領も多かったという。

たとえば、テンプル騎士団がフランスのパリ郊外に獲得した土地[※19]は、水はけの悪い沼地であった。彼らはそれを干拓して農耕地へと変貌させ、さらには排水をよくして運河を建設した。これは人口増加の傾向にあったパリの需要に応えることとなり、さらなる発展へとつながった。

騎士団領の性質の違いは、先にも述べたように、ヨーロッパの騎士団領が後方での物資供給を主目的とした、いわば荘園のようなものであったのに対し、中東のそれは前線司令部であっ

※16 つまり、一時期ではあったが、エルサレム王国は治安維持業務をテンプル騎士団に委託していたのである。彼らの名声が高まるにつれ、このような都市は増えてゆく。

※17 正確を期するならば、こうした領地寄進はテンプル騎士団に対してのみおこなわれたわけではない。ほぼ同時期に成立した聖ヨハネ救護騎士修道会——いわゆる聖ヨハネ騎士団へもおこなわれていた。

※18 主にガザで陸揚げされ、そこからエルサレムへと輸送されていた。

※19 今日ではマレ地区と呼ばれている。マレとは「沼」の意味である。

南仏の騎士団領(コマンドリー)の城館。礼拝堂(左端)と両側に塔を備えた門、いくつかの建物からなり、周囲には城壁がめぐらされていた。周辺は一面の畑

※20 1144年、トルコ軍にエデッサを奪われたことに端を発した十字軍。主に、フランスの国王ルイ7世と王妃アリエノール・ダキテーヌ、そしてドイツの神聖ローマ皇帝コンラート3世が軍を派遣した。テンプル騎士団はルイ7世に請われて彼の軍の護衛についた。

※21 1191年。第2回十字軍の大敗の結果、聖地エルサレムと領土のほとんどを奪われたエルサレム王国の救援に、イギリス国王リチャード1世(獅子心王)とフランス国王フィリップ2世(尊厳王)が軍を派遣した。

※22 1204年。教皇インノケンティウス3世により発動された十字軍だが、ベネチア人の奸計により、その攻撃目標をコンスタンチノープルへと変更する。

たという違いから生じた差異である。

　中東の騎士団領はイスラム教圏と領域を接していることもあり、強固な要塞と化し、ヨーロッパの騎士団領のような牧歌的な雰囲気は微塵もなかった。多くの騎士団領の城館──むしろ「城塞」というほうが適当だろう──は濠と前方掩体に守られ、高い城壁には投石器や弩砲など大型兵器が備えつけられていた。水は城外の水車から供給されていたが、敵襲の際には城壁内の風車で汲み上げてまかなわれていた。ヨーロッパのテンプル騎士たちが農耕や灌漑土木に長けていたのに対し、中東の彼らは城塞建築に特化していたのである。

　ここに常駐する軍は約1,700人で、その内訳は50人の修道騎士、30人の従士、約50人のトルコプル(現地の徴募兵)、300人の弓手で、残りは現地のイスラム人兵士や奴隷であった。

　300人ほどの兵数で「大軍」と称された時代にあって、これほどの軍を保有していたテンプル騎士団は、おそらくは当時のヨーロッパで最高級の兵力を持っていたと思われる。

　しかし、一大軍事組織であったテンプル騎士団にも敗れる時が訪れるのである。

聖地での敗北——撤退

順調な発展を見せていたテンプル騎士団の崩壊は、第2回十字軍[※20]に参加したことから始まった。

この遠征で、イスラムの英雄サラディンに敗れ、エルサレムを追われた十字軍は、それに続く第3回[※21]、第4回[※22]、第5回[※23]の各十字軍でも敗北を続け、外交使節団的性質を持った第6回十字軍（1228～29）においてようやくエルサレムの返還を成し遂げた。

しかし、第6回十字軍を指導したホーヘンシュタウヘン朝の神聖ローマ皇帝フリードリヒ2世はエルサレムの宮廷周辺からテンプル騎士団を排除し、またテンプル騎士団も破門されていたフリードリヒ2世と対立する姿勢を見せた[※24]。

これはフリードリヒ2世の側についた聖ヨハネ騎士団との抗争に発展する。この闘争はテンプル騎士団に優位に進み、皇帝派（アンペリオー）は中東より徐々に駆逐されてゆき、最終的にはエルサレム陥落[※25]と前後してフリードリヒ2世とドイツ騎士団総長ゲラルト・フォン・マールベルクが本国へと逃げ帰ることで決着がついた。

そして、1247年にアイユーブ朝のカリフとの戦いが始まると、フランスの聖王ルイ9世の許、テンプル騎士団は戦った。第7回十字軍である。そして、1254年にルイ9世が本国へ帰還すると、今度はジェノバ商人と、ベネチア及びピサの商人との間で勃発した抗争にテンプル騎士団は巻き込まれてしまい、組織を弱体化させてしまう。

この後、1271年にマムルーク朝エジプトのスルタンとの間で10年間の休戦協定が結ばれるが、先にあげたような身内の争いが相次いだため、十字軍側は態勢を立て直すことができないまま、無為に10年の歳月を過ごしてしまう。そしてマムルーク朝の攻撃が再開される。1291年5月、エルサレム王国内のテンプル騎士団の城塞は陥落、そこで戦っていたテンプル騎士は全滅した[※26]。

※23 1217年。エルサレム王国に対するイスラム世界からの圧力を削ぐため、エジプトへの攻撃がおこなわれた。この時、エジプト側より十字軍側に有利な条件での和平交渉が申し込まれたが、教皇特使ペラギウス枢機卿はそれをはねつけ、結局は敗北してしまう。

※24 1228年。エジプトのスルタンとの協議の結果、ヨーロッパ人はエルサレム、シドン、トロンの領有権を回復する。が、「主の神殿」や「ソロモンの神殿」などの重要施設はイスラム教徒の手に残された。また、ヤッファ協定により都の外壁の補修や、テンプル騎士団を防衛の任に当たらせることは許されなかった。そのため、フリードリヒ2世は、協定に抵触しないドイツ騎士団を呼び寄せた。

※25 1244年。トルコ軍との戦いによる。トルコ軍との戦いにより、ヨーロッパ人の軍は壊滅、テンプル騎士団総長は死亡、聖ヨハネ騎士団総長はトルコ軍の捕虜となり、そしてドイツ騎士団総長は逃亡したのである。こうした事情により中東に駐屯していたヨーロッパ人の3騎士団はかつてないほどに弱体化する。

※26 エルサレム王国外の拠点であるティルス、シドン、トルトーザなどに駐留していたテンプル騎士は、戦うことなく拠点を明け渡し、ヨーロッパへと帰還した。

欧州での敗北──崩壊

聖地エルサレムを失い、中東よりの撤退を余儀なくされたテンプル騎士団は、その活動の舞台をヨーロッパへと移した。

しかし、この頃にはテンプル騎士団の評判は地に堕ちていた。理由はいくつもあるが、1つには、テンプル騎士団が教会から破門された者の入会に対して積極的な姿勢を見せていたことが挙げられる。テンプル騎士団以外の修道会や聖ヨハネ騎士団では、破門者の入会は認められていなかったのだ。

だが、それ以上に大きな理由は、彼らが教会への納税である十分の一税[※27]を免除されていたことにある。当時、この税が免除特権を得ていたのはシトー会修道院だけだった。そのため、多くの司教からは妬みを買っていたのである。

テンプル騎士団が莫大な財産を持っていたことも、教会関係者からの不興を買う原因となっていた。彼らの財産の多くは、聖地における銀行業務で得たものだ。これは、巡礼者の財産保護の一貫としておこなわれたものである[※28]。その他にも、貴族たちから土地や金銭の寄進も受けており、それらの資産を管理するためにも、銀行的な業務をおこなう必要があったのだ。

そうしたこともあり、テンプル騎士団の金庫には莫大な数の金貨が納められることとなった。これには、1つの逸話がある。

第7回十字軍を率いた聖王ルイ9世がアイユーブ朝の捕虜となった際、身柄引渡の条件として20万リーブルの身代金が要求された。ありったけの金をかき集めたが、3万リーブルほど足りなかった。そこで、テンプル騎士団から無理矢理金を借り受けたのである。ルイ9世はアッコンのテンプル騎士団に預金していたため、そこから損失補填させられた。

また、この頃にはパリのテンプル騎士団は王家の財産管理を委任されるようになっていた[※29]。これは第3回十字軍に参加した尊厳王フィリップ2世が、自分の留守中の徴税金をテンプル騎士団に預けるように命令したことから始まったことである。

1302年のクルトレーの戦い[※30]に敗退した美男王(ル・ベル)フィリップ4世は、テンプル騎士団に命じてユダヤ人の資産を没収し、さらにはフランドル軍との戦いを継続するために民衆から重税を取り立てさせた。

こうしたこともあって、テンプル騎士団は聖職者、民衆の双

※27 収穫物の10分の1を教会に納める税。

※28 ヨーロッパの騎士団支部で巡礼者の財産を預り、巡礼者は預り手形を受け取る。これを海外の騎士団支部に提示して現金に替えるのである。こうすることによって、道中での盗難被害を減らしていた。同じ業務は聖ヨハネ騎士団でもおこなっていた。

※29 行政活動に用いる資金は、ルーヴル宮殿の金庫に置かれていた。

※30 もとは、フランドル伯に叛意を露したブリュージュの市民(フランドル市民軍)が、クルトレーの要塞に駐留するフランス軍を包囲攻撃したことから始まる。フランドル市民軍約8,000に対し、要塞救援のために派遣されたロベール・ド・アルトワのフランス軍は約2,500の兵数だった。結果は、フランドル市民軍の勝利に終わる。

方から恨みを買っていたのだ。しかも、彼らは十字軍が奪還した聖地の防衛に失敗し、逃げ帰ってきていた。それが、彼らの立場、心証をさらに悪くしてしまっていた。

そして1307年10月、フランス全土のテンプル騎士がフランス王の命令で一斉逮捕されるという事件が起きる。この逮捕劇は、1カ月前から周到に準備されていた。フィリップ4世は各地に派遣されていた代官に対し、テンプル騎士団の動きを探るように命じ、地元の有力貴族に「王への忠誠」や「秘密保守」を宣誓させた上で仲間に引き込んだ。それにより、フランス各地のテンプル騎士たちを、抵抗する間もなく逮捕することができたのである。

美男王フィリップ4世がこの事態を引き起こしたのは、テンプル騎士団が貯め込んでいた資産の没収を目論んでのことであった。本来、テンプル騎士団は教会公認の修道会である。教皇の支配下にある組織なのだ。この当時、教皇だったクレメンス5世（在位1305〜14）は分裂状態のローマへ行くのを忌避し、南フランスのヴナスク伯領[※31]に居を定めていた。ある意味において、彼はフランスの庇護下にあったのである。いわゆるアヴィニョン捕囚の最初の教皇だった。そのため、フランス国王のやることに反対できる立場ではなかった。

逮捕の翌日、パリにおいて美男王フィリップ4世の声明が発表された。それによれば、テンプル騎士団はイエス・キリストを侮辱する背教者であり、入会に際していかがわしい儀式[※32]が執りおこなわれ、バフォメット（baphomet）なる偶像に礼拝していたとされた。また、男色行為をおこなっていたと批難もしている。

この逮捕より約1カ月間、役人に拘留された138人のテンプル騎士たちは異端審問官[※33]による拷問にかけられ、36人が死亡した。

一方、教皇クレメンス5世は枢機卿、教皇庁に詰めていたテンプル騎士を招集し、テンプル騎士団の保護を約束、美男王フィリップ4世へ書簡で今回の逮捕と財産没収を批難する。が、11月に発布された勅令「パストラーリス・プレエミネンティエ」では、キリスト教圏全土にテンプル騎士の逮捕を命じている。前述した理由から、王の行いに反対し切れなかったのだ[※34]。

それでも教皇はテンプル騎士を教会による裁判にかけると約

※31 1274年から教皇領になっていた。

※32 入会者たちに3度キリストを否定させ、十字架に唾を吐きかけさせる。その後、衣服を脱がせて、受け入れ側の者が彼らの背骨の下部、ヘソ、唇に口づけし、もし要求されれば男色に身を任せるように約束させてから、バフォメットなる偶像に礼拝し、その像にかけてあった紐を入会者の首にかける、というもの。

※33 この異端審問官は後の教会裁判、魔女狩りで悪名を馳せるヴァチカンのそれとは異なる存在である。この時代の異端審問官は、主にドミニコ会、フランシスコ会の修道士が務めていた。拷問による自白強要がおこなわれたのは、後の時代の異端審問と同様である。

※34 表向きな理由では、「テンプル騎士の供述を考慮すると、このようにするしかない」としている。

バフォメット。
ヤギの頭と下半身、人間の女性の体、コウモリ（もしくはカラス）の翼を持つ姿で描かれる悪魔

束し、彼らの身柄と没収した財産の引き渡しをフランス王に要求した。しかし、フィリップ4世は身柄の引き渡しには応じるが、財産については拒否すると返答した。

　テンプル騎士の管理が教会に移される直前の1308年2月頃、テンプル騎士団総長ジャック・ド・モレー（Jacques de Molay）の署名が入った文書が、拘束されていたテンプル騎士たちの間で回覧されていた。それは、拷問で引き出された自白を撤回するように命ずるものだった。この文書の存在を知ったクレメンス5世は、取り調べを担当していた異端審問官から権限を剥奪し、この事件を自分の直轄下に置くと宣言した。するとフィリップ4世はフランス国民を扇動して教会を批難させ、同時に顧問の法律家ピエール・デュボアに教皇を誹謗中傷する怪文書を作成させ、世間に流布させた。

　1308年6月に教会裁判が始まる。ここに出廷した者のほとんどが従士であり、教皇は騎士団幹部の証言を求めた。幹部は病気を理由にシノン城に収容されていたため、クレメンス5世はベランジェ・フレドル、エチエンヌ・ド・シュイジー、ランドルフ・ブランカッチオの3人の枢機卿を派遣、フィリップ4世

の側近であった法学騎士ギヨーム・ド・ノガレとギヨーム・ド・プレジアンの立ち会いの許でジャック・ド・モレーを始めとする騎士団幹部の尋問をおこなった。1308年8月のことである。得られたのは、逮捕直後の「自白」[※35]の確認であった。

これは捏造だった。11月26日の聖職者委員会に出頭したジャック・ド・モレーが訂正しようとするが、ギヨーム・ド・プレジアンの妨害により、明らかになることはなかった。

これは先行しておこなわれていた他のテンプル騎士たちへの尋問でも同様で、自白の撤回・訂正は「再堕落の罪に問われ、火あぶりにされる」と恫喝にも等しい警告がなされていた。この警告をはねつけ、拷問による自白を翻し、騎士団を擁護する証言をしたテンプル騎士54人が再堕落の罪により火刑に処せられた[※36]。1310年5月のことである。

そして、1311年10月に開かれたヴィエンヌ公会議で、個々のテンプル騎士に自己弁護させる機会を与えるべしとの決定が下された。が、それが実行される機会が訪れる間もなく、翌年3月20日、フィリップ4世が兵を引き連れてヴィエンヌに乗り込んできた[※37]。

教皇クレメンス5世はこの無作法を批難することもなく、ただ3月22日に公布された教勅「ウォクス・イン・エクスケルソ」において、「教会の利益のために」との理由でテンプル騎士団の取り潰しを公認した。さらに5月2日の教勅「アド・プロウィダム」ではテンプル騎士団の財産を聖ヨハネ騎士団に譲渡する旨が発表された。

1314年3月、テンプル騎士団最高幹部の処遇が決定した。ノートルダム大聖堂前の広場に引き出されたテンプル騎士団最高幹部たち――総長ジャック・ド・モレー、巡検使ユーグ・ド・ペロー、ノルマンディー管区長ジョフロワ・ド・シャルネー、ポワトゥー＝アキテーヌ管区長ジョフロワ・ド・ゴンヴィルに、終身刑が言い渡された。

すると、ジャック・ド・モレーとジョフロワ・ド・シャルネーが立ち上がり、驚く群衆の前で自分たちが無実であり、テンプル騎士団の規則は神聖で、正しく、普遍的(カトリック)であると宣言した。そして自分たちの唯一の罪は、命を惜しんで嘘の自白をしてしまったことだと告げた。

2人はその場で再堕落の宣告を受け、火刑に処せられた。

※35 フィリップ美男王の声明にあったテンプル騎士団の異端的儀礼(※32を参照)のことである。

※36 自白を翻さず、テンプル騎士団の「罪悪」を認めた者は釈放された。

※37 フィリップ4世は前もってテンプル騎士団の廃絶とその資産を別の修道会への移管を要求する書状を送っていた。

この時、彼らは顔をノートルダム大聖堂の方に向けさせてくれるように懇願した。テンプル騎士団では晩課の際、ノートルダム大聖堂の方角に向けて次のような祈りを捧げていたのだ。

「聖　母(ノートルダム)は我らが修道会の始めなりき。
　聖母のうちに、その名誉のうちに、神がそれを望み給う時、
　我らが命の終わりあり、我らが修道会の終わりあり、
　神の御心のままに。」

　祈りの後、彼らの刑は執行された。
　この頃には、フランス国民はテンプル騎士団に同情的になっていたが、その心象は間もなく驚愕に変わった。
　火刑の1カ月後にクレメンス5世が死に、11月には美男王フィリップ4世が急死したのである。それから、ジャック・ド・モレーが死の間際に呪いをかけたという伝説が生まれ、テンプル騎士団の名は不吉な存在として語り継がれるようになっていった。

Column テンプル騎士団の伝説

　後世において、テンプル騎士団は不吉な伝説とともに、唾棄すべき異端者として語られるようになってゆく。
　しかし、その一方で、彼らに対して強いロマンを抱く者たちもいた。
　19世紀のオカルティストたちが、その代表的な存在だ。
　オカルトの世界で囁かれるテンプル騎士団関連の伝説は、主に2つの系統が存在する。
　1つは、テンプル騎士団が「ソロモンの神殿を築き上げた石工を祖としている」というもので、これは主にフリーメイソンリー系の秘密結社で囁かれている伝説だ。
　本項を読んでもらえればわかるが、当然ながら、このような事実は存在しない。
　もう1つは、テンプル騎士団が「なんらかの秘儀大系に通じた組織である」という伝説だ。こちらの伝説については、いくつかのバリエーションがあるが、グノーシス主義に通じていたというゲルマン騎士団と、錬金術に通じていたとする〈薔薇十字団〉系組織が典型的なところである。
　これらのうち、フリーメイソンリー系秘密結社と〈薔薇十字団〉系組織が結合し、両者の影響を受けた組織もできていた。さらに、そうした経緯で生じた組織同士が自家生殖的、近親相姦的に結合して新たな組織を生じさせることもあったようだ。
　こうした組織群の他、より直感的にテンプル騎士団との関連を主張している組織としては、ドイツのオカルティスト、カール・ケルナーらによって設立された近代魔術結社〈東方聖堂騎士団〉が存在する。フリーメイソンリーの流れを汲む組織であるが、テンプル騎士団が魔術的・カバラ的な秘儀に通じていたという教義を持っている。
　テンプル騎士団がこのような、非汎社会的な——あるいはサブカルチャー的な——背景を持っているとされたのは、やはり莫大な資産を築きながらも、異端として弾圧されたことに由来しているのだろう。

用語集

∴
読み：――
分類：記号

正式には数学記号で「ゆえに」を意味し、数式などの証明に用いる。

オカルト方面では魔術結社の略号を示す際、ピリオドの代わりに使用されるが、出版物などでは使われないことも多い。

ヨハン・ヴァレンティン・アンドレーエ
読み：ヨハン・ヴァレンティン・アンドレーエ
分類：人名

17世紀ドイツのルター派の副牧師であり、多数の著作を残した作家。薔薇十字文書の1つ『賞讃すべき〈薔薇十字友愛団〉の名声』の共著者の1人であり、『化学の結婚』の作者。〈薔薇十字団〉にまつわる騒動の仕掛け人。

☞ 薔薇十字団、薔薇十字文書

イスラム神秘主義
読み：イスラムしんぴしゅぎ／スーフィズム
分類：用語

イスラム教において「常に瞑想し、コーランを朗読して神を観想し、神の一体化を求める」信仰。彼らはスーフィーと呼ばれ、歴史的にはムハンマド存命中から存在していた。スーフィーたちは清貧をよしとする厳格な禁欲者であり、贅沢や世俗性を否定した。

伝統的イスラム神学やコーランへの回帰を唱えるイスラム原理主義とは相容れないため対立し、それらからは異端視されている。

☞ 神秘主義

ヴードゥー
読み：ヴードゥー
分類：団体名

主にハイチで信仰されている宗教。一言で説明するならば「アフリカ西海岸地方の雑多な精霊信仰とカトリックが習合したもの」。ヴードゥー教は歴史的経緯により秘密結社を宗教形態として採用している。この宗教はウンガン（あるいはマンボ）を指導者とし、ロアと呼ばれる精霊的神格を信仰対象としている。

☞ ウンガン、シャーマニズム

ウンガン
読み：ウンガン
分類：用語

ヴードゥー教における宗教的指導者。これは男性に対する呼称であり、同じ役目を果たす女性は「マンボ」と呼ばれる。交神を始めとする各種宗教儀式を取り仕切る他、地方の顔役的働きもする。ヴードゥー黒魔術を修得したボコールを兼務

する者も多い。

☞ ヴードゥー

エレウシス密儀

読み：エレウシスみつぎ
分類：団体名

　エレウシス秘教とも。大地の女神デメテルとその娘ペルセフォネの神話にまつわる密儀。プルートーにさらわれたペルセフォネは、冥府（めいふ）の柘榴（ざくろ）を食べてしまったがために1年の3分の2を地上で、残る3分の1を冥府で過ごさなければならなくなった。そのため、娘が冥府で過ごしている間、デメテルの嘆きにより大地から豊饒が失われてしまう。エレウシス密儀は、地上と冥府を往来するペルセフォネの姿に死と再生、魂の輪廻を見出した密儀である。

☞ 密儀

オルフェウス型神話

読み：オルフェウスがたしんわ
分類：用語

　オルフェウスの冥府（めいふ）下りの神話に由来する用語。

　オルフェウスは死んでしまった愛妻エウリュディケを連れ戻すべく冥府へと向かう。しかし、冥府の王ハデスとの約束を破り、振り向いてしまったがために永遠に妻を失ってしまう。こうした「冥府での約束を破ったがために妻を失ってしまう」神話は汎世界的なもので、日本神話でも「伊弉諾尊（イザナギノミコト）の黄泉（よみ）下り」の神話

として存在している。

☞ エレウシス密儀、密儀

陰陽道

読み：おんみょうどう
分類：用語

　中国の易道や神仙道が日本の土着信仰と習合した末に誕生した体系。それを扱う者は陰陽師と呼ばれ、占いや暦の作成が主な職分だった。

☞ 真言宗、天台宗

外陣

読み：がいじん／アウター
分類：用語

　秘密結社や宗教組織における、一般の会員や信徒が属する部分。組織の人員構成のピラミッドにおいて大多数を占める底辺部に位置する。内陣との対義語であり、通常は組織内組織のような形式をとらない。

　また、中核組織に対する外郭団体という形で、外部組織化することもある。

☞ 内陣

カバラ

読み：カバラ
分類：用語

　ユダヤ教の神秘思想。ヘブライ語の「口伝」に由来する。瞑想カバラと実践カバラに分類される。瞑想カバラは旧約聖書の解読を通して神理へ達することを目的とした学問であり、実践カバラは〈生命

の木〉の象徴性を重視し、それを利用して神人合一(しんじんごういつ)を目指したもの。後者は特に「クリスチャン・カバラ」とも呼ばれるが、キリスト教と密接な関係があるわけではない。

☞ 生命の木、フリーメイソンリー

救世主

読み：きゅうせいしゅ
分類：用語

現存宗教ではユダヤ教やキリスト教などで言及される「救い主」。どのような方法で人々／世界を救うのかは宗教や宗派によって異なる。ゾロアスター教における救世主サオシュヤントを原型とすると言われているが、実際のところは不明。

☞ 秘密の首領

グノーシス

読み：グノーシス
分類：用語

ヘレニズム文化隆盛期に発生した密儀思想。原意は「智慧(ちえ)」。その基本は「現世を悪しきものとして解釈」し、「創世の神を神を騙る偽創造主とする」ところにある。ユダヤ教と結合したユダヤ教グノーシスやキリスト教と結びついたキリスト教グノーシスが有名なところであるが、世界創世の神が存在する宗教や信仰であれば、どのようなものとでも融合できる。

☞ 密儀

アレイスター・クロウリー

読み：アレイスター・クロウリー
分類：人名

「20世紀最大の怪人」を始め、数多くの異名で語られる人物。また、その二つ名の数と同様、様々な（エキセントリックな）エピソードでも知られている。性格は傲慢(ごうまん)で洒落っ気が強い。

登山家としても有名。

☞ 首領、タロット、イスラエル・リガルディ

ゲーティア

読み：ゲーティア
分類：書名

『レメゲトン』こと『ソロモンの小さな鍵』の第1部にあたる部分。発音の違いにより「ゴエティア」とも呼ばれる。その内容はソロモンの72の精霊の解説と〈召喚〉〈喚起〉のための呪文など。

サバト

読み：サバト
分類：用語

原義的には安息日(あんそくび)のこと。が、いつからか魔女たちの集会——魔宴を意味するようになった。中世からルネッサンス時代では、魔宴では、魔女たちは悪魔との性交を始めとする様々な背徳的行為をおこなっていたと信じられていた。

Glossary

サン・ジェルマン伯爵
読み：サン・ジェルマンはくしゃく
分類：人名

　本名不明、本当の生没年も不明。「時空を旅する錬金術師」とも呼ばれる伝説の錬金術師の1人。人前で食事をしない、ダイヤモンドの傷を消す技術を持つなど、謎に満ちた人物である。近年に至るまで出没報告が続いている。

☞ 薔薇十字団、錬金術

参入儀礼
読み：さんにゅうぎれい／イニシエーション
分類：用語

　秘密結社や密儀の組織へ加入する際に与えられる儀礼。俗世から離脱し、その団体が掲げる目標に至る道へと足を踏み入れ、その庇護下に入ったことを自覚させる儀式であり、一種の聖別でもある。一般的な宗教でも同じコンセプトの儀式はおこなわれている。キリスト教における洗礼などがそれにあたるといっていい。

☞ 密儀

シトー派
読み：シトーは
分類：団体名

　1098年、モレーム修道院長ロベールによりフランス・ブルゴーニュ地方のシトーに設立された修道院に始まる修道会派。「シトー会」とも。当時多数派となっていたクリュニー修道会の規律弛緩に反対し、修道会の根本規則というべき聖ベネディクト会則への回帰を目指した。一時は修道会全体の指導的会派となるが、13世紀後半、教皇直属のドミニコ会とフランチェスコ会に取って代わられる。

☞ テンプル騎士団

シャーマニズム
読み：シャーマニズム
分類：用語

　一般的には、制度化・体系化された精霊信仰の総称として用いられる。宗教的恍惚（トランス）の中で神霊と交信できる治癒者／予言者／精神的指導者たるシャーマンを中心とした宗教形態。シャーマンとはもともとはシベリアのツングース族において、そうした役割を負った者に与えられた名称で、北極地方全域の諸部族（チュクチ族やエスキモー・アレウト、ラップ族など）全般で用いられていた。

☞ ヴードゥー

ルドルフ・シュタイナー
読み：ルドルフ・シュタイナー
分類：人名

　哲学者であり教育思想家。ゲーテ研究者としても有名。〈神智学協会〉に入会、ドイツ支部の長になるも、ブラヴァツキーの後継者であったアニー・ベザントの方針を認めることができず脱会。自ら〈人智学協会〉を設立する。

☞ 人智学、H・P・ブラヴァツキー

首領

読み：しゅりょう／チーフ
分類：用語

　西洋のオカルト秘密結社において、団体を実際に運営する人物に与えられる役職。

　19世紀欧米の魔術結社を見る限り、エキセントリックな人物が多く集まるためか、とんでもない苦労を背負込むはめになるか、本人が一番エキセントリックになるかのどちらか。

☞ アレイスター・クロウリー、内陣、秘密の首領

真言宗

読み：しんごんしゅう
分類：団体名

　平安時代の僧・空海（774～835）によって開かれた仏教宗派。遣唐使として中国に渡り、恵果阿闍梨を師として修行、金剛教の奥義を得た空海が帰国後に布教する。その教えは現世利益重視であるが、同時に即身成仏を究極の目標とする。

☞ 陰陽道、天台宗

人智学

読み：じんちがく／アントロポゾフィー
分類：用語

　ルドルフ・シュタイナーが提唱した精神科学。神智学から派生したものではあるが、「霊媒のお告げ」というあやふやな要素を排し、科学的に「人類の霊的進化」を説いた。合理化された神秘主義とでもいうべきもの。

☞ ルドルフ・シュタイナー、神秘主義

神秘主義

読み：しんぴしゅぎ／ミスティシズム
分類：用語

　神や真理といった超自然の存在・概念と接し、その獲得・合一を達成するための技法、体系、思想、哲学。その多くは直接体験によってしか体得できないものであるとされる。宗教の密儀や魔術の類はその典型的なもの。

☞ イスラム神秘主義、人智学、心霊主義、東洋の神秘主義、密儀

心霊主義

読み：しんれいしゅぎ／スピリチュアリズム
分類：用語

　19世紀半ばに起きた神秘思想運動。エマヌエル・スウェーデンボリが記した数々の幻視体験書に始まり、イギリスで隆盛を極めた。基本的には霊との交信を中心としており、そこから派生して予知や預言、遠隔透視などがその範疇に入る。また見世物として興行されており、霊との交信による失せ物探しや故人との接触などがおこなわれた。

☞ 神秘主義、星幽体投射

生命の木

読み：せいめいのき
分類：用語

　カバラにおける世界構造の象徴図式。

「神性の流出によりこの世界が形作られている」というカバラの基本思想を端的に示したモノで、10個の球体とそれらを繋ぐ22本の経路のすべてに意味合いが付与されている。

☞ カバラ

星幽体投射

読み：せいゆうたいとうしゃ／
　　　アストラル・プロジェクション
分類：用語

　霊的身体である星幽体を物理的身体より遊離させ、霊的世界へと解き放つ技法。「星幽体投射」という名称は近代西洋魔術や心霊主義における名称で、同様の霊的技法は洋の東西を問わず存在する。東洋におけるその代表は、神仙道の「出神の法」。

☞ 心霊主義

タロット

読み：タロット
分類：用語

　西洋のオカルト小物の1つ。もとは遊具であった。56枚の小アルカナと22枚の大アルカナからなる。基本型は18世紀頃に大量生産されたマルセイユ版。19世紀以降、神秘主義と結びつき、オカルト的象徴で彩られたパピュス作のボヘミアン・タロットやクロウリー作のトート・タロット、A・E・ウェイト作のライダー版タロットなどが出現する。現存する最古のものは、15世紀末イタリアで作られたヴィスコンティ・スフォルツァ版。

☞ アレイスター・クロウリー、神秘主義

天台宗

読み：てんだいしゅう
分類：団体名

　6世紀、中国の智顗（ちぎ）（538～597）によって開かれた仏教宗派。名の由来は天台山に根本道場を開いたことから。「すべての人間に仏性が宿っており、悟りを得ることができる」と説いた。日本へは最澄（さいちょう）（767～822）が伝える。天台密教（台密）は日本で独自に拡張されたもの。

☞ 陰陽道、真言宗

テンプル

読み：テンプル
分類：用語

　近代西洋魔術の研究・実践を旨とする秘密結社の集会場。支部を意味する時もある。ロッジやオアシス、キャンプなどと呼ぶ秘密結社もある。

☞ ロッジ

テンプル騎士団

読み：テンプルきしだん
分類：団体名

　聖堂騎士団。1118年、ユーグ・ド・パイヤンの呼びかけにより結成された騎士修道会。その主な任務は巡礼者の警護。その活躍により、フランスを始めとする欧州諸侯からの支持を獲得、現金や土地

の寄進を受けるに至る……も、それがあだとなり、異端の嫌疑をでっち上げられ、取り潰される。

☞ シトー派

道教

読み：どうきょう
分類：用語

神仙道を始めとする中国の土着信仰より発展して成立した宗教。道家や道学ともいう。道(タオ)との合一により仙人になり、不老不死の獲得を果たすことを究極の目標としている。

☞ 東洋の神秘主義、錬金術

東洋の神秘主義

読み：とうようのしんびしゅぎ
分類：用語

インドの業(カルマ)やヨガを始めとして、中国の道(タオ)や陰陽八卦、占術、日本仏教の禅(ゼン)を指す。主に西洋の神秘思想との対義語であり、「東洋の神秘主義」という固有名詞があるわけではない。19世紀のオカルト復興と同時に欧米で注目されるようになり、後にはニューエイジ・ムーブメントで積極的に取り入れられた。

☞ 道教、神秘主義、
　ニューエイジ・ムーブメント、ヨガ

内陣

読み：ないじん／インナー
分類：用語

秘密結社や宗教組織などにおいて、限られた一部の人間のみが参加できる組織内組織。

通常は組織の指導者層や高位階者など一般会員よりも上位に位置する者が属する。

☞ 首領、外陣

ニューエイジ・ムーブメント

読み：ニューエイジ・ムーブメント
分類：用語

1960年代のアメリカに始まった若者たちによる対抗文化運動(カウンター・カルチャー・ムーブメント)。高度な産業／経済社会への道を邁進していたアメリカ社会への反抗意識から反産業社会、反化学、反都市文明を志向した。また保守的キリスト教社会への反動から、ヨガや禅(ゼン)、道(タオ)を始めとする東洋神秘思想へ傾倒する者も少なくなかった。

☞ 東洋の神秘主義、ヨガ

パラケルスス

読み：パラケルスス
分類：人名

本名はアウレオルス・フィリップス・テオフラストゥス・ボンバストゥス・フォン・ホーエンハイム。伝説の錬金術師の1人。伝説では「賢者の石」を所有した人物でもあり、錬金術的侏儒ホムンクルスを作り出したとされる。

本業は医師。

☞ 薔薇十字団、
　クリスチャン・ローゼンクロイツ、錬金術

Glossary

薔薇十字団
読み：ばらじゅうじだん
分類：団体名

伝説の錬金術研究実践団体。正式には『〈薔薇十字友愛団〉』。あらゆる錬金術師・魔術師・オカルト思想家がそこに属することを望んだ……時期もある。薔薇十字文書により存在が明らかにされ、以降、その名を冠し、係累と称する錬金術団体が乱立した。

☞ サン・ジェルマン伯爵、パラケルスス、
　薔薇十字文書、錬金術、
　クリスチャン・ローゼンクロイツ

薔薇十字文書
読み：ばらじゅうじぶんしょ
分類：用語

17世紀のドイツで出版された『賞讃すべき〈薔薇十字友愛団〉の名声』『友愛団の告白』『クリスチャン・ローゼンクロイツの化学の結婚』の3冊の書物。この3冊の本で〈薔薇十字団〉とその総帥クリスチャン・ローゼンクロイツの存在が明らかにされ、理想的社会の到来が説かれた。

☞ 薔薇十字団、
　クリスチャン・ローゼンクロイツ

秘密の首領
読み：ひみつのしゅりょう／
　　　シークレット・チーフ
分類：用語

西洋のオカルト秘密結社において、人類の霊的進化を促し善導すべく活動している霊的存在。時に幻視で、時には霊媒の口を借り、時には手紙で、またある時は物質的な肉体をまとって目の前に現れ……といった手段で特定人物と接触し、秘密結社をどのように運営すればよいのかなどのお告げをする。

ほとんどの場合、「接触した」と主張する人物の自作自演。

☞ 首領

H・P・ブラヴァツキー
読み：H・P・ブラヴァツキー
分類：人名

近代西洋オカルティズムの基礎を作り上げた団体の1つ〈神智学協会〉の創設者。主な著書『秘密の教義（シークレット・ドクトリン）』は、後のニューエイジ運動に大きな影響を与えた。

☞ ルドルフ・シュタイナー、
　ニューエイジ・ムーブメント、
　エリファス・レヴィ

フリーメイソンリー
読み：フリーメイソンリー
分類：団体名

世界最大かつ最も有名な秘密結社。あらぬ誤解とロマンチックな幻想を押しつけられている団体。その実態は有閑階級や中産階級の会員たちのサロン。ユダヤ人の陰謀や世界征服の野望とは関係なし。

☞ カバラ

用語集 269

ヘルメス学

読み：ヘルメスがく
分類：用語

　「錬金術にまつわる学問一般」を示す。この中には「地・水・火・風（または空気）」の四大や「太陽・月・水星・金星・火星・木星・土星」の七惑星といった万物分類法も含まれている。

　☞ 錬金術

密儀

読み：みつぎ
分類：用語

　「秘密儀礼」の略。特定条件に合致する限られた人物／信徒にのみ与えられる宗教的儀礼。これを主旨とする宗教を特に「密儀宗教」と呼ぶ。その多くは儀式的に「死と再生」や「魂の輪廻」を体験させることにより、真理を獲得し、永遠の生命へと至ることを窮極的な目標としている。

　☞ エレウシス密儀、オルフェウス型神話、
　　グノーシス、参入儀礼、神秘主義

ヨガ

読み：ヨガ
分類：用語

　インドの瞑想修行法。呼吸法や座法、身体錬成を通じて悟りを獲得、解脱へと至るという。ハタ・ヨガ、クンダリーニ・ヨガなど多種多様なものがある。

　☞ 東洋の神秘主義、
　　ニューエイジ・ムーブメント

イスラエル・リガルディ

読み：イスラエル・リガルディ
分類：人名

　アレイスター・クロウリーの私設秘書。クロウリーの周辺にいたその他多くの人物と同様、喧嘩別れすることになる。その後〈暁の星〉団に入団するものの、同結社の実情を知って絶望、〈黄金の夜明け〉団の秘儀の保存を目的としてそれらを出版。結果として、〈黄金の夜明け〉団系の弱小魔術結社の崩壊を促進することとなってしまう。

　☞ アレイスター・クロウリー

ブルワー＝リットン

読み：ブルワー・リットン
分類：人名

　エドワード・ジョージ・アール・ブルワー＝リットンがフルネーム。

　19世紀の西洋オカルト界に多大な影響を与えた人物。イギリスの政治家であり作家。「ペンは剣より強し」で知られる戯曲『リシュリュー』の作者である。オカルティストとしては〈英国薔薇十字協会〉の顧問であった……とされているが、名誉職として名簿に名を連ねていただけであり、実際の運営には関与していなかったというのが定説。

　ちなみに、孫のビクター・リットン卿は国際連盟の命を受け、満州事変及び満州国の調査をおこなったリットン調査団の団長である。

　☞ 薔薇十字団

Glossary

エリファス・レヴィ

読み：エリファス・レヴィ
分類：人名

　本名はアルフォンス・ルイ・コンスタン。『高等魔術の教理と祭儀』という名著を残したことで知られている人物。また、古代の魔術師ティアナのアポロニウスを召喚するというエピソードを持つ。

　☞ 薔薇十字団、H・P・ブラヴァツキー

錬金術

読み：れんきんじゅつ
分類：用語

　一般には「卑金属から貴金属……なかんずく金を作り出す魔術」を指す。卑金属とは「不健康な金属」であり、これを「健康な金属」である貴金属へと変成することは、そのまま人体を不朽のものとする秘儀の発見に繋がるとされた。

　☞ サン・ジェルマン伯爵、道教、パラケルスス、
　　薔薇十字団、ヘルメス学、
　　クリスチャン・ローゼンクロイツ

クリスチャン・ローゼンクロイツ

読み：クリスチャン・ローゼンクロイツ
分類：人名

　伝説の錬金術師にして、その名を冠した錬金術研究実践団体〈薔薇十字団〉の総帥。ルドルフ・シュタイナーが唱えた説によれば、アトランティス大陸の叡智を修めた人物。「賢者の石」を始めとする様々な霊薬を作り出し、瞬間移動や精神交信、予知予言などをおこなったという。実在しない。

　☞ ルドルフ・シュタイナー、薔薇十字団、
　　薔薇十字文書、錬金術

ロッジ

読み：ロッジ
分類：用語

　もともとは建築や工事などの「飯場」（労働者用の宿泊／食事施設）。
　秘密結社の支部を意味する。

　☞ テンプル

参考文献

webページ

O∴H∴西洋魔術博物館　　江口之隆（ウェブマスター）
　..http://www7.ocn.ne.jp/~elfindog/
OTO U.S.Grand Lodge　　公式ホームページ...............http://oto-usa.org/index.html
OTOA　　公式ホームページ..http://www.otoa.de/
Society O.T.O.　　公式ホームページ..........http://www.castletower.org/nav_supr.html
「黄金の夜明け」団の追跡　　ラファル・T・プリンク著　　秋端勉訳
　..................................http://www004.upp.so-net.ne.jp/akibba/gd/study/roots.html
　　　　　　　　　　　　（魔術の学院 I∴O∴S∴　サイバーテンプル内）
サファイア・ファイル　　江口之隆著
　............http://www7.ocn.ne.jp/~elfindog/view.html（O∴H∴西洋魔術博物館内）
神智学協会ニッポン・ロッジ　　公式ホームページ.......http://www.theosophyjp.org/
『大アジア思想活劇』〜仏教が結んだもう一つの近代史〜　佐藤哲朗（ウェブマスター）
　...http://homepage1.nifty.com/boddo/
バラ十字会日本本部AMORC　　オフィシャルサイト
　..http://www.amorc.or.jp/index.html
魔術の学院 I∴O∴S∴　サイバーテンプル　　秋端勉（ウェブマスター）
　...http://www004.upp.so-net.ne.jp/akibba/index.html

書籍

『悪魔学大全Ⅰ』　　酒井潔著..学研M文庫
『悪魔学大全Ⅱ』　　酒井潔著..学研M文庫
『イエスのミステリー　死海文書で謎を解く』
　　ジェームズ・H・チャールズウァース編著　　山岡健訳.....................三交社
『異形の王権』　　網野善彦著...平凡社
『イメージ・シンボル辞典』
　　アト・ド・フリース著　　山下主一郎他訳...大修館書房
『ヴードゥー教の世界　ハイチの歴史と神々』　　立野淳也著.................吉夏社

Bibliography

『黄金の夜明け魔法大系5　英国魔術結社の興亡』
　　フランシス・キング著　　江口之隆訳..国書刊行会
『オルフェウス教』　レナル・ソレル著　　脇本由佳訳......................................白水社
『アレイスター・クロウリー著作集1　神秘主義と魔術』
　　フランシス・キング監修　　島弘之訳..国書刊行会
『アレイスター・クロウリー著作集3　麻薬常用者の日記』
　　フランシス・キング著　　植松靖夫訳..国書刊行会
『アレイスター・クロウリー著作集5　777の書』
　　フランシス・キング監修　　江口之隆訳..国書刊行会
『アレイスター・クロウリー著作集別巻2　クロウリーの魔術日記』
　　フランシス・キング監修／S. スキナー編　　江口之隆訳..................国書刊行会
『アレイスター・クロウリー著作集別巻3　クロウリーと甦る秘神』
　　ケネス・グラント著／フランシス・キング監修　　植松靖夫訳..........国書刊行会
『黒魔術・白魔術』　長尾豊著..学研
『黒魔術の娘』　アレイスター・クロウリー著　　江口之隆訳..............東京創元社
『高等魔術実践マニュアル』　朝松健著..学研
『高等魔術の教義と祭儀　教義篇』
　　エリファス・レヴィ著　　生田耕作訳..人文書院
『高等魔術の教義と祭儀　祭儀篇』
　　エリファス・レヴィ著　　生田耕作訳..人文書院
『Books Esoterica17　古代秘教の本』..学研
『死海写本』　E. M. ラペルーザ著　　野沢協訳..白水社
『邪教・立川流』　真鍋俊照著..ちくま学芸文庫
『世界史リブレット21　修道院にみるヨーロッパの心』　朝倉文市著..........山川出版社
『Books Esoterica8　修験道の本』..学研
『知の探求シリーズ　呪術・占いのすべて』　瓜生中／渋谷申博著..............日本文芸社
『呪術　世にも不気味な物語』　ミステリーゾーン特別班編..................河出書房新社
『象徴哲学大系Ⅰ　古代の密儀』
　　マンリー・P・ホール著　　大沼忠弘・山田耕士・吉村正和訳..................人文書院
『象徴哲学大系Ⅲ　カバラと薔薇十字団』
　　マンリー・P・ホール著　　大沼忠弘・山田耕士・吉村正和訳..................人文書院

『象徴哲学大系Ⅳ　錬金術』
　　マンリー・P・ホール著　　大沼忠弘・山田耕士・吉村正和訳……………人文書院
『真言立川流』　　藤巻一保著………………………………………………………学研
『Books Esoterica19　真言密教の本』　………………………………………………学研
『Books Esoterica18　神秘学の本』　…………………………………………………学研
『神秘家列伝　其の一』　水木しげる著……………………………………………角川書店
『性と宗教　タントラ・密教・立川流』　笹間良彦著……………………………柏書房
『世界宗教辞典』　ジョン・R・ヒネルズ編　佐藤正英監訳……………………青土社
『世界神秘学辞典』　荒俣宏編…………………………………………………平河出版社
『世界神話辞典』　アーサー・コッテル著
　　佐近司洋子・宮元啓一・背戸口厚子・伊藤克巳・山口拓夢・佐近司彩子訳……柏書房
『世界魔法大全1　黄金の夜明け』　　江口之隆・亀井勝行著………………国書刊行会
『世界魔法大全4　心霊的自己防衛』
　　ダイアン・フォーチュン著　　大島有子訳……………………………………国書刊行会
『世界魔法大全5　魔術の復活』　　ケネス・グラント著　　植松靖夫訳……国書刊行会
『ゾンビ伝説』　　ウェイド・デイヴィス著　　樋口幸子訳………………………第三書館
『太平記　上・下』………………………………………………………………河出書房新社
『Books Esoterica21　天台密教の本』　………………………………………………学研
『テンプル騎士団』　レジーヌ・ペルヌー著　　橋口倫介訳……………………白水社
『「知の再発見」双書104　テンプル騎士団の謎』
　　レジーヌ・ペルヌー著　　池上俊一監修・南條郁子訳………………………創元社
『日本異界絵巻』　小松和彦・宮田登・鎌田東二・南伸坊著……………ちくま文庫
『日本の呪い』　小松和彦著……………………………………………………光文社文庫
『日本妖怪異聞録』　小松和彦著………………………………………小学館ライブラリー
『薔薇十字団』　クリストファー・マッキントッシュ著　　吉村正和訳………筑摩書房
『秘密結社 改訂版』　セルジュ・ユタン著　　小関藤一郎訳……………………白水社
『秘密結社の記号学』　加賀山弘著…………………………………………………人文書院
『秘密結社の手帖』　澁澤龍彦著……………………………………………河出書房新社
『フーコーの振り子　上・下』　　ウンベルト・エーコ著　　藤村昌昭訳………文藝春秋
『デニス・ホイートリー黒魔術小説傑作選　第1巻　黒魔団』
　　デニス・ホイートリー著　　片岡しのぶ訳……………………………………国書刊行会

Bibliography

『デニス・ホイートリー黒魔術小説傑作選　第2巻　続・黒魔団』
　　デニス・ホイートリー著　　片岡しのぶ訳 .... 国書刊行会
『デニス・ホイートリー黒魔術小説傑作選　第3巻　娘を悪魔に』
　　デニス・ホイートリー著　　片岡しのぶ訳 .... 国書刊行会
『デニス・ホイートリー黒魔術小説傑作選　第4巻　悪魔主義者　上・下』
　　デニス・ホイートリー著　　片岡しのぶ訳 .... 国書刊行会
『デニス・ホイートリー黒魔術小説傑作選　第5巻　ナチス黒魔団　上・下』
　　デニス・ホイートリー著　　片岡しのぶ訳 .... 国書刊行会
『法の書』　アレイスター・クロウリー著　　島弘之・植松靖夫訳 .... 国書刊行会
『抱朴子』 .... 岩波文庫
『保存食品開発物語』　スー・シェパード著　　赤根洋子訳 .... 文春文庫
『北極の神秘主義』　ジョリスン・ゴドウィン著　　松田和也訳 .... 工作舎
『魔術』 .... 学研
『魔術師大全　古代から現代まで究極の秘術を求めた人々』　森下一仁著 .... 双葉社
『魔術と錬金術』　澤井繁男著 .... ちくま文芸文庫
『Books Esoterica1　密教の本』 .... 学研
『南方熊楠　土宜法竜　往復書簡』 .... 八坂書房
『ムーンチャイルド』　アレイスター・クロウリー著　　江口之隆訳 .... 東京創元社
『増補　無縁・公界・楽』　網野善彦著 .... 平凡社
『ユダヤ古代誌①～⑥』　フラウィウス・ヨセフス著　　秦剛平訳 .... ちくま文芸文庫
『ユダヤ戦記①～③』　フラウィウス・ヨセフス著　　秦剛平訳 .... ちくま文芸文庫
『妖人奇人館』　澁澤龍彦著 .... 河出書房新社
『列仙伝・神仙伝』　劉向・葛洪著　　沢田瑞穂訳 .... 平凡社

索引

- 太数字は「本文項目」もしくは「用語集の項目」のページ数を表します。
- ☞（矢印）は参照項目を表します。
- 〔〕内は読みです。
- 人名は一部例外を除き、ファミリー・ネームに基づいて配列しています。

英数記号

〈A∴A∴〉 .... 115　☞〈銀の星〉
〈A∴O∴〉 ....**104**　☞〈A∴O∴〉〔アルファ・オメガ〕
ChBRTh ZRCh AVR BQD 94,95
『Eの書』 121
IRA 4,60,61
KKK ....**62**　☞クー・クラックス・クラン
〈M∴M∴M∴〉 127
『Mの書』 82
〈O∴C∴S∴〉 ....152　☞〈立方石〉団
〈O∴T∴O∴〉 ....124,131　☞〈東方聖堂騎士団〉
『O∴T∴O∴ニュースレター』 131
『Q文書』 224
SPR .... 141　☞心霊調査協会
14K .... 67　☞14K〔サップセイケイ〕
『70人訳聖書』 230,240
∴ **262**

あ

アーリア人至上主義 .... 146〜148
アイオーン .... 235〜238
アイルランド解放戦線 .... 4,60　☞IRA
アイルランド・グランド・ロッジ 19,37
アヴィニョン捕囚 257
外陣〔アウター〕 .... **263**,97　☞外陣〔がいじん〕
外陣団体〔アウター〕 230
『阿吽字義』〔あうんじぎ〕 185
〈暁の星〉団 **111**,97,98,112,114,270
アガペー・ロッジ 130,131
悪魔主義 46,50,51,129
悪しき創造主 .... 235　☞デミウルゴス
阿閦〔あしゅく〕（阿閦如来） 185
星幽体投射〔アストラル・プロジェクション〕 **267**,112,114
　　　　　　　☞星幽体投射〔せいゆうたいとうしゃ〕
アソン 209

ジョン・アダムズ 22
アップル・ツリー 15
アップル・ツリー・タヴァーン 14,15
アハトゥール（アハトゥール・テンプル）........... 102,96,104
アブラクサス 238,239
安倍晴明〔あべのせいめい〕 139
天照大御神〔あまてらすおおみかみ〕 187
阿弥陀〔あみだ〕（阿弥陀如来）.......... 161,162,185
〈アメリカ合衆国薔薇十字協会〉 92
〈アメリカ共和国薔薇十字協会〉 92
アメリカ・クー・クラックス・クラン連合 64
アメリカ・グランド・ロッジ 21
〈アメリカ薔薇十字協会〉 92
アメリカン・ユニオン・ロッジ 23,24,32
アメン・ラー 102
アルスター問題 61
〈A∴O∴〉〔アルファ・オメガ〕........**104**,97,105,107〜109,111
アレキサンドリア派 77,234,238
アレクサンダー大王 234
アンティオコス4世 227,228
アンテステリア祭 214,222
ヨハン・ヴァレンティン・アンドレーエ .... **262**,84〜86
アントロポゾフィー .... **266**　☞人智学

い

イースター蜂起 60
ウィリアム・バトラー・イェイツ 97,100,111
イエス（イエス・キリスト）............ 26,58,174,229〜232,
　　　　　　　　　　　　　　　236,237,240,241,257
イエズス会 40
イギリス・グランド・ロッジ .... 17,19〜21,29,31,36〜38
『春秋分点』〔イクイノックス〕...........78,107,108,118,
　　　　　　　　　　　　　　　　　　　119,152
伊弉諾尊〔イザナギノミコト〕 213,263
イシス 234

277

イシス・ウラニア〔イシス・ウラニア・テンプル〕..................
....101,102,104,110,116,141
韋昌輝〔いしょうき〕..176,177
イスラム..78,198,254,255,262
イスラム教...27,78,148,245,254,262
イスラム教徒...245,255
イスラム神秘主義...**262**,148,266
イタリア統一運動...56
　　　　　　　☞イタリア統一運動〔リソルジメント〕
異端審問官..257,258
稲荷権現〔いなりごんげん〕.......................................187,190
参入儀礼...**265**,214
　　　　　　　☞参入儀礼〔さんにゅうぎれい〕
イボ・ロア..204
イルミナート教団...40
イルミナティ......................................**39**,18,40〜45,125
岩のドーム..251
印章と巾着..248,249
インド神秘主義...118
インドの神秘思想...136
内陣〔インナー〕..............**268**,98,104,330　☞内陣〔ないじん〕
〈内光協会〔インナーライト・ソサエティ〕〉.........................108
インノケンティウス2世..251
インノケンティウス3世..254
隠秘学...13,76〜79,137,154,234,238
隠秘学者..136,137,154,224
インペリアル・ウィザード..62

アダム・ヴァイスハウプト.....................................40〜42,44
ヴァレンティノス派..234
ヴードゥー................................**262**,132,194,197,199,203,
　　　　　　　　　　　　　　　204,206,208〜211,263,265
ヴードゥー教...............................194〜198,200〜208,210,211,262
ヴードゥー教禁止令..202
ヴードゥー教徒...202,206,210
ヴードゥー教秘密結社..203,205,207
ヴードゥー秘密結社...**194**
アーサー・E・ウェイト..................................97,100,110,267
ウェイト版タロット...110
『ヴェールを脱いだイシス』..138
ウィリアム・ウィン・ウェストコット...................94〜96,99,101,
　　　　　　　　　　　　　　　　　103,106,110,140
ヴォドゥン..204
ロバート・ウッドマン..94,95,101,106
ヴリル協会..150,151
ウルバヌス2世...245
ウンガン....................................**262**,200,203,206〜208,211
ウンシ...207,209,210
ウンシ・ボサル..207
ウンフォ..208

〈永遠の黄金の夜明け〉団..100
〈英国薔薇十字協会〉.....91,94,100,103,106,138,151,270
営団〔えいだん〕...175
エイワス..117,120
〈エイワス教団〉...123
エウゲニウス3世...247
エウリュディケ...212,213,263
慧遠〔えおん〕...161,162
盾持ち〔エキュイエ〕..247,251
エッセネ派..225〜231
デヴィッド・エドワーズ..154,155
エノク魔術..155
参入儀礼〔エポプティア〕..221
　　　　　　　☞参入儀礼〔さんにゅうぎれい〕
『エメラルド・タブレット』...77
エルサレム..124,225,227〜229,231,
　　　　　　　　　　　　　　232,245,251,253〜256
エルサレム王宮...124,245,251
エルサレム王国...244,245,251,253〜255
エレウシス秘教...221,234,263
エレウシス密儀...**263**,158,212,270
エンシェント・グランド・ロッジ.....................................17
エンパイアー・ロッジ・ナンバー2108..............................37
閻魔〔えんま〕...187

〈黄金の夜明け〉団..............**93**,46,76,78,79,87,94〜101,
　　　　　　　103〜112,114〜116,118,119,136,
　　　　　　　140,141,151〜153,155,156,270
〈黄金の夜明けのヘルメス〉団.....................................94,97
『黄金の夜明け魔術全書』..98,153
〈黄金薔薇十字団〉..86〜89
『〈黄金薔薇十字団〉による友愛団の「哲学者の石」への
　　真実かつ完全な準備』..87
王森〔おうしん〕...165
王則の乱〔おうそくのらん〕..167
『オースタラ』...147,150
オービア..211
万物を見通す目〔オール・シーイング・アイ〕..................24
オカルティズム..76,91,93,104,106,136,139,146,152,269
オシリス..101
オシリス＝イシス＝ホルス..28
オシリス＝イシス密儀..34
オシリス密儀..158
拝蛇〔オフィタエ〕派..234
実践的〔オペラティブ〕フリーメイソン............................14
　　　　　　　☞実践的フリーメイソンリー
『オリフラム』..125,126,134
ヘンリー・スティール・オルコット................136〜138,140,
　　　　　　　　　　　　　　　　　141,143〜145

Index

オルフェウス................................212,213,219,263
オルフェウス型神話 **263**,213,270
オルフェウス教徒................................219〜221
オルフェウス教徒的生活................................221
　　　　☞オルフェウス教徒的生活〔ビオス・オルフェイコス〕
オルフェウス神話................................212,213
オルフェウス密儀................................**212**,5,158,220,222
ルイ・フィリップ・ジョゼフ・オルレアン公................................19,20
陰陽道................................**263**,180,266,267

か

エドワード・J・ガースティン................................109
カーリー................................187
外陣〔がいじん〕................................**263**,160,268　☞外陣〔アウター〕
外陣組織................................108,127
会則................................16,246〜248,250
『化学の結婚』(『クリスチャン・ローゼンクロイツの化学の結婚』)................................81〜86,262
隠れ切支丹................................174,206
月輪形〔がちりんぎょう〕................................189,190
カトリック................................18,27,40,62,64,89,90, 159,194,201,206,210,259
〈カトリック薔薇十字聖杯神殿〉団................................90,91
ガネーシャ................................187,188
カバラ................................**263**,85,94,98,99,103,138, 155,238,261,266,267,269
『仮面ライダー』................................11
〈カリフェイトO∴T∴O∴〉................................131
『ガルガンチュワ物語』................................48,122
カルボナリ党................................**53**,4,54〜60
カルマ................................143,166,268
干吉〔かんきつ・うきつ〕................................169
歓喜天〔かんぎてん〕................................187,188,190
管区................................253
韓山童〔かんさんどう〕................................163
慣習律................................248,249
『勧世良書〔かんぜりょうしょ〕』................................174
カンゾ................................207
カンドンブレ................................211
韓林児〔かんりんじ〕................................163,164

き

騎士団領................................☞騎士団領〔コマンドリー〕
擬似フリーメイソンリー................................18,41
北アイルランド解放戦線................................60　☞IRA
『来るべき種族』................................150,151
ギニア................................195,198
ギニア湾沿岸................................194,204
ギニー................................195,206,211
〈義の教師〉................................225,227〜229
炊事係従士〔キュイジーニェ〕................................247,249

キリスト〔救世主〕................................237
救世主................................**264**,231,232,236,240
『旧約聖書』................................13,26,216,226,227,240,241
キュベレー................................234
郷勇〔きょうゆう〕................................166,177
『教理問答』................................62
教令輪〔きょうりょうりん〕................................186
僵尸〔キョンシー〕................................191
キリスト教................................27,51,62〜64,77,139,140,142, 144,174〜176,178,206,224,229,230, 239〜241,243,245,257,264,265,268
キリスト教会................................90,234,241
キリスト教グノーシス................................264
キリスト教グノーシス主義................................235,236,241,242
キリスト教神秘主義................................110
キリスト教徒................................27,234
『キリスト教徒のための請願書』................................215
キリスト教父................................215
『キリスト者のための弁護』................................216
ギルド................................13,14
義和団〔ぎわだん〕................................60
キング牧師................................65
近代フリーメイソンリー................................12,14,16,32,39,76
〈銀の星〉................................**115**,78,107,108,116〜119,127,128,131

く

クー・クラックス・クラン................................**62**,63〜66
クー・クラックス・クラン国民騎士団................................64,66
グース・アンド・グリドアイアン................................15
クート・フーミ................................140
クトゥルー神話................................132
クニッゲ男爵................................40〜43
グノーシス................................**264**,126,133,146,233〜235, 239,242,270
グノーシス主義................................**233**,77,234〜242,261
グノーシス主義者................................77,235,237,239
グノーシス派................................233〜235,240
グノーシス文書................................241
『クムラン写本』................................224
クムラン宗団................................**224**,225,227,229
『クムラン文書』................................224
クラウン................................15
ケネス・グラント................................130,132
グランド・ドラゴン................................62
グランド・マスター................................11,15〜17,19,20,22,36,91,128
グラントリアン................................19,20,27〜29,31,32
グランド・ロッジ................................14〜21,27,29〜32,39
大総長〔グラン・メートル〕................................247　☞総長〔メートル〕
グラン・ロージェ・ナショナル................................19,20
グリオ................................202
クリシュナムルティ................................142

『クリスチャン・ローゼンクロイツの化学の結婚』......81,269
　　　　　　　　　　　　　　　　☞『化学の結婚』
D・W・グリフィス... 62
導師〔グル〕... 141,152
混合〔クレオール〕.. 195
クレオール語... 197
クレメンス5世.. 257～260
クレルモン公会議.. 245
クロウリー（アレイスター・クロウリー）.........264,48,77,79,
　　　　　　 93,96,105～107,110,111,115～123,
　　　　　　 126～134,152,153,155,266,267,270
黒ミサ..46,50～52
クンダリーニ・ヨガ..................................... 118,270
軍務長官................................☞軍務長官〔マレシャル〕

け

敬虔者〔けいけんしゃ〕........... 228　☞ハシディーム
啓明結社................................. 40　☞イルミナティ
『渓嵐拾葉集』〔けいらんしゅうようしょう〕........ 193
ヨハン・ヴォルフガング・フォン・ゲーテ.........33,41,265
ゲーティア... **264**,106
〈塔の結社〔ゲゼルシャフト・デス・ツームス〕〉............. 33
ゲデ... 207
秘密同盟〔ゲハイムブント〕.............................. 148
ゲラルト・フォン・マールベルク..................... 255
カール・ケルナー................................ 125,126,261
カール・ヨハネス・ゲルマー..................... 130～132
ゲルマン騎士団........................ **146**,147～150,261
『言語起源論』.. 41
玄旨帰命壇〔げんしきみょうだん〕........... 159,191～193
原始キリスト教.................................. 233,238,240
『玄旨壇秘鈔』.. 192,193
『現代高踏派伝説』... 89
『建築十書』... 26
『原道覚世訓』〔げんどうかくせいくん〕.................. 174
『原道救世歌』〔げんどうきゅうせいか〕.................. 174
見蓮〔けんれん〕... 180

こ

業火クラブ〔ごうかクラブ〕........ 46　☞ヘルファイア・クラブ
黄巾党〔こうきんとう〕（黄巾党の乱）............ 170～172
紅巾の乱.. 162～165,167
洪秀全〔こうしゅうぜん〕............................ 174～177
江南紅巾... 163
洪武帝〔こうぶてい〕..................................... 164
江北紅巾... 163
公民権法..65,66
降霊／交霊... 206,209
交霊会.. 137
降霊会... 137
黄老思想... 169,171

五蘊〔ごうん〕... 186
〈黄金の夜明け〉戦争〔ゴールデン・ドーン・ウォー〕.......... 100
黒人奴隷.................................... 194～200,206,211
『告白』（『友愛団の告白』）........................... 81,82
『国民の創世』... 62
五鈷杵〔ごこしょ〕....................................... 186
『古今著聞集』... 139
五色阿字〔ごしきあじ〕.......................... 184～186,188
『ゴシック憲章』.......................................16,26
五障三従〔ごしょうさんじゅう〕........................ 185
後醍醐天皇〔ごだいごてんのう〕（後醍醐帝）... 179,181～184
〈古代神秘薔薇十字団〉.................................... 92
〈古代東方聖堂騎士団〉.................................. 132
五智〔ごち〕.. 186
国家社会主義ドイツ労働者党......146,149,150　☞ナチス
五斗米道〔ごとべいどう〕........................... 168,172
五仏.. 185,186
コプト語版聖書... 240
コプト語版「トマスの福音書」.......................... 240
司令〔コマンドール〕............................ 248,251,253
騎士団領〔コマンドリー〕....................... 251,253,254
顧問会議.. 248
『コモン・センス』... 22
コルドリエ・クラブ.. 10
コンゴ.. 204,205
混合.. ☞混合〔クレオール〕
金剛界曼荼羅〔こんごうかいまんだら〕................ 185
金剛峯寺〔こんごうぶじ〕.............................. 182
『今昔物語集』... 139
混沌魔術... 133
風紀係従士〔ゴンファノニェ〕........................... 247

さ

第3団〔サードオーダー〕................................... 98
サール（シャー）・メロダック・ペラダン............ 89
　　　　　　　　　　　　　　　☞ジョゼファン・ペラダン
蕭朝貴〔さいちょうき〕.................................. 176
『ザ・クランズマン』...................................... 62
ザグレウス.. 219,220,222
『柘榴の園』.. 109
『仏教金規則』〔ザ・ゴールデンルール・オブ・ブッディズム〕....... 144
14K〔サップセイケイ〕......................... 67,68,71
サドカイ派..................................... 225,228,230,231
『ザノーニ』... 94
サバト.. **264**,51
『仏教問答』〔ザ・ブッディスト・カテキズム〕............ 144
サラディン.. 255
三合会〔さんごうかい〕.................................... 67
『三国志』... 169,172
サン・ジェルマン伯爵................. **265**,89,269,271
サンズ・オブ・リバティ............................ 22,24,60

サンテリア 211
参入儀礼〔さんにゅうぎれい〕 **265**,16,34,129,130,
133,150,160,221,270
☞ 参入儀礼〔イニシエーション〕、参入儀礼〔エポプティア〕
〈参入者の結社・協会・友愛団の普遍的連盟〉............... 92
〈参入者の結社・協会を指導する普遍的連盟〉............... 92
サン・マスター 112,114

し

〈秘密の首領〔シークレットチーフ〕〉......**269**,96,112,114,117,
135,137,140,264,266 ☞ 秘密の首領〔ひみつのしゅりょう〕
『シークレット・ドクトリン』........................... 141,147
シヴァ 187,190
領主館〔シェヴテーヌ〕.. 251
トマス・ジェファーソン 22,24
『死海写本』............... 224 ☞ 『死海文書』〔しかいぶんしょ〕
『死海文書』〔しかいぶんしょ〕........ 224〜227,229,231,240
至高のアイオーン 235,236
自己参入 154
『自然の最高の秘密』.. 87
四大精霊 138
実践的フリーメイソンリー 32
☞ 実践的〔オペラティブ〕フリーメイソン
自動車のロア 204
シトー会修道院 48,146,256
シトー派 **265**,268
シニキ・ロア 204
思弁的フリーメイソン ....☞ 思弁的〔スペキュラティブ〕
フリーメイソン
シマロン 197
シメオン・ベン・コシバ 232
ウィリアム・ジョゼフ・シモンズ 64
ジョン・シモンズ 152
シモン・マグス 234,241
〈邪悪な司祭〉.. 228
シャーマニズム **265**,165,169,210,262
釈迦〔しゃか〕（釈迦如来）................................. 185
ジャコバン・クラブ 10
ジョフロワ・ド・シャルネー 259
シャンゴー 211
ジャン・ジャック1世 201
十一面観音〔じゅういちめんかんのん〕............... 187,188
集会場 .... 15 ☞ 集会場〔ロッジ〕
自由黒人 197,200,201
従士 .... ☞ 従士〔セルジャン〕
十字軍 .... 78,245,253〜255,257
第1回—— 124,244,245
第2回—— 254,255
第3回—— 256
第4回—— 255
第5回—— 255

第6回—— 255
第7回—— 255,256
修道騎士 246,247,249,250,254
終末観 227,229
終末思想 227,231,242
朱元璋〔しゅげんしょう〕............................... 164,167
修験道〔しゅげんどう〕.. 159
ルドルフ・シュタイナー **265**,112,150,266,269,271
『術士アブラメリンの神聖なる魔術の書』................... 106
シュプレンゲル（アンナ・シュプレンゲル）..........94〜96,
101,112
『受法用心集』.. 188
首領〔しゅりょう〕......................**266**,264,268,269
☞ 〈秘密の首領〔シークレットチーフ〕〉
『春秋分点』.....................☞ 『春秋分点〔イクイノックス〕』
正一教〔しょういつきょう〕................................. 173
城館 .... ☞ 城館〔メゾン〕
『賞讃すべき〈薔薇十字友愛団〉の名声』................... 81
☞ 『名声〔ファーマ〕』
常勝軍〔じょうしょうぐん〕................................. 177
象徴体系 114,126
小頭〔しょうづ〕.. 189,190
上帝会 174
浄土真宗〔じょうどしんしゅう〕....................... 144,191
正法輪〔しょうほうりん〕.................................... 186
小明王 163,164
ゲルショム・ショーレム 94
ジョージ・C・ジョーンズ 118,119,127
徐鴻儒〔じょこうじゅ〕....................................... 165
徐寿輝〔じょじゅき〕..................................... 163,167
シリア派 234,241
司令 .... ☞ 司令〔コマンドール〕
親衛隊（SS）... 150
『神智学の鍵』.. 141
新義安 .... 67〜69
『人工魔術』.. 138
辰狐王菩薩〔しんこおうぼさつ〕............................ 187
真言宗 **266**,139,158,179,181,182,184,263,267
真言立川流 .... **179**,180〜182
真言密教 180,184,185
真言律宗 181
神人〔しんじん〕.. 169
神人合一〔しんじんごういつ〕............... 5,158,215,264
『新世紀エヴァンゲリオン』................................. 224
神聖ローマ帝国 42,245
新世界 .... 24,195〜197,204,206,211
神仙道 173,190,191,263,267,268
人智学（〈人智学協会〉）.................**266**,112,150,265
神智学 138,141,142,266
〈神智学協会〉..............................**136**,78,94,107,137,138,
140〜144,265,269

〈神智学協会神秘ロッジ〉 108
『神統記』 218
神秘学 80,89,90,101,234
神秘主義 266,5,17,85,138,262,267,268,270
シン・フェイン党 4,60,61
『新約聖書』 227,229,230,234,237,240,241
心霊主義〔しんれいしゅぎ〕 266,78,137,138,467
　　　　☞心霊主義運動〔スピリチュアリズム・ムーブメント〕
心霊術 137,142,143
心霊調査協会（SPR） 140

す

短剣党〔スィカリとう〕 231
『水滸伝〔すいこでん〕』 163
炊事係従士 .... ☞炊事係従士〔キュイジーニェ〕
数秘術 238
スーフィズム .... 262 ☞イスラム神秘主義
武器係従士〔スー・マーシャル〕 247
数霊術 238
輔仁親王〔すけひとしんのう〕 179,180
スコットランド・グランド・ロッジ 37,38
〈スコットランド薔薇十字協会〉 91
スコティッシュ儀礼〔スコティッシュライト〕 .. 29,30,32
スピリチュアリズム .... 266 ☞心霊主義〔しんれいしゅぎ〕
心霊主義運動〔スピリチュアリズム・ムーブメント〕 137
　　　　☞心霊主義〔しんれいしゅぎ〕
〈スフィア〉 114
スフィンクス・ロッジ・ナンバー 263 37
オースティン・オスマン・スペア 133
思弁的〔スペキュラティブ〕フリーメイソン 15
思弁的〔スペキュラティブ〕フリーメイソンリー .. 54

せ

〈聖黄金の夜明け〉団 97,110,111
西系紅巾 163
四大〔セイダーイ〕 70,71
聖堂騎士団 124,146,267
〈聖堂聖杯薔薇十字団〉 90
聖ベネディクト会則 265
性魔術 123,125,126,128,132
聖務日課 250
『生命の樹』 109
生命の木 266,97,132,263,264
アンソニー・セイヤー 15
星幽体投射〔せいゆうたいとうしゃ〕 267,114,266
　　　　☞星幽体投射〔アストラル・プロジェクション〕
聖ヨハネ騎士団 253,255,256,259
精霊信仰 194,195,211,262,265
第2団〔セカンドオーダー〕 96,98,104,116,118
内陣結社〔セカンド・オーダー〕 96,99
石達開〔せきたつかい〕 176

赤白二滞〔せきはくにてい〕 184,186
赤白二滞歓喜即仏〔せきはくにていかんきそくぶつ〕 ... 184,185
石工親方 .... 13 ☞マスターメイソン
石工ギルド .... 12〜14
副総長〔セネシャル〕 248
ルドルフ・フォン・ゼボッテンドルフ ...... 148〜150
従士〔セルジャン〕 247,249,251,254,258
セレウコス朝 .... 227〜229
ゼロテ党 231
占星術 84,90,98,150,238
セント・アンドリューズ・ロッジ 22
セント・ジョンズ・ロッジ 21
セント・ジョンズ・ロッジ・ナンバー 1 23
洗礼者ヨハネ .... ☞洗礼者〔バプテスマの〕ヨハネ

宋江の乱 163
総長 .... ☞総長〔メートル〕
即身成仏〔そくしんじょうぶつ〕 185,186,266
則天武后〔そくてんぶこう〕 167
ゾロアスター教 242,264
ソロモン王 13,245
ソロモン神殿 13,26,28
ソロモンの神殿 255,261
『ソロモンの小さな鍵』 106,264
ソントナクス 200
ゾンビー 194,208

た

ダーキニー 187,190
ロバート・ターナー 154,155
第1団 .... ☞第1団〔ファースト・オーダー〕
第2団 .... ☞第2団〔セカンド・オーダー〕
第3団 .... ☞第3団〔サード・オーダー〕
大賢良師〔だいけんりょうし〕 168,170
大黒天〔だいこくてん〕 187,193
醍醐三宝院流密教〔だいごさんぼういんりゅうみっきょう〕
　　（醍醐三宝院） 179,180,182
第三帝国 149
大聖歓喜天〔だいしょうかんぎてん〕 187,188
大乗賊の乱（大乗教徒の乱） 167
太上老君〔たいじょうろうくん〕 172
胎蔵界曼荼羅〔たいぞうかいまんだら〕 185
大総長 .... ☞総長〔メートル〕
大頭〔だいづ〕 189,190
大日（大日如来） 185,187
大圏冊〔タイヒュンパン〕 71
〈タイフォニアンO∴T∴O∴〉 132,133
『大仏頂首楞厳経〔だいぶっちょうしゅりょうごんきょう〕』 .. 185
『太平記〔たいへいき〕』 179,183
『太平清領書〔たいへいせいりょうしょ〕』 169

太平天国	174～178
太平天国の乱	174,176～178
太平道	**168**,165,169～173
道〔タオ〕	172,268
荼枳尼天〔だきにてん〕	182,183,187,189,190,193
立川流	☞真言立川流
タッキーの反乱〔タッキーズ・レベリオン〕	211
フランシス・ダッシュウッド	46～52
盾持ち	☞盾持ち〔エキュイエ〕
「ダニエル書」	228,229
『タブラ・スマラグディナ』	77
ダブリン暴動	60
魂	☞魂〔プシュケー〕
タロット	**267**,90,103,110,264
テンプル騎士〔タンプリエ〕	245 ☞テンプル騎士

ち

首領〔チーフ〕	**266** ☞首領〔しゅりょう〕
認可状〔チャーター〕	31,86,91,92,125
張角〔ちょうかく〕	168～171
張陵〔ちょうりょう〕	172,173
張魯〔ちょうろ〕	172

つ

ツァドク家	227,228

て

離散〔ディアスポラ〕	231,232
ジョン・ディー	155
ディオニソス	217,220～223
ディオニソス祭	213
ディオニソス=ザグレウス神話	219,222
ディオニソス密儀	5,158,212,214,222,234
ギネーの子〔ティ・ギニン〕	195
蹄鉄係従士	☞蹄鉄係従士〔フェルール〕
ジャン・デザギュリエ	16,26
ジャン=ジャック・デッサリーヌ	201,202
デミウルゴス	235～237,240
フランソワ・デュバリエ（パパ・ドク）	202,203,211
ジャン=クロード・デュバリエ（ベビー・ドク）	203
テレマ	121
〈テレマ僧院〉	119,122,123
テレマ哲学	118,120～122,129,130,132
〈テレマ同胞団〉	131
テロリズム	4,11,60,159
天海僧正〔てんかいそうじょう〕	192,193
天京〔てんきょう〕	176～178
天師道〔てんしどう〕	173
天台宗	**267**,158,181,192,193,263,266
天台密教	159,191,192,267
テンプル	**267**,101,271

テンプル騎士	247,250,254,255,257～259
テンプル騎士団	**244**,**267**,12,17,18,39,87,124, 146,244～251,253～261,265
聖堂騎士団〔テンプルきしだん〕	124
テンプル騎士団の完全武装	246
電話のロア	204

と

ドイツ騎士団	255
ドイツ・フリーメイソンリー	18,41
ドイツ・ロッジ	125
トゥーレ協会	149,150
道教	**268**,168,172,175,191,271
東系紅巾	163
東寺〔とうじ〕	182,184
道順玄海〔どうじゅんげんかい〕	181
塔の結社	☞〈塔の結社〔ゲゼルシャフト・デス・ツームス〕〉
〈東方聖堂騎士団〉	**124**,79,107,119,125～134,261
〈東方聖堂騎士団協会〉	131
〈東方聖堂騎士団〉スイス支部	132
逃亡奴隷（逃亡奴隷共同体）	197,198
〈東方の星〉団	142
東洋神秘学	107,151
東洋の神秘思想	168
東洋の神秘主義	**268**,121,266,270
『トート・タロット』	130
『トートの書』	77
スタニスラス・ド・ガイタ	89～91
ドクト・ファーユ	207
髑髏本尊〔どくろほんぞん〕	188
神門〔ドミヌス・リミニス〕	118
被服長官〔ドラピエ〕	248
『鳥』	215,216
レーヴ・ニコラエヴィッチ・トルストイ	34
奴隷	☞奴隷〔ボサール〕
トントンマクート	203

な

内陣〔ないじん〕	**268**,150,158,160,263,266
	☞内陣〔インナー〕
内陣結社	☞内陣結社〔セカンド・オーダー〕
内陣組織	212
ナグ・ハマディ文書	239～241
ナゴ・ロア	204
民族〔ナシオン〕	204
ナチス	38,66,129,130,146,147,149,150
ナチズム	66
ナポレオン1世（ナポレオン・ボナパルト）	54,201
ナポレオン戦争	56

に

二元論...205,242
偽救世主..231
日本グランド・ロッジ..38
ニューエイジ・ムーブメント.................268,269,270
『入会者のための秘密の聖書』............................146
如意輪観音〔にょいりんかんのん〕......................187
認可状..................................☞認可状〔チャーター〕
仁寛〔にんかん〕.............................179〜181,184

ね

ネオナチ..66
ネクロノミコン・ワーク...............................132,133
念仏〔ねんぶつ〕..161,162

の

ノートルダム大聖堂...................................259,260
ノストラダムス...81

は

『パイオニア』...142
拝上帝会...................................174,175,176,178
ハイチ.................132,194,198,200〜206,208,210,211,262
ハイチ革命...197,200
ハイチ・カトリック教会...................................199
ハイチ・クレオール語..............................195,197
ユーグ・ド・パイヤン....................................245,267
バヴァリア幻想教団...................40 ☞イルミナティ
カール・ハウスホーファー..........................150,151
バギ..208
白晨狐菩薩〔はくしんこぼさつ〕.......................187
パコミウス共同体...240
ハシダイ..228
ハシディーム.......................................228,229
バシレイデス......................................234,238
バズー王..205
ハスモン家......................................227,228,231
バッコス..222
パパ・ドク..........................201,203 ☞フランソワ・デュバリエ
パパ・ロア..206
バフォメット...257
洗礼者〔バプテスマの〕ヨハネ.........................229
『バベルの塔』..85
パラケルスス................................268,87,269,271
薔薇十字運動.................76,78,81〜83,85〜87,89,92,103
薔薇十字劇場..91
薔薇十字団..........269,12,18,39,46,76,80,81,84,86,87,
                89〜92,94,261,262,265,268〜271
                              ☞〈薔薇十字友愛団〉
〈薔薇十字のカバラ団〉..............................90,91
薔薇十字文書.................269,82〜84,86,92,262,271

〈薔薇十字友愛会〉......................................110
〈薔薇十字友愛団〉......80,12,39,76,81〜83,86,87,92,269
〈薔薇十字友愛団〉（FRC）..............................92
パリサイ派.............................225,228,230〜232
ハルガドム...148
星の子〔バル・コフバ〕...................................232
バロン・サムディ...203
セオドア・ハワード...154
反KKK法..63
反ナポレオン（反ナポレオン結社）..................54,58
万物を見通す目...☞万物を見通す目〔オール・シーイング・アイ〕
万物照応..150

オルフェウス教徒的生活〔ビオス・オルフェイコス〕.....221
光の子..227
『光の子と闇の子の戦いの規則』..................227〜229
〈光のヘルメス兄弟団〉...................................126
ビザンゴ秘密結社...205
秘儀参入...108,214
秘事法門〔ひじほうもん〕...............................191
ヒッピームーブメント...............................152,153
アドルフ・ヒトラー......................66,146,147,149,150
毘奈夜迦〔ビナヤカ〕.....................................187
被服長官.............................☞被服長官〔ドラビエ〕
秘密灌頂〔ひみつかんじょう〕...............158,191,192
秘密儀礼.................................5,105,158,214,270
秘密宗教................................214,215,221,234
秘密の首領..269
                    ☞〈秘密の首領〔シークレットチーフ〕〉
ハインリヒ・ヒムラー.....................................150
白蓮教...161,163〜167
白蓮教徒..................................161,163,165,166
白蓮教徒狩り..166
白蓮教の乱（白蓮教徒の乱）...................164〜167
白蓮宗...162,163
ピュタゴラス..12
ピュタゴラス主義..................................221,234
ピュタゴラス主義者.....................................220
馮雲山〔ひょううんざん〕..............................174,
ヒラム..13,26
ヒンドゥー...126,140

ふ

フローレンス・ファー....................................114
第1団〔ファースト・オーダー〕.....................97,118
ファースト・ロッジ..................................21,22
『名声〔ファーマ〕』（『賞讃すべき
〈薔薇十字友愛団〉の名声』）...............81〜84,86
ファシスト...73
フィアナ・ファイル......................................60

ゴドフロワ・ド・ブイヨン	245
フィリップ2世	254,256
フィリップ4世	256〜260
フィリピン・グランド・ロッジ	38
風紀係従士 ☞風紀係従士〔ゴンファニェ〕	
蹄鉄係従士〔フェルール〕	247,249
ロバート・W・フェルキン	97,111〜114
ジョージ・フェルト	138
ダイアン・フォーチュン	107,108
ネイサン・B・フォレスト	62
フォン語	207
フォン族	196,204,206
武器係従士 ☞武器係従士〔スー・マレシャル〕	
副総長 ☞副総長〔セネシャル〕	
『不思議の国のアリス』	119
魂〔プシュケー〕	236
仏眼仏母尊〔ぶつがんぶつもそん〕	187
普度〔ふど〕	162
プトレマイオス派	234
霊〔プネウマ〕	236
H・P・ブラヴァツキー（ヘレナ・ペトロヴナ・ブラヴァツキー）	**269**,94,107,136〜138,140〜143,147,265,271
〈ブラヴァツキー・ロッジ〉	141
〈黒蛇団〔ブラック・スネーク・カルト〕〉	132
フラワーチルドレン	153
ベンジャミン・フランクリン	20,22
フランス革命（フランス革命戦争）	19,20,22,24,25,54,56,200
フリードリヒ2世（ヴィルヘルム・フリードリヒ2世）	18,21,39,88,255
フリーメイソン	12,14,15,19,26,27,30,33,37〜40,56,87,94,103,112
『フリーメイソン憲章』	16,26
フリーメイソン破門回勅	18
フリーメイソンリー	**12,269**,3,4,10〜45,53,54,57,76,78,79,86,87,89,91,103,106,112,125,134,138,147,261,264
フリーメイソンリー・ロッジ	21,22,25,37,38
プリンス・ホール・グランド・ロッジ	38
パーシー・ブロック	111
J・W・プロディ＝イネス	102,111,112
プロテスタント	16,18,27,84,87,160
分離派	228

ヘ	208
アニー・ベザント	141,142,265
ルドルフ・ヘス	150
ペトロ群	204,205,207,208
アラン・ベネット	105,116,118

ベビー・ドク	203 ☞ジャン＝クロード・デュバリエ
ジョゼファン・ペラダン	89〜91
ベリアル	227
ペルセフォネ	219,221,263
ヨハン・ゴットフリード・ヘルダー	41
ミシェル・ベルティオー	132
ヘルファイア・クラブ	**46**,10,48〜52
ヘルマヌビス	101
ヘルメス学	**270**,76〜78,84,98〜100,106,238,271
ヘルメス・トリスメギストス	77
ヘルメス文書	77,241
『ベルリンからイェルサレムへ』	94
ヘレニズム	77,78,229,234,264
『ペンシルベニア・ガセット』	20

彭瑩玉〔ほうえいぎょく〕	163,167
『宝篋印経〔ほうきょういんきょう〕』	184
茅子元〔ぼうしげん〕	161
宝生〔ほうしょう〕（宝生如来）	185
『法の書』	48,115,117,118,120〜122,129
『抱朴子〔ほうぼくし〕』	190
ボーサン	250
ボードワン1世	245
ボードワン2世	245
ボコール	203,207,208,262
奴隷〔ボサール〕	195
『菩薩心論〔ぼさつしんろん〕』	184
ボストン茶会事件〔ボストン・ティーパーティ〕	21
ホノリウス2世	245,246
ボヘミアン・タロット	90,267
ポリス	214
ホルス	102
ホロス事件	97,102,105,114,118
ホワイト・ナイツ・オブ・KKK	65
ボワ・カイマンの祭儀	200
香港黒社会	**67**,69〜71
本地垂迹説〔ほんちすいじゃくせつ〕	187
ボンディエ	204
ボン・デュー	204

『マイ・フェア・レディ』	141
マウマウ団（Mau Mau）	60
マウ＝リサ	206
マカバイ戦争（マカバイオス戦争）	228
フランソワ・マカンダル	198,199,211
マカンダル事件	199
マグダラのマリア	241
グレディ・ルイス・マクマートリー	130,131
マサチューセッツ・グランド・ロッジ	38

『魔術――理論と実践』.................................. 121
魔術師シモン 234
魔女狩り 257
マスターメイソン .... 13,102,103,106 ☞石工親方
マタティア 228
摩多羅神〔またらじん〕.............................. 193
ダグラス・マッカーサー 38
マニ教 158,235,242
マニラ・ロッジ・ナンバー 1 38
『マヌ法典』.. 185
マハトマ 140,142
マフィア 72,73
ママ 206
『麻薬常用者の日記』................................ 123
マリア観音 206
マルーン（マルーン共同体）..................... 197,198
軍務長官〔マレシャル〕.............................. 248
曼荼羅〔まんだら〕............................. 189,190
マンボ .... 206〜208,262
マンボ・イナン 205
マンマン 206

ミカエル 227
『自らによって綴られた生涯』......................... 85
ミスティシズム .... **266** ☞神秘主義
ミステール 204
〈ミステリア・ミスティカ・マキシマ〉.......... 127〜129,134
密儀 .... **270**,4,5,17,18,39,76,77,138,158〜160,
                            212,214,215,219〜224,234,238,263〜266
ミトラス教 158
南方熊楠〔みなかたくまぐす〕........................ 139
神殿の戦士〔ミリティア・テンプリ〕.................. 245
弥勒教〔みろくきょう〕......................... 163,167
弥勒菩薩〔みろくぼさつ〕............................ 167
民族 .... ☞民族〔ナシオン〕
シドニー・W・ミンツ 195

ムラート .... 200〜202

メアリー・フェイガン騎士団 64
マクレガー・メイザース ..... 78,93〜97,99〜102,104〜107,
                            110〜112,114,116,118,140
モイナ・メイザース 107,109
『名声』............................... ☞『名声〔ファーマ〕』
メイソンリー 17,21,33,34
メイソンリー・ロッジ 20,21,31,32,35
メイソン・ロッジ 17,29,94,95
総長〔メートル〕............... 17,247〜249,253,255,258,259

救世主〔メシア〕................... 231 ☞救世主〔きゅうせいしゅ〕
城館〔メゾン〕.......................... 247,248,251,253,254
メッツガー（ヘルマン・メッツガー）............. 130,132

『毛沢東語録』....................................... 71
モーツァルト 34
マルセロ・ラモス・モッタ 131
『モノリス』.................................... 154,155
ジャック・ド・モレー .... 17,258〜260
ギュスターヴ・モロー 91
文観（文観弘真〔もんかんこうしん〕)..... 181〜184,190,191
聞香教〔もんこうきょう〕........................... 165

薬草医 207
ヤハウェ 174,228,236
闇の子 227

『友愛団の告白』................... 81,269 ☞『告白』
〈友愛メイソンリー〉................................. 142
『瑜祇経〔ゆぎきょう〕』.............................. 184
ユダ・トマス 240
ユダ・マカバイ 228
ユダヤ教 27,58,225,227,228,230,245,263,264
ユダヤ教グノーシス 264
ユダヤ教グノーシス主義 235,236
ユダヤ教徒 228,229,231
『ユダヤ古代誌』.................................... 225
ユダヤ人の謀略組織 13,38
『ユダヤ戦記』...................................... 225

楊秀清〔ようしゅうせい〕....................... 176,177
ジェラルド・ヨーク 130,155
ヨーク儀礼〔ヨークライト〕................... 29,30,32
ヨガ **270**,107,112,268
横浜ロッジ・ナンバー 1092 37
ヨセフス 225
フラウィウス・ヨセフス 225
ヨハナン・ベン・ザカイ 232
ヨハネの黙示録 227,229
ヨルバ族 196
四大 .... ☞四大〔セイダーイ〕
四大家族 67

〈ラー=ホール=クイト〉............................. 120
ライダー版タロット 110,267
ラ・コーサ・ノストラ 73

ラスタファニアリズム 211
ラダ群 204,205,207,208
ラダ・ロア 204
ラテン語名則 246
『ラテン人の頽落』 89
ラ・プラス 209
フランソワ・ラブレー 48,122
ラベテット 207
ラ・ベルトゥ・ロッジ・ナンバー 7 37
ラマー・アンド・グレイプス 15
イェルク・ランツ .... 146〜148,150
パスカル・ビヴァリー・ランドルフ 91,92,126

り

イスラエル・リガルディ **270**,98,109,122,130,153,264
離散 .... ☞離散〔ディアスポラ〕
『理趣経〔りしゅきょう〕』 184
グイド・フォン・リスト 147,148,150
イタリア統一運動〔リソルジメント〕 56
リチャード1世 254
ブルワー=リットン（エドワード・ブルワー=リットン）..... **270**,
94,138,150,151
〈立方石〉団 **152**,154,155
リヒト・リーベ・レーベン 101
リベラル・カトリック・チャーチ 142
劉福通〔りゅうふくつう〕 163
梁山泊〔りょうざんぱく〕 163
領主館 .... ☞領主館〔シェヴテーヌ〕

る

ルイ7世 254
ルイ9世 255,256
『ルーンの秘密』 148
ルーン魔術 148
ジョルジュ・ルオー 91
〈ルクソール同胞団〉 137,140
『ルシファー』 141
ルター（マルティン・ルター） 27,84
ルター派 18,84,85,262
『ルッキング・グラス』 119,127
〈ルビーの薔薇と金の十字架〉団 96,99,104,114

れ

霊 .... ☞霊〔プネウマ〕
エリファス・レヴィ **271**,89,137,269
レーニン 42
『歴史講義』 94
チャールズ・ウェブスター・レッドビーター 142
レニングラード写本 226
クリストファー・レン 15,26
錬金術 **271**,18,39,76,77,83,84,87,
88,90,97,261,265,268〜271
錬金術師 18,87,88,265,268,269,271
『蓮宗宝鑑〔れんしゅうほうかん〕』 162
蓮念〔れんねん〕 180

ろ

ロア .... 204〜210,262
ロア神父 199
ロアの配偶者 207
テオドール・ロイス 126,129
王立協会〔ロイヤル・ソサエティ〕 15
『老子想爾注〔ろうしそうじちゅう〕』 172
ローゼンクロイツ（クリスチャン・ローゼンクロイツ）... **271**,
80〜83,86,92,268,269
ローマ帝国 158,228,231,232,234,236,242,243
ロコ 207
ロシア・フリーメイソンリー 34
ロッジ **271**,267
集会場〔ロッジ〕 15
ロッジ・マスター 37
フェリシアン・ロップス 91

わ

ワーグナー 91
和字頭〔わじとう〕 67,70,71
ジョージ・ワシントン 23,32
割五鈷杵〔わりごこしょ〕 186
ワルゴン・ロア 204

著者略歴

秦野 啓（しんの・けい）

1972年生まれ、北海道出身。
著作に『天羅万象・零 仇殺の戦場』（エンターブレイン）、『魔法の薬』（新紀元社）、『魔法事典』『西洋神名事典』『魔導具事典』『悪魔事典』『東洋神名事典』『英雄事典』（共著。新紀元社）など。その他多くのゲーム制作に関わる。

Truth In Fantasy 68
秘密結社 ひみつけっしゃ

2005年4月29日 初版発行

著　者	秦野 啓
編　集	新紀元社編集部
発行者	大貫尚雄
発行所	株式会社新紀元社
	〒101-0054
	東京都千代田区神田錦町1－7
	錦町一丁目ビル2F
	TEL 03-3291-0961　FAX 03-3291-0963
	http://www.shinkigensha.co.jp/
	郵便振替　00110-4-27618

カバー・本文イラスト	添田一平
本文デザイン・組版	SONICBANG CO.,
印刷所	東京書籍印刷株式会社

ISBN4-7753-0269-8　　　　定価はカバーに表示してあります。
Printed in Japan

新紀元社の Truth In Fantasy の世界

幻想世界の住人たち
神話／伝承

健部伸明と怪兵隊 著

本体 1806 円　A5 判　296 頁　ISBN4-915146-85-5

ギリシア、北欧、ケルトなどの神話や民間伝承に伝わるドラゴン、エルフ、ドワーフ、ケルベロスといった架空の生き物たち。こうした不思議な生き物たちを棲んでいる場所で分類、彼らの歴史、宗教的背景も含めてわかりやすく解説。神話やファンタジーに興味を持つ人にとって絶好の入門書となってくれる一冊。

幻の戦士たち
歴史／軍事

市川定春と怪兵隊 著

本体 1800 円　A5 判　276 頁　ISBN4-915146-05-7

古代ギリシア、ローマ帝国、ビザンチン帝国、中国王朝、中世イスラム世界、ルネサンス期のヨーロッパなど、古代から中世に至る世界中の戦士たちの装備、戦術、軍制などを詳しく紹介。数多くの歴史、ファンタジー小説で活躍している古代、中世の戦士たちの真の姿を知りたいと思っている人にお薦め。

魔術師の饗宴
精神／神秘

山北篤と怪兵隊 著

本体 1505 円　A5 判　216 頁　ISBN4-915146-06-5

ヨーロッパ合理主義の陰にひそむ不可思議な魔法の数々。呪術、占星術、カバラ、ルーン、錬金術、魔術など、歴史の闇に葬られてきたこれらの事象を取り上げ、わかりやすく説明した解説書。さらに、ハイチのヴードゥー教、インドのヨガ、中国の神仙道、日本の修験道をも併せて紹介する魔術入門書。

幻想世界の住人たちⅡ
神話／伝承

健部伸明と怪兵隊 著

本体 1748 円　A5 判　328 頁　ISBN4-915146-09-X

本書では、東欧、古代メソポタミア、ペルシア、インド、バリ島、南北アメリカなど、西ヨーロッパが中心だった第Ⅰ巻目では紹介できなかった幻想生物を紹介。付録として、ヨーロッパの中世魔術書に書かれている悪魔たちを集めた「魔神紳士録」、幻想生物の生息地図、Ⅰ巻の項目も合わせた索引を収録。

幻想都市物語　－中世編－
歴史／軍事

醍醐嘉美と怪兵隊 著

本体 1602 円　A5 判　248 頁　ISBN4-915146-13-8

12～15世紀、中世ヨーロッパの都市とはどのようなものだったのか。本書では、マルクスブルクなる架空の都市を設定して、典型的なヨーロッパの中世都市の姿を再現する。市壁、町並み、市政、教会、商業、ギルド制度、大学、修道院、城の構造といった興味深い内容を、イラスト付きで簡明に紹介する。

虚空の神々
神話／伝承

健部伸明と怪兵隊 著

本体 1748 円　A5 判　344 頁　ISBN4-915146-24-3

紀元前からの古い歴史を持つケルト人。彼らの神話は、ゲルマン人やラテン人がヨーロッパを征服する過程で、歴史の表舞台から消え去ってしまった。本書では、断片的に残された彼らの神話を手がかりに、その神々を取り上げる。後半部分は、知る機会の少ない北欧、ゲルマン神話の神々を同様に紹介する。

新紀元社の Truth In Fantasy の世界

幻想世界の住人たちⅢ －中国編－

篠田耕一 著
本体 1748 円　A5 判　280 頁　ISBN4-915146-22-7

神話/伝承

数千年の長い歴史を持つ中国は、幻想世界の住人たちにとって絶好の住処である。本書では、膨大な量の怪奇小説、奇怪な事件の記録から、代表的な神、神獣、妖怪、怪物、精、幽霊、不死者などを紹介。妖怪など、日本の架空の生き物が、いかに中国からの影響を受けているかということを再確認できる。

武勲の刃

市川定春と怪兵隊 著
本体 1748 円　A5 判　312 頁　ISBN4-915146-23-5

歴史/軍事

西洋の武器について、その起源、用法、歴史をイラストとともに解説した一冊。実用性を超えた大きさ、形状、装飾を備えた長剣類、防護用、暗殺用として発展した短剣類、特異な形状を持った長柄武器や棒状打撃武器、騎士とともに発展した騎槍、そのほか斧状武器、飛翔武器、特殊な用法の武器なども紹介。

幻想世界の住人たちⅣ －日本編－

多田克己 著
本体 1748 円　A5 判　392 頁　ISBN4-915146-44-8

神話/伝承

インドの宗教感、中国の膨大な神話が流入し影響を受けた日本は、数知れないほどの妖怪変化、憑き物、怨霊が棲む土地となった。本書では、これらの無数の妖怪たちをイラストや江戸時代の図版と併せて紹介。400頁近い内容量で、日本の主要な妖怪のほとんどを網羅したボリュームある一冊である。

タオ（道教）の神々

真野隆也 著
本体 1748 円　A5 判　304 頁　ISBN4-88317-202-3

神話/伝承

シャーマニズムを基本として、老子哲学や儒教、仏教などの教義も取り入れて成立した中国特有の民間信仰、道教。そこでは、『三国志』で活躍する関羽や、小説『水滸伝』に登場する時遷など、多種多様な神々が信仰の対象となっている。本書では、道教の中からユニークなものを取り上げて紹介していく。

インド曼陀羅大陸 －神々／魔族／半神／精霊－

蔡丈夫 著
本体 1748 円　A5 判　264 頁　ISBN4-88317-208-2

神話/宗教

バラモン教の基礎の上に、インド先住民の民間信仰や習慣を大幅に取り入れて成立したヒンドゥ教。これらの神々は、他の宗教にはない、ダイナミックで人間くさいエピソードを数多く持っている。本書では、これらのヒンドゥ教の聖典に登場する魅力的な神々、魔族といったキャラクターを紹介していく。

英雄列伝

鏡たか子 著
本体 1748 円　A5 判　260 頁　ISBN4-88317-210-4

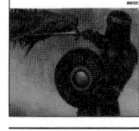

神話/伝承

ヨーロッパの古代、中世には、多くの英雄神話や伝説が残されている。本書は、古代ギリシャのヘラクレス、ペルセウス、聖書の中のモーセやダビデ、ケルト伝説の英雄アーサー王、北欧伝説で活躍するシグルズなど数多くの英雄たちを紹介したヨーロッパの歴史を知る上で欠かせない神話・伝説の入門書。

新紀元社の Truth In Fantasy の世界

武器と防具　－中国編－
篠田耕一 著
本体 1748 円　A5 判　324 頁　ISBN4-88317-211-2

歴史／軍事

紀元前から17世紀まで中国で使われてきた武器と防具の歴史や使用法をイラストとともに紹介する一冊。刀剣や打撃武器のほか、戦車と呼ばれる馬車の上で振り回す武器・戈(か)、その上に槍の性能も付け加えた戟(げき)、ユニークな形の暗器など、中国でしか見られないユニークな武器と防具を集大成。

魔術への旅
真野隆也 著
本体 1748 円　A5 判　240 頁　ISBN4-88317-220-1

精神／神秘

物質文明に支配されている現代でも、世界中には今なお科学では説明できない魔術と呼ばれるものが数多く残っている。本書では、ストーリー仕立てで世界中の魔術を紹介する。主人公ケンとリュウの不思議な旅はエジプトからヨーロッパ、アフリカ、アジア、そして日本へと進む。二人の前には何が起こるのか…。

武器と防具　－日本編－
戸田藤成 著
本体 1845 円　A5 判　328 頁　ISBN4-88317-231-7

歴史／軍事

中国編に続いて、日本の武器と防具について紹介する一冊。オーソドックスな日本刀から、打撃武器、投擲武器、槍、飛翔武器、火器、防具、さらに日本独特なものとして、戦国時代の忍者が使用した忍具、江戸時代の警察・町奉行が捕物のときに使用した捕物道具など、興味深い武器と防具を満載。

ギリシア神話　神・英雄録
草野巧 著
本体 1845 円　A5 判　316 頁　ISBN4-88317-247-3

神話／伝承

数多くの神や英雄が登場するギリシア神話。その中でも特に活躍する神や英雄をピックアップ。全体の構成は神・英雄・アルゴー探検隊・トロイア戦争の順になっており、英雄たちの紹介もギリシア神話の物語にそっているため、彼らの特徴だけでなく、物語自体も楽しめる内容になっている。

天使
真野隆也 著
本体 1748 円　A5 判　228 頁　ISBN4-88317-250-3

神話／宗教

天使、エンジェルといえば神の御使いとして、ユダヤ教、キリスト教、イスラム教に登場する存在である。しかし日本では天使のイメージだけが先行するばかりで、その実像を知る人は少ない。本書では、天使のすべてを知ることを目的として、旧約・新約聖書、コーランから多くの天使たちを紹介する。

堕天使　－悪魔たちのプロフィール－
真野隆也 著
本体 1748 円　A5 判　256 頁　ISBN4-88317-256-2

神話／宗教

堕天使とは、神に逆らう反逆者なのか。あえて嫌われ役を買って出た神の忠実な下僕なのか。本書ではキリスト教、さらにはイスラム教に登場する数多くの堕天使、悪魔を詳しく紹介する。キリスト教における彼らの出自、役割を知ることはヨーロッパ精神を知るための一助ともなるはずである。

新紀元社の Truth In Fantasy の世界

占術 －命・卜・相－
占術隊 著／高平鳴海 監修
本体 1748 円　A5 判　259 頁　ISBN4-88317-260-0

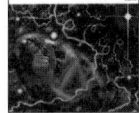

精神／神秘

はるか彼方の昔から人間は占いが大好きだった。西洋占星術、四柱推命、カバラ数秘術、易占い、タロット占い、トランプ占い、ルーン占い、コイン占い、手相、人相、風水術、家相学など誰もが知っている占いからちょっと風変わりな占いまで、その歴史や理論、哲学を紹介する占いを深く知るための一冊。

武器と防具 －西洋編－
市川定春 著
本体 1845 円　A5 判　312 頁　ISBN4-88317-262-7

歴史／軍事

『武勲の刃』の著者が全面改訂して決定版としたのがこの一冊。古代オリエントの時代から中世にいたる幅広い時期の武器を紹介。中国編、日本編に続く西洋編だが、完結編の意味もあってトルコ、インドといったアジア地域やオーストラリアの武器も紹介。もちろんヨーロッパに関しては充実の内容となっている。

地獄
草野巧 著
本体 1748 円　A5 判　256 頁　ISBN4-88317-264-3

神話／宗教

地獄・冥界は世界中に共通の概念として存在している。本書では、キリスト教や仏教といったさまざまな宗教、日本、中国、ヨーロッパ、古代エジプト、メソポタミア、マヤ・アステカなどの神話から、テーマ別にその地獄・冥界、そこに棲む住人たちを紹介。さまざまな地獄の構造もイラストで解説している。

楽園 －追想の彼方へ－
真野隆也 著
本体 1748 円　A5 判　216 頁　ISBN4-88317-275-9

神話／伝承

人々は誰でも危険や苦痛のない"至福の場所"を夢見ることがある。本書では古くから伝わる楽園伝説を紹介する。アダムとイブが追放されたエデンの園、チベット仏教に伝わるシャンバラ国、道教思想の色濃い桃源郷、アーサー王が体を癒すというアヴァロン島、黄金郷エルドラードなど、世界楽園紀行である。

覇者の戦術 －戦場の天才たち－
中里融司 著
本体 1748 円　A5 判　339 頁　ISBN4-88317-278-3

歴史／軍事

アレクサンドロス大王、カルタゴの勇将ハンニバル、源義経、織田信長、ナポレオンほか、戦場における天才達が残した戦術の数々。古代の戦車戦・攻城戦、少数部隊による機動作戦、象を使った作戦など様々な戦いを豊富な図版で分かりやすく紹介。当時の兵士達の姿や兵器などのイラストも充実。

召喚師 －陰陽師からデビルサマナーまで－
不動舘ほか 著／高平鳴海 監修
本体 1800 円　A5 判　263 頁　ISBN4-88317-282-1

精神／神秘

錬金術師として病人を治したというパラケルスス。悪魔に魂を売り渡す代わりに強大な力を得たという悪魔召喚師（デビルサマナー）アグリッパ、ファウスト。式神を自在に扱う陰陽師安倍晴明。自分の魂を自らの肉体に召喚するチベット密教の最高僧ダライラマなど、さまざまな召喚師を紹介する一冊。

新紀元社の Truth In Fantasy の世界

封神演義 －英雄・仙人・妖怪たちのプロフィール－
神話/伝承

遙遠志 著
本体 1800 円　A5 判　256 頁　ISBN4-88317-288-0

三千年前の中国で起こった「易姓革命」を下敷きとして、仙人や妖怪たちが魔法の戦いを繰り広げる中国三大奇書のひとつ、「封神演義」。本書では個性豊かな登場人物のプロフィールを中心に、彼らが使う秘密兵器「宝貝（ぱおぺい）」も紹介。小説の背景にある中国の歴史・文化・宗教観などにも触れていく。

黙示録 －人と神との出会い－
神話/宗教

真野隆也 著
本体 1800 円　A5 判　238 頁　ISBN4-88317-290-2

人は大昔から神と出会い、啓示を受け、それを黙示録として記してきた。本書では、新約聖書の中に残されているヨハネ黙示録、旧約聖書の中のダニエル書、旧約聖書偽典として残るエノク書、バルク黙示録、第4エズラ書を紹介。またその本質を知る上で重要なアニミズム、シャーマニズムなどにも触れていく。

世紀末 －神々の終末文書－
神話/伝承

草野巧 著
本体 1800 円　A5 判　256 頁　ISBN4-88317-293-7

本書では、19世紀末のヨーロッパに端を発した「ファン・ド・シエクル（世紀末）」を解説しつつ、世紀末思想を知るためには欠かせない神話・伝承の終末文書を詳しく紹介している。世界に現存する終末文書を紐解きながら世界の創世と終末を考える一冊である。

中世騎士物語
歴史/軍事

須田武郎 著
本体 1800 円　A5 判　240 頁　ISBN4-88317-295-3

中世盛期のフランスに生まれたジェラールという架空の人物を案内役として、騎士の本当の姿を語っていく。騎士についてだけでなく、彼らが生きた中世ヨーロッパがどのような時代であったかについても紹介。さらに、武器や戦術といった要素も重視（『武勲の刃』の著者、市川定春氏協力）。

幕末維新 －新撰組・勤皇志士・佐幕藩士たちのプロフィール－
歴史/軍事

幕末研究会 著／高平鳴海 監修
本体 1800 円　A5 判　348 頁　ISBN4-88317-294-5

幕府、朝廷、薩長土佐、肥前、新撰組…。様々な立場で己の信念を貫こうとする幕末の人物群像を、関連事項も加えて紹介していく人物ガイド。重要人物はその実力を軍事力、知識、交渉などの面からレーダーチャート化。重要歴史事項に関しても、図表でわかりやすく説明。幕末維新を概観するには最適の一冊。

聖剣伝説
神話/伝承

佐藤俊之とF.E.A.R. 著
本体 1800 円　A5 判　224 頁　ISBN4-88317-302-X

エクスカリバー、ホーリースピア（ロンギヌスの槍）、村正、七支刀…、古今東西、神話や歴史に伝わる聖剣、魔剣、名剣、槍、弓など数々の武器をそのエピソードとともに紹介していく。英雄の運命を左右する聖剣の力は、その物語の中心部分でもあり、この本だけで様々な神話のエッセンスが楽しめる。

新紀元社の Truth In Fantasy の世界

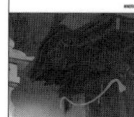

八百万の神々　－日本の神霊たちのプロフィール－
神話・伝承

戸部民夫 著
本体1900円　A5判　334頁　ISBN4-88317-299-6

森羅万象の世界を生み出し、司るという数々の日本の神々。神たちはその数の多さから「八百万の神」として、古くから日本人に親しまれてきた。本書では『古事記』『日本書紀』に登場するそれらの神々のエピソードを性格別に紹介。併せて別称・系譜・神格・祀られている神社のデータも付記。

ヴァンパイア　－吸血鬼伝説の系譜－
精神・神秘

森野たくみ 著
本体1800円　A5判　224頁　ISBN4-88317-296-1

小説、映画などでおなじみ、ドラキュラ伯爵のモデルとなった、15世紀ルーマニアの人物ヴラド・ツェペシュ大公をはじめ、その残虐な殺人方法から「吸血鬼」と呼ばれた殺人者たち、世界各国に伝わる吸血鬼を紹介する。また、オカルト、民間伝承、科学の面などからヴァンパイアとは何なのかを探っていく。

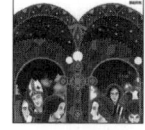

守護聖人　－聖なる加護と聖人カレンダー－
神話・宗教

真野隆也 著
本体1800円　A5判　296頁　ISBN4-88317-301-1

「神と人間の仲介者」、これがキリスト教における聖人の役割である。庶民にとっては、身の回りの様々な願いを神に伝えてくれる橋渡し役として、古くから親しみのある存在でもあった。ここでは多くの聖人たちの苦難に満ちたドラマチックなエピソードを紹介していく。聖人の祝日がわかる聖人カレンダー付き。

モンスター退治　－魔物を倒した英雄たち－
神話・伝承

司史生／伊豆平成 著
本体1800円　A5判　264頁　ISBN4-88317-307-0

アーサー王対巨人、ヘラクレスの12の偉業、オイディプス対スフィンクス、須佐之男対八岐大蛇、俵藤太対大百足、ギルガメシュ対フンババ、クリシュナ対カーリヤ…。世界中の神話・伝説から英雄のモンスター退治の物語を集めて、地域別に編集した一冊。時代、出典などもデータとして表記。

女神
神話・伝承

高平鳴海＆女神探究会 著
本体1900円　A5判　344頁　ISBN4-88317-311-9

ギリシア神話の神々の母・ガイア、国生みの神・伊邪那美命（いざなみのみこと）など、世界を生み出した女神、アフロディーテ（愛と肉欲）、ドゥルガー（戦）、ブリージット（春）など、男神にはない魅力や能力を持つ女神たち。時にはやさしく、時には恐ろしい世界中の女神を地域別に紹介。イラストも多数。

聖書人名録　－旧約・新約の物語別人物ガイド－
神話・宗教

草野巧 著
本体1800円　A5判　274頁　ISBN4-88317-313-5

『旧約聖書』『新約聖書』に登場する多くの人物を、物語の流れに沿って紹介していくガイドブック。人名辞典として使うことはもちろん、順に読んでいくことで、聖書の物語部分の粗筋も理解できる。章の初めには理解を深めるため、歴史的背景を説明、興味深い事項についてのコラムなども多数掲載。

新紀元社の Truth In Fantasy の世界

イスラム幻想世界 －怪物・英雄・魔術の物語－

桂令夫 著
本体 1800 円　A5 判　242 頁　ISBN4-88317-308-9

神話／宗教

コーラン、千一夜物語、王書などイスラム世界の宗教・神話・伝承から、興味深いエピソードを紹介していく。ジン（妖霊）、イフリート（魔神）、グール（食屍鬼）といったおなじみの怪物から歴史上の英雄たちの活躍、アラビア魔術、占星術、幻術などに関することまで、イスラム世界がよくわかる入門書。

帝王列記 －西洋編－

磯田暁生と F.E.A.R. 著
本体 1800 円　A5 判　273 頁　ISBN4-88317-317-8

歴史／西洋

類いまれなる頭脳と勇気と行動力で権力を握り、歴史をみずからの手で動かそうとした人物たち。王、皇帝、ツァーリ、カリフなど様々な名称で呼ばれる彼らの帝王としての活躍を紹介していく。さらに近代に近づき凋落していく王たち、アメリカ王朝を夢見た大統領・ＪＦＫも紹介。

聖剣伝説II

佐藤俊之と F.E.A.R. 著
本体 1800 円　A5 判　233 頁　ISBN4-88317-320-8

神話／伝承

聖剣伝説の続編。「ストームブリンガー」や「ライトセイバー」など、前作では紹介できなかった、SFやファンタジー小説に登場する武器を取り上げた。また、従来のカテゴリーである神剣、聖剣、魔剣、名剣に、新しいカテゴリーとして宝剣を加え、歴史上実在した武器も掲載している。

予言者

高平鳴海と第666部隊 著
本体 1800 円　A5 判　257 頁　ISBN4-88317-319-4

精神／神秘

古今東西の予言者カタログ。ノストラダムスやエドガー・ケイシーなどの有名予言者から、ヨハネをはじめとするキリスト教の預言者まで、19人の予言者を一挙紹介。解説のポイントは、「どんな予言者か？」「どうして予言者になったか？」「どんな予言をしたか？」である。

古代遺跡

森野たくみ／松代守弘 著
本体 1800 円　A5 判　289 頁　ISBN4-88317-322-4

歴史／神秘

「ギザのピラミッド」や「バビロンの空中庭園」など世界の七不思議から、「トロイ」や「ストーンヘンジ」まで、計73に及ぶ世界各地の遺跡を地域ごとに紹介。ムーやアトランティスなど伝説の大陸、宇宙考古学、遺跡の年代測定法など、考古学の予備知識もコラムで解説した、誰にでも読める遺跡の入門書。

日本の神々 －多彩な民俗神たち－

戸部民夫 著
本体 1800 円　A5 判　281 頁　ISBN4-88317-324-0

神話／伝承

エビス神、招き猫、河童神、鬼子母神、カマド神、照る照る坊主……。日本には、いわゆる民俗神と総称される民間信仰に根づいた神霊が多い。本書は、このような「日本の神様」を広く紹介し、霊力や御利益、その力を発揮してもらうための呪い・儀式・祭具などに関しても具体的に解説する。

新紀元社の Truth In Fantasy の世界

三国志 人物事典

小出文彦 監修
本体 1900 円　A5 判　393 頁　ISBN4-88317-310-0

歴史／中国

古代中国の壮大な歴史物語三国志。その中で活躍する約500人(三国の英雄・豪傑、『演義』のみの登場人物、後漢の群雄たち、方術師・女性・文人など)のプロフィールを『正史』を中心に、『三国志演義』などの関連資料のエピソードもあわせて紹介した人物事典である。

星空の神々 －全天88星座の神話・伝承－

長島晶裕／ORG 著
本体 1800 円　A5 判　296 頁　ISBN4-88317-328-3

神話／伝承

星座は古代の人々が季節や方位を知るために誕生し、やがてギリシアで神話と結びつけられ、今日我々の知るものへと発展してきた。本書では全88星座すべての神話・伝承、エピソードの紹介を中心に、星座史や占星術との関係についても解説。また春夏秋冬の夜空で見られる星座の観測ガイドも掲載している。

剣豪 －剣一筋に生きたアウトローたち－

草野巧 著
本体 1800 円　A5 判　220 頁　ISBN4-88317-325-9

歴史／軍事

上泉信綱や塚原卜伝、宮本武蔵、千葉周作など、剣のみにしか生きることのできなかった不器用な豪傑から、剣一筋に生き極めることで人生の悟りをも開く達人まで、際だつ個性と魅力を持つ60人の剣豪たちを紹介。戦国から江戸、幕末と時代を追い、剣豪たちに受け継がれる技や精神の流れが感じられる一冊。

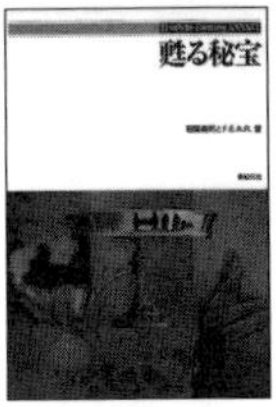

甦る秘宝

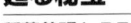

稲葉義明と F.E.A.R. 著
本体 1800 円　A5 判　248 頁　ISBN4-88317-340-2

神話／伝承

古より世界各地に伝わる様々な秘宝や遺物の伝説は、錬金術師が追い求めた「賢者の石」や、アダムとイブが食べてしまった「知恵の果実」、持ち主に呪いをかける宝石「ホープダイヤモンド」など、数え上げればきりがない。本書では様々な秘宝のひとつひとつを、楽しいエピソードと交えて紹介している。

鬼

高平鳴海ほか 著
本体 1800 円　A5 判　251 頁　ISBN4-88317-338-0

神話／伝承

人を殺して喰う鬼、三十五人力の怪力を持つ鬼、炎の息を吐く鬼、美女や老女に化ける鬼、大食漢の鬼、酒飲みの鬼、慈悲深く弱者の助けとなる鬼……。日本には数多くの鬼の伝承がある。本書は、さまざまな鬼たちの容姿、特殊能力、エピソードなどを解説する、「鬼」のカタログである。

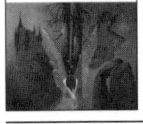

妖精

草野巧 著
本体 1800 円　A5 判　271 頁　ISBN4-88317-345-3

神話／伝承

勇者や魔法使い、異世界の怪物とともに、妖精はファンタジー世界に欠くことのできないキャラクターである。しかし、一言で「妖精」といっても、その存在は実に様々。本書では、人間の手伝いをする身近な妖精や、人間の命を奪う恐ろしい妖精など、ファンタジー作品に登場する妖精たちをすべて紹介する。

新紀元社の Truth In Fantasy の世界

封神演義Ⅱ　－太公望の兵法書－

遙遠志 著

本体 1800 円　A5 判　216 頁　ISBN4-88317-314-3

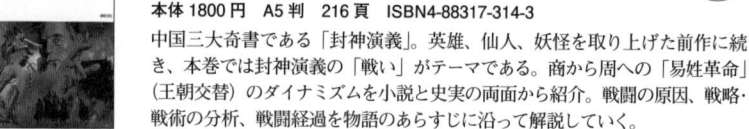

神話/伝承

中国三大奇書である「封神演義」。英雄、仙人、妖怪を取り上げた前作に続き、本巻では封神演義の「戦い」がテーマである。商から周への「易姓革命」（王朝交替）のダイナミズムを小説と史実の両面から紹介。戦闘の原因、戦略・戦術の分析、戦闘経過を物語のあらすじに沿って解説していく。

魔法・魔術

山北篤 著

本体 1800 円　A5 判　247 頁　ISBN4-88317-347-X

精神/神秘

世界に多数ある魔法・魔術の体系。そのなかでもファンタジーファンやTVゲームユーザー、占いなどに興味を持つ人たちにとって馴染み深い「魔女」「ドルイド」「占星術」「呪術」など15の魔法を選び、わかりやすく紹介する魔法・魔術の総合ガイドブックです。図版も多数掲載し、入門書としても最適の一冊。

水滸伝　－108星のプロフィール－

草野巧 著

本体 2300 円　A5 判　575 頁　ISBN4-88317-348-8

歴史/中国

宋江のもとに集まる108人の豪傑たち。広大な中国を背景にこの108人が織りなすドラマは、人々に感動を与え続け、現在も中国では三国志と並ぶほどの人気を誇る。本書はこの108星の一人ずつにスポットをあて、梁山泊への入山経緯や活躍場面などを詳しく解説している。

密教曼荼羅　－如来・菩薩・明王・天－

久保田悠羅とF.E.A.R. 著

本体 1800 円　A5 判　299 頁　ISBN4-88317-351-8

神話/宗教

日本の仏教の神々100尊あまりを掲載。如来・菩薩・明王・天の4部に分け、密教の仏を中心に仏教・密教の源流であるインド神話を含めて紹介している。巻末付録には世界観、曼荼羅、持物、用語集をもうけ、難しいとされる仏教の世界をやさしく解説している。

コスチューム　－中世衣裳カタログ－

田中天＆F.E.A.R. 著

本体 1800 円　A5 判　222 頁　ISBN4-88317-350-X

歴史/西洋

ファンタジー世界に登場するキャラクターの原形となった「歴史上存在する衣裳」を中世のヨーロッパを中心に王侯貴族や騎士、聖職者、商人など職業別に取り上げ、イラストと文章で解説しています。衣裳の変遷のほか、デザイン、素材、製法の詳細、アクセサリーなどの装飾品の紹介もしています。

神秘の道具　－日本編－

戸部民夫 著

本体 1900 円　A5 判　333 頁　ISBN4-88317-356-9

神話/伝承

魂の宿る「門松」、依り代となる「人形」、悪霊・災厄を祓う「団扇」、異界をのぞき見る「鏡」など、人々の生活に密着している道具には、神秘的な機能や役割が与えられている場合が少なくありません。本書では、人間の生活を支えてきた、さまざまな道具たちの神秘的なエピソードを紹介します。

新紀元社のTruth In Fantasyの世界

拷問の歴史

歴史／宗教

高平鳴海と拷問史研究班 著
本体1800円　A5判　261頁　ISBN4-88317-357-7

拷問の歴史は「陰の歴史」とも言い換えることができる。過去に、そして現在でも、多くの犠牲者を出しているからこそ、軽々しく扱うことは許されないテーマだが、それが常に人類の歴史とともにあったという事実も忘れるわけにはいかない。本書では、拷問具を中心に、さまざまな拷問について解説する。

ドラゴン

神話／伝承

久保田悠羅とF.E.A.R.著
本体1800円　A5判　237頁　ISBN4-7753-0082-2

ファンタジー最強の怪物、ドラゴン。「ヨハネの黙示録」の赤い竜、中国のフクギ・ジョカ、日本の八俣大蛇など、古来より様々な神話・伝説・物語で多種多様に描かれてきた聖(妖)獣である。本書ではその中から、40の代表的なドラゴンのエピソードと背景となる民族・地域の宗教や歴史を紹介している。

魔法の薬　－マジックポーション－

歴史／伝承

秦野啓 著
本体1800円　A5判　277頁　ISBN4-7753-0095-4

古来より、医療とともに魔術と深い関係があるとされ、さまざまな人々を魅了してきた薬──。伝説の媚薬から権力争いに使用された毒まで、古今東西の歴史・伝承には、さまざまな薬が登場する。本書ではその中から45余の"魔法の薬"を取り上げ、使用された背景や効果などを詳しく紹介する。

アーサー王

歴史／伝承

佐藤俊之とF.E.A.R.著
本体1800円　A5判　379頁　ISBN4-7753-0102-0

中世ファンタジーの原型といわれる「アーサー王」伝説。魔術師や妖精、王者の剣エクスカリバー、キャメロットと円卓の騎士、聖杯探求への道程……。本書では主要な四〇余人にスポットをあて、アーサーの誕生からその死に至るまでの、愛と剣と友情に満ちた壮大な物語を紹介している。

剣の乙女　－戦場を駆け抜けた女戦士－

歴史／伝承

稲葉義明とF.E.A.R.著
本体1800円　A5判　301頁　ISBN4-7753-0132-2

剣や銃を手にした女戦士、軍を率いた女将軍、そして運命を左右する戦の女神たち──。ある者は男を凌ぐ力で、ある者は女性の優しさで勇ましく戦い、そして散っていく者もいた。本書はジャンヌ・ダルク、巴御前をはじめとする、運命に翻弄されながらも生き抜いた女性たちの強くも儚い物語を紹介する。

城

歴史／軍事

池上正太とORG著
本体1800円　A5判　267頁　ISBN4-7753-0164-0

闘争の歴史の中で生み出され、発展していった城砦。最先端の建築技術が用いられ、実戦の中で得られた情報をもとに新たな改修が加えられていった。現代に残されている城や要塞の遺跡は、当時の人々の知恵と技術の結晶であり闘争の記憶なのだ。本書では図版を交え世界の城を紹介する。

新紀元社の Truth In Fantasy の世界

大航海時代
森村宗冬 著
本体 1800円　A5判　275頁　ISBN4-7753-0181-0

歴史／西洋

15世紀、ポルトガルのエンリケ航海王子より始まった「大航海時代」。地理上の発見もとより、交易や異文化との接触により、大きな変革を世界にもたらしました。本書は「コロンブス」「マゼラン」など、幾多の冒険者達の人生を追いながら、「大航海時代」の全容を明らかにしていきます。

パワーストーン
草野巧 著
本体 1800円　A5判　299頁　ISBN4-7753-0200-0

神秘／伝承

女神の宝石、ルシファーの魔石、そして賢者の石……。輝きの秘められた魔力。「パワーストーン・ファンタジー」は40の歴史的にも有名な宝石や石の伝説や物語を紹介。「パワーストーン・ファイル」は、50の代表的なパワーストーンを取り上げ、鉱物としての特徴、古より伝えられる効能や魔力を解説している。

日本神話　－神々の壮麗なるドラマ－
戸部民夫 著
本体 1800円　A5判　260頁　ISBN4-7753-0203-5

神話／伝承

日本神話は太古の神々が織りなす壮麗なドラマである。「アマテラスの天の岩戸隠れ」「スサノオによるヤマタノオロチ退治」「サルタヒコとアメノウズメ」「オオクニヌシと稲羽の白兎」「海幸彦・山幸彦」「神武天皇の東征」「勇者ヤマトタケル」……。神話の伝える物語とロマンを読み解く。

エジプトの神々
池上正太 著
本体 1800円　A5判　259頁　ISBN4-7753-0260-4

神話／宗教

ファンタジーの代表的な世界観のひとつである「古代エジプト」。オシリス、ラー、アヌビス、ファラオ、ヒエログリフ、アンク……、ファンタジーファンにはなじみのものばかりである。本書はエジプト神話の入門書という形で、神話の概要、基本的な理念、歴史的な背景をおさえつつ、そこに登場する多くの神々を紹介する。

花の神話
秦寛博 編著
本体 1800円　A5判　351頁　ISBN4-7753-0304-X

神話／神秘

サクラ、アネモネ、スミレ、ユリ、エーデルワイス、バラ、サフラン、蘭、アカシア……、四季折々にわたしたちを楽しませてくれる花々。本書では50項目にわたり、世界各地の神話・伝承や民話に残された花々にまつわるエピソードを紹介している。全3章立て(第1章「花の乙女たち」、第2章「四季の花」、第3章「ありえざる華」)。

名刀伝説
牧秀彦 著
本体 1800円　A5判　203頁　ISBN4-7753-0329-5

伝承／芸能

神代～近現代に成立した、刀剣が登場するエピソードを執筆対象とし、記紀神話、民間伝承、能・狂言、歌舞伎と文楽(浄瑠璃)、落語、戦前・戦後の映像作品まで、多岐に亘る神話と伝承、芸能の世界から39項目を取り上げた。カバーイラスト・鈴木康士。

新紀元社の Truth In Fantasy の世界

100人の魔法使い

久保田悠羅とF.E.A.R. 著
本体 1800円　A5判　319頁　ISBN4-7753-0330-9

神秘
伝承

「魔女」「黒魔術師」「オカルティスト」「呪医師」「秘術師」「幻術師」「呪術師」「陰陽師」「錬金術師」……。古今東西の神話・伝承を中心に、著名な創作作品も含め、魔法を操る代表的な100余人を紹介する。
カバーイラスト・高梨かりた。

Truth In Fantasy 事典シリーズ

武器事典　DICTIONARY OF THE WEAPON
市川定春 著
本体 2427 円　A5 判　360 頁　ISBN4-88317-279-1

古今東西の歴史（古代～近代）に登場した武器600点を長剣、短剣、長柄、打撃、射出、投擲、特殊、兵器の8つに分類し、すべてイラスト付きで紹介するボリュームある一冊。長さ・重さ・年代・地域のデータ付き。見開き4点の共通レイアウトで、大きさの比較もしやすくなっている。

幻想動物事典　DICTIONARY OF THE MONSTER
草野巧 著／シブヤユウジ 画
本体 2500 円　A5 判　376 頁　ISBN4-88317-283-X

古代の神話、宗教書から「フランケンシュタイン」「指輪物語」など現代の小説に至るまでの様々な文献から、現実にはあり得ない様相をしている精霊、妖怪、怪物など、世界中の幻想動物1,002体をすべてイラスト付きで50音順に解説。巻末には「出典情報」として、使用した主要な文献についても簡潔に紹介している。

魔法事典　DICTIONARY OF THE MAGIC
山北篤 監修
本体 2500 円　A5 判　342 頁　ISBN4-88317-304-6

黒ミサ、ヴードゥー、錬金術、ホロスコープ、ポルターガイスト、セイレムの魔女裁判、ストーンヘンジ、阿倍晴明、クリスチャン・ローゼンクロイツ、奇門遁甲、聖杯……。古今東西の魔法・魔術・オカルティズムに関する人物、生物、作品、物品、現象、概念、体系など600以上の用語を詳しく解説した事典である。

西洋神名事典　DICTIONARY OF GODDESSES AND GODS
山北篤 監修／シブヤユウジ 画
本体 2500 円　A5 判　379 頁　ISBN4-88317-342-9

主項目として428、神名録では1000以上の神々を掲載。西洋編としてギリシア・ローマをはじめとするヨーロッパを中心にエジプト、オリエント、アフリカ、南北アメリカの諸神話・宗教、および創作神話の神々からピックアップ。主要神話の解題付きで神話入門に最適の一冊。

悪魔事典　DICTIONARY OF DEMONS AND DEVILS
山北篤／佐藤俊之 監修
本体 2500 円　A5 判　485 頁　ISBN4-88317-353-4

神の敵、あるいは人々を陥れる邪悪な存在、歴史の中に描き出された悪魔の全貌を紹介。世界の神話・伝説・宗教・フィクションから悪魔・邪神・魔王・悪霊などとされる456を主項目、890以上を悪魔紳士録として紹介。解題「主要神話・宗教の悪魔観」も掲載し、悪魔学の入門書としても格好の一冊。

魔導具事典　DICTIONARY OF HOLY AND MAGIC ITEMS
山北篤 監修
本体 2500 円　A5 判　381 頁　ISBN4-7753-0035-0

魔女たちの使う祭具、聖なる力を持つレリクス、神の力を得た武具、名人が作り上げた逸品、創作に登場する万能の道具……。古今東西の神話・伝承・民話・宗教から610の「不思議な力を持ったモノ」を紹介。総索引の他に、品目別、地域・出典別の索引も掲載。

Truth In Fantasy 事典シリーズ

東洋神名事典 DICTIONARY OF DEITIES AND DEVINES
山北篤 監修
本体 2600 円　A5 判　639 頁　ISBN4-7753-0123-3

好評既刊『西洋神名事典』の姉妹編。インド・中国・日本を中心に、中央アジア・東南アジア・モンゴル・韓国・環太平洋などを対象として、それぞれの神話、伝承、民俗および宗教から主項目744、神名録1800余の神々を紹介。アジアの大地と島々には無数の神々が今も息づいている。

英雄事典 DICTIONARY OF HEROES, HEROINES & VILLAINS
山北篤 監修
本体 2500 円　A5 判　415 頁　ISBN4-7753-0224-8

英雄――人の身でありながら、世界に対峙しうる者。才智、気力、武力に秀で、偉大な事業を成し遂げる者。本書では神話・伝説・伝承・叙事詩・戯曲・創作作品を中心に英雄・ヒロインとその仇敵とされる人物を取り上げています。主項目520、英名録730余を掲載。

幻獣大全シリーズ

幻獣大全 I モンスター Encyclopedia of Phantasmata I / Monster
健部伸明 編著／末弥 純 カバーイラスト
本体 3500 円　A5 判上製　742 頁　ISBN4-7753-0261-2

幻想動物の第一人者・健部伸明氏による渾身の書き下ろしシリーズ。第1巻は怪物の王者"巨人"。ティーターン、ギガース、ヨトゥン、トロール、フォモール、ジャイアント、オーグル、オーク、サヴェジ、植物、炎棲類、節足動物、人造種、言語怪獣の全14章、96種、400体以上のモンスターを紹介。

◆《幻獣大全》シリーズ構成予定

II. ビースト（幻獣）
III. ホミニッド（亜人）
IV. フェアリー（妖精）
V. ゾディアック（神獣）
VI. エンジェル（天使）
VII. デーモン（魔神）